Budget

预算改革的理想与现实 政治学的视角

邓研华 著

中国社会科学出版社

图书在版编目（CIP）数据

预算改革的理想与现实：政治学的视角/邓研华著 . —北京：中国社会科学出版社，2017.9
ISBN 978 - 7 - 5203 - 1128 - 1

Ⅰ.①预⋯ Ⅱ.①邓⋯ Ⅲ.①国家预算—财政改革—研究—中国 Ⅳ.①F812.3

中国版本图书馆 CIP 数据核字（2017）第 239172 号

出 版 人	赵剑英	
责任编辑	刘晓红	
责任校对	赵雪姣	
责任印制	戴　宽	

出　　　版	中国社会科学出版社	
社　　　址	北京鼓楼西大街甲 158 号	
邮　　　编	100720	
网　　　址	http://www.csspw.cn	
发 行 部	010 - 84083685	
门 市 部	010 - 84029450	
经　　　销	新华书店及其他书店	

印　　　刷	北京明恒达印务有限公司	
装　　　订	廊坊市广阳区广增装订厂	
版　　　次	2017 年 9 月第 1 版	
印　　　次	2017 年 9 月第 1 次印刷	

开　　　本	710×1000　1/16	
印　　　张	16.5	
插　　　页	2	
字　　　数	239 千字	
定　　　价	78.00 元	

摘　要

　　自 19 世纪以来，公共预算就已成为现代国家治理的基本制度之一。一个国家的治理有效性，在相当大的程度上取决于其预算能力，取决于这个国家的公共预算制度的成熟程度。公共预算不只是技术性的，就其本质而言它是政治性的，预算过程反映了政治权力的分配，预算管理构成了公共管理的核心和关键，是实施有效的现代国家治理的重要着力点。预算改革具有强烈的政治上的含义，公共预算改革是实现国家治理的理性化与民主化的关键要素，中国公共预算改革的目标是要实现国家治理的理性化与民主化。

　　就中国预算改革而言，理想与现实之间还存在比较大的差距。中国预算改革必须要完善人大制度，让人大能够真正代表人民，强化人大的财政预算权力，并培育出公民的"纳税人权利意识"，推行"预算民主"，以权利制衡权力，实现权力向权利的适度回归，让权力与权利形成一种良性的博弈，此外，还必须要在遵循法治原则的基础上，培养人民的法治意识，树立法治信仰，完善制约机制，变"暗箱操作"为"阳光财政"，并实现由"行政预算"向"法治预算"的根本性转变。只有这样，才有可能把权力关进预算制度的笼子里，使预算能够真正成为体现民意、服务民生、凝聚民心的工具，也只有这样，预算才有可能成为优化资源配置、促进社会公平、实现国家长治久安的制度保障。

　　关键词：预算；权力；权利；民主；国家治理

目　录

第一章 导论

第一节 研究的缘起与选题的价值

一 研究的缘起

中国社会正在经历着从传统到现代的转型，这一社会变迁就是我们通常所说的现代化过程，也就是现代国家成长或现代国家构建的过程，它意味着中国在政治、经济、社会生活以及文化心理等方面的整体性变革。萧功秦教授将这一现代化进程称为"中国大转型"①。在国家转型、经济持续快速发展的今天，实行政治改革也逐渐成为一种必然需要，而中国的政治改革其实在很大程度上是一场国家治理变革。② 同时，无论是政治改革还是国家治理变革都必然会牵涉到社会上各个方面的利益，而财政预算改革是实施有效的国家治理的关键环节。如熊彼特所言："一个民族的精神、它的文化水平、它的社会结构、它的政策所部署的行动，所有这些以及更多的东西都被写进它的财政史之中。"③ 亚当·斯密也说："财政乃庶政之母。"温家宝在2008 年"两会"记者招待会上说："一个国家的财政史是惊心动魄

---

① 参见萧功秦《中国大转型》，新星出版社 2008 年版，第 1 页。
② 参见俞可平《中国治理变迁 30 年》，社会科学文献出版社 2008 年版，第 3 页。
③ 〔美〕萨缪尔森、诺德豪斯：《经济学》（下册），中国发展出版社 1992 年版，第121 页。

的。"① 更有学者直截了当地指出"财政是国家的神经"②。由此可见，财政问题是方方面面利益的集中表现，而且对一个国家社会、政治、经济发展的影响是非常重大的。合理的财政制度是实现社会中不同利益阶层、团体良性博弈的规制力量，公共财政问题也日益成为当下中国重要的政治问题，基于此，中共十八届三中全会《决定》将财政看成是"国家治理的基础和重要支柱"。而推行公共财政制度改革最为关键的就在于建立和健全现代预算制度体系。王绍光在考察美国"进步时代"的过程中，认为"美国之所以能够化解各种社会危机，现代国家制度建设是其根本，其中改造公共财政是政治改革的最佳切入口"③。马骏也认为预算改革具有强烈的政治意义，他说："预算改革是推进国家理性化与民主化的要素。"④ 那么，我们在当前中国现实的政治场景中怎样落实公共财政体制改革呢？即我国应如何推进公共预算制度改革，以建立现代预算制度，真正实现公共预算的理性化与民主化呢？这是摆在我们面前亟待解决的一个重大的政治问题。

财政为庶政之母，预算乃邦国之基。财政预算就其实质而言是政府凭借政治权力对社会公共资源进行分配的活动，本质上是一种社会资源的分配关系，它主要由收入和支出两部分组成。早在一百多年前，民国奇人杨度就对预算的重要性有着非常深刻的认识，并在《金铁主义说》一文中指出："监督会计及预算之制，其严重如此，是皆国会重要之职权，即立宪国所以建设责任政府唯一之武器也。"自 19世纪以来，预算作为一个国家至关重要的政治、经济制度安排，就已经发生了根本性的改变：从早期具有鲜明政治色彩的宪政手段和革命工具，逐渐转变为国家治理的重要制度载体与支撑平台，由此，现代

① 高瑞：《国家财政史惊心动魄映射社会公平》，http://news.sohu.com/20080319/n255781212_2.shtml.

② 参见王绍光《国家汲取能力的建设——建国初期的经验》，《中国社会科学》2002年第 1 期。

③ 王绍光、王有强：《公民权、所得税与预算监督：兼谈农村费改税的思路》，《战略与管理》2001 年第 3 期。

④ 马骏：《中国预算改革的政治学：成就与困惑》，《中山大学学报》（社会科学版）2007 年第 3 期。

公共预算就成为现代国家治理的基本制度。我们可以这样说,一个国家的预算能力在一定程度上决定这个国家实际的治理水平,同样,一个国家公共预算的成熟程度也会对本国的治理好坏产生深刻的影响。我们都知道,我国要建立的现代公共预算是"控制取向"的。① 预算控制包括政治控制、行政控制两个方面。就当前我国的现实情况而言,还是将预算改革的重点放在行政控制上,我们必须要明确的是,如何对预算进行政治控制对于落实其公共责任来说是十分重要的。然而,对于一个现代国家而言,预算从本质上来说不是政府自家的事,而是整个社会、全体国民的共同之事,因此,确切地说应该被称为"公共预算"。

那么,我们究竟应如何看待预算呢?预算又是怎样跟政治联系在一起的呢?威尔达夫斯基认为,预算决策处于政治过程当中,因而具有政治性。由此我们可以看出,预算本身其实就是一个治理的过程。当然,国家治理的主要方面在这里应是公共治理。"公共治理是指公共部门行使权力、制定和执行政策所依赖的制度环境和机制,包括如何做出决策、行使权力以及使政治家和管理者保持责任感的途径。"② 历史地看,人们很早以前就已认识到了国家治理与社会、经济发展之间的联系。因此,预算制度发展过程的每个阶段都在一定程度上契合了当时的国家治理理念。但真正将国家治理问题融入预算管理中,引入与治理相关的制度安排和实施机制,则始于20世纪80年代。

通常来说,一个真正现代意义上的国家都应该有自己的公共预算。然而,就当前中国政府预算的现实情况而言,政府内部的行政控制还很乏力,而外部的政治控制同样也很缺乏,无论是就预算编制还是预算执行而言都处于美国公共预算专家内奥米·凯顿所说的"前预算时代"③。但直到今天,我国要建立现代公共预算制度还任重道远。就我国公共预算的演变过程而言,自改革开放以来,公共预算制度的

---

① 参见中国发展研究基金会《公共预算读本》,中国发展出版社2008年版,第4页。
② 王雍君:《公共预算管理》,经济科学出版社2002年版,第11页。
③ 参见 [美] 阿伦·威尔达夫斯基、内奥米·凯顿《预算过程中的新政治学》,邓淑莲、魏陆译,上海财经大学出版社2006年版,第145—153页。

发展与经济体制和财政体制改革的进程并没有同步，甚至是大大落后于改革进程的。这对于我国改革开放而言肯定是不利的。因此，在社会主义市场经济向纵深发展的今天，如何构建现代公共预算制度已成为当代中国政治制度建设的关键环节。坦白地说，这确实是一项十分复杂、艰巨的任务，原因就在于在这之前我国没有这方面的改革经验。基于此，借鉴其他国家，特别是发达国家的公共预算改革经验就显得十分重要了。

如前所述，我国当前正处于社会转型时期，而通过历史的分析我们可以看出，中国在向现代化转型的过程中在很大程度上是在西方资本主义列强的外力强力推动下进行的，具有典型的"后发外生"特征，正是在这一背景下，中国现代预算制度是在向西方学习理财模式的过程中而形成的，从这种意义而言，我国的预算制度明显也具有"后发外生"的典型特性。[1] 但这种"后发外生"的方式正凸显了我国在预算的民主性方面的先天不足。诚如鲁宾所言："预算改革并不总是跟在政治改革的后面；有时它还领导政治改革。"[2] 因此，中国的预算改革应该适时地强化人大的财政预算权，加强人大的预算监督机制建设，推行预算民主。

我国学者焦建国认为，"预算可以被看成一种通过公共权力对资源进行配置的规则，同时也是一种权力制衡机制，是一种体现民主政治的程序，作为代议民主政治的基础，它的核心价值就在于民主财政"。[3] 另有学者认为，就公共预算体制的构建以及实施公共预算的过程而言，这本身就是一个实现政治民主化的过程。公共预算制度的建立，必须要以民主的政治体制为基础。基于此，"中国的公共预算的建立从政治层面的意义而言要大于经济层面的意义，换句话说，建立

---

① 郭小聪、程鹏：《政府预算的民主性：历史与现实》，《东南学术》2005 年第 1 期。

② Irene S. Rubin, "Budget Reform and Political Reform: Conclusions from Six Cities", *Public Administration Review*, Vol. 52, No. 5（September/October 1992），p. 465.

③ 焦建国：《民主财政论——财政制度变迁分析》，《社会科学辑刊》2002 年第 3 期。

中国的公共预算就需要建立一个民主的体制和政治过程"①。然而，预算民主对中国来说目前还是一个崭新的话题，在中国有关预算民主方面的专门研究还不是很多。

马骏在《中国公共预算研究：现状与未来》中大声疾呼国内的政治学界和行政学界要对公共预算的研究引起足够的重视，在他看来，中国之所以会出现财政学家一直占据着公共预算领域研究这一特定的现象，"实际上是由于中国的政治学家和公共行政学家自我放弃在公共预算与财政管理领域的研究而造成的"②。他认为，要实现政治民主化这一目标，对公共预算体制进行改革势在必行，推进预算民主建设是必然的选择。我们可以设想一下，如果人大对政府预算进行实质性的政治控制能够付诸实施的话，那么，人大由此也就成为一种实质性的制约力量，政府行为在很大程度上将受到人大的约束也必将成为现实，这样一来，政府在汲取财政资源的过程中过多的掠夺性行为将不再可能发生，这也必将大大减少政府财政支出过程中所出现的贪腐行为，从而使财政资源真正实现"取之于民，用之于民"。由此，马骏进一步指出："只有通过预算民主才能促进政府改善预算管理，由此，国家制度的理性化在很大程度上有赖于预算民主。原因就在于，一旦实现公共预算民主化，预算对整个社会公开必将成为一种常态，人大对政府预算实施有效的监督才能成为现实，只有这样，政府才能感受到来自人大的压力，也才有动力去改善预算管理。"③ 他还进一步提出，"中国公共预算改革的背后所蕴含的应当是一种迈向政治民主的精神"④。而就我国的预算实践而言，"过渡时期中国预算过程存在两大问题——缺乏行政控制和公共责任"。也就是说，在当前我国的预算改革中，要把公共责任问题纳入改革议程尚需时日，人大的预算监

---

① 李凡：《从新河镇的公共预算改革看中国人大改革的路径》，载李凡《温岭试验与中国地方政府公共预算改革》，知识产权出版社 2009 年版，第 56—61 页。

② 马骏：《中国公共预算研究：现状与未来》，载马骏《中国公共预算改革：理性化与民主化》，中央编译出版社 2005 年版，第 263 页。

③ 马骏：《预算民主：中国预算改革的政治基础》，载马骏《中国公共预算改革：理性化与民主化》，中央编译出版社 2005 年版，第 55 页。

④ 同上书，第 56 页。

督职能并没有得到发挥。虽然我国宪法明确规定人大有预算审查监督方面的权力，但长期以来，却是政府一直完全掌控着财政权力，"人大在预算编制过程中进行的预算审查事实上只是一种形式上的审查或者程序性审查而不是实质性的审查"①，人大对预算的监督也只起到"橡皮图章"的功能，无论是预算还是决算都无法对政府财权进行真正的约束。

然而，我们还应该注意一个问题：预算与民主究竟是怎样的一种关系呢？民主的预算一定是真正合理而又是理性的吗？预算必然会导致民主吗？答案是否定的。正如美国学者尼古拉斯·亨利所指出的那样，当前西方民主国家不断膨胀的财政赤字最终将会使得经济学家对民主制度的最基本疑虑变成现实："民主制度没有能力使我们的后代避免背上沉重的债务——这是因为民主选举的政治家需要得到选票和连任，这样做就要让选民得到越来越多的福利项目，为此而缴纳的税收越少越好。最终，越积越多的债务将压垮未来的某一代人，使他们抛弃民主政府这一体制。"② 其实，早在200多年前，美国的开国元勋之一、财政部长汉密尔顿就曾指出："民主国家流行的'支出但不纳税'综合征导致公债的膨胀直至它越积越多，以致人们不堪重负……政府的震荡和革命就会自然而然地发生。"③ 由此我们也可以看出，国家治理的民主化并不必然导致国家治理的理性化。就中国而言，公共预算改革的理想就是要实现国家治理的理性化与民主化。虽然，预算的民主化并不必然导致预算的理性化，同样，国家治理的民主化也并不必然导致国家治理的理性化。但就当前中国的现实情况而言，实行预算民主是实现国家治理理性化的必由之路，也是当前中国预算改革的必然选择。如前所述，中国公共预算改革的背后所蕴含的应当是一

① 马骏：《预算民主：中国预算改革的政治基础》，载马骏《中国公共预算改革：理性化与民主化》，中央编译出版社2005年版，第66页。
② ［美］尼古拉斯·亨利：《公共行政与公共事务》（第7版），华夏出版社2002年版，第206页。
③ Alexander Hamilton, *Report on a Plan for the Further Support of Public Credit*, January 16, 1795. See the box "a founder on the deficit" in this chapter.

种迈向政治民主的精神。

自建立现代政府制度以来，西方各国的公共行政就一直处在不断变革的过程中。但无论从何种角度来看，历次行政改革其实就是治理范式的变革。公共预算从本质上而言是一种政治性的活动，也就是所有政治参与者对各自所关注的重要议题进行竞争与合作的地方。这就引出了本书要论述的问题：在我国正在实现现代国家转型这一特定的历史时期，如何推进我国公共预算的改革？国家治理模式的转变通常都会给公共预算制度带来深刻的影响，在不同的国家治理范式之下，通常会衍生出不同的预算理念，形成多样化的预算政策，由此产生出不同的预算制度。另外，预算民主化会在一定程度上促进国家治理的理性化，要实现国家治理的理性化必然需要推行预算民主；同时，国家治理的理性化也必然会促进公共预算的民主化。国家治理与民主成长由此也就成为本书研究的理论出发点。

二 选题的价值

一般而言，人们对公共预算的了解不多。但本书的研究对象——公共预算又是十分复杂的，正如威尔达夫斯基所指出的那样，究竟怎样制定预算，无论用哪种语言描述起来都会是词不达意。"尽管预算具有多张面孔"①，但归结到一点，它必然与金钱或资源的配置有关。

公共预算实施公共管理活动中占据着至关重要的位置。实际上，预算管理可以被看成是现代公共管理活动的关键环节。如同预算权力本身就是众多的政治权力中至关重要的一种一样，预算政治同样也是众多政治活动中至关重要的一个组成部分，从这种意义而言，预算制度同样也是政治制度的核心要素。另外，就政府实施公共管理活动来说，预算同样也是一种非常有效的管理工具。也就是说，公共预算与社会、政治、经济各个领域都有关联，一方面它集中体现了政府公共经济活动的状况，另一方面它也是国家对社会经济事务进行管理的过程。总体上而言，我国预算研究与西方国家相比差距很大，而且通常

---

① Donald Axelrod, *Budgeting for Modern Government*, New York: St. Martin's Press, Inc., 1988, p. 7.

多是从财政学、经济学或会计学角度来进行的。当然，从这些方面对预算进行研究确实是必要的，但往往不能揭示出公共预算的政治性本质。本书立足于中国的现实，从国家治理与民主成长的角度出发，以从权力向权利发展变迁为路径研究公共预算是非常必要的，而且在一定程度上可以填补这方面研究的空白。财政预算改革是实施有效的国家治理的关键环节，正如温家宝同志在 2008 年 3 月所言："一个国家的财政史是惊心动魄的。"在现代国家建设的历史上，世界各国几乎都以预算改革作为突破口，中国应该也不例外。在这一时代潮流下，中共十八届三中全会明确提出"现代财政制度是国家治理基石"。

　　整体而言，本书的实际应用价值主要体现在两个方面：其一，中国社会现实的迫切需要。近几年中国发生的种种社会问题：政府官员腐败案件频发，社会财富占有和收入分配上的差距不断拉大，群体性事件逐年上升，整个社会的经济增长对政府的项目投资与高投资率的依赖程度越来越高，而整个国家老百姓的家庭收入和居民家庭消费在国民收入中所的份额在不断下降，公民的税负感普遍较重，这些现实问题之所以凸显出来，究其根本，就在于政府权力缺乏有效的制约以及对公民权利的保护不力。对于公民而言，权利得到保障，是幸福的一个基本定义。正如一位日本财政学家所指出的那样："预算是摆脱一切意识形态粉饰的国家组织框架。"由于财政预算与代议民主制度紧密相连，是社会上各阶层、各个群体的人们的利益中枢所在。而要解决当前我国面临的这些现实问题，必须从预算体制改革着手，并进而以此推进我国的政治体制改革。其二，国家领导层的高度重视。这在中国近两年来重大的会议报告可以鲜明地体现出来：党的十八大报告指出要"把政府的'权力关进制度的笼子里'，第一步而且也是至关重要的是要把政府的财权关进制度的笼子里"[①]。同时还提出要"加强对政府全口径预算决算的审查和监督……加快改革财税体

---

　　① 胡锦涛：《坚定不移沿着中国特色社会主义道路前进　为全面建成小康社会而奋斗——在中国共产党第十八次全国代表大会上的报告》，http://www.xj.xinhuanet.com/2012 -11/19/c_ 113722546.htm。

制……建立健全权力运行制约和监督体系"①。习近平同志在 2013 年
1 月进一步明确提出："要加强对权力运行的制约和监督，把权力关
进制度的笼子里。"② 中共十八届三中全会提出："财政是国家治理的
基础和重要支柱……要改进预算管理制度，完善税收制度……要强化
权力运行制约和监督体系，坚持用制度管权管事管人，让人民监督权
力，让权力在阳光下运行，是把权力关进制度笼子的根本之策。"③
2014 年 2 月 6 日十八届中央纪委三次全会指出："深化改革要强化权
力制衡，分解主要领导干部权力。"从以上这些重大的会议报告我们
可以看出，如何限制政府（国家）权力，切实保护公民权利已经成为
新时期中国政治体制改革的重要内容，从根本上而言，必须要用权利
去制衡权力，也就是用纳税人的公民权利去制约政府的行政权力、用
纳税人的财产权利制约政府的财政权力。所谓把统治者"关在笼子
里"，这个笼子差不多就是由预算法案编织而成的。也就是说，要把
政府的"权力关进制度的笼子里"，财政预算就是现成的制度笼子，
只有把政府的财权关进制度的笼子里，才能真正有效地制约政府权
力，公民权利才能获得切实有效的保障。就当前中国的现实而言，政
府在财政预算方面的权力过大，公民权利的保护，尤其是财政税收与
财政支出方面的权利保护明显不够，从预算制度改革上启动我国政治
体制改革，限制权力、保护权利已经到了势在必行和刻不容缓的
地步。

　　同时，公共预算改革同样符合加强政府公共治理的时代潮流。由
于我国正处于向现代国家转型这一特定的历史时期，在从传统的管制
型国家模式向现代理性的国家治理模式转变的过程中，如何通过预算
改革促进政治体制的改革，从而有效地推动整个社会、政治、经济各

---

　　① 胡锦涛：《坚定不移沿着中国特色社会主义道路前进　为全面建成小康社会而奋
斗——在中国共产党第十八次全国代表大会上的报告》，http：//www. xj. xinhuanet. com/2012
－11/19/c_ 113722546. htm。
　　② 习近平：《把权力关进制度的笼子里》，http：//news. xinhuanet. com/politics/2013－
01/22/c_ 114459610. htm。
　　③ 《中国共产党第十八届中央委员会第三次全体会议公报》，http：//
news. xinhuanet. com/politics/2013－11/12/c_ 118113455. htm。

方面的持续快速发展，成为当前人们关注的焦点，本书的研究关于西方国家现代公共预算体制的建构以及预算改革方面的阐释，这对于我国现代公共预算体制的建构，促使我国政府职能实现转变，从而促进我国政治体制改革等方面都有一定借鉴意义。因此，从这个角度来看，本书同样也具有一定的现实意义。

而本书的理论价值主要体现在以下方面：鉴于我国政治学界和公共行政学界对于公共预算研究领域的"自我放弃"以及目前我国预算改革实践的需要，本书试图从政治学的独特视角，立足于限制国家权力、保护公民权利这一基点研究预算改革，以求将公共预算研究从既有的经济学（其中主要是财政学）领域引向政治学和公共行政学领域，既实现公共预算研究在中国的学科身份转换，同时也丰富中国政治学和公共行政学的研究内容。这既是中国政治学和公共行政学学科建设的必要，也是我国政治发展实践的需要，更是实现现阶段中国发展社会主义市场经济，建立社会主义法治国家与民主政治的需要。

第二节　研究综述与理论框架

本书主要是从国家治理与民主成长的角度出发，以权力与权利的发展变迁和民主成长为研究的切入点来研究预算，但又不局限于国家治理与民主理论的研究，而是试图结合当前我国公共预算领域的现状，借鉴国外，尤其是西方发达国家的公共预算经验，深入了解这些国家先进的预算理念，探悉中国公共预算改革的路径与方向。由此可见，本书的研究是属于政治学研究范畴之内的。与此同时，由于公共预算是包括公共财政学、经济学、公共行政学与政治学在内的多学科交叉研究的领域，政治学、财政学、公共行政学与经济学对该主题都有涉及。由于本书是基于"国家治理与民主成长"这一特定的视角，循着权力结构变迁、民主建设的路径来研究预算改革的，对各种概念的把握在这里就显得格外重要。

国内学术界对公共预算的研究视角主要有三种，而政治学的研究视角，主要从如何实现预算的民主化的角度来研究公共预算。① 而西方国家的预算理论与预算制度的演变逻辑可以为我国预算制度改革实践提供一定的借鉴。从本质上看，预算就是政治性的。"如果你不能制定预算，你怎能治理？"② 就这个角度而言，"预算已成为治理的同义语"③。对国内外预算的研究有助于我们深入了解西方国家预算理论的发展状况，从而对照中国公共预算领域的现实情况，使我们对中国公共预算改革取向和未来的发展方向有一定的了解和认识。

一 研究综述

自 19 世纪以来，现代公共预算就已成为现代国家治理的基本制度。西方国家一直非常重视对公共预算的研究，在这方面美国走在世界的前列。对于公共预算的政治本质，美国著名学者、预算政治学的奠基人阿伦·威尔达夫斯基在《预算过程中的新政治学》一书中指出："由于财政资源是稀缺的，在实施财政预算的过程中，各种不同的利益冲突通过为政治冲突的形式表现出来，这样一来，预算过程表现出不同利益相关方在公共政策的制定、实施方面各种形式的权力斗争。"④ "预算就是政治……一个在资金上独立于立法机关的行政机构必是以权代法，并最终导致专制。"而爱伦·鲁宾也在《公共预算中的政治》一书中指出："预算改革并不总是跟在政治改革的后面；有时它还领导政治改革。"⑤ 史蒂文·帕克认为，"预算所关注的就是财富的分配与决策，人们在生活中也就不可避免地要与其发生这样那样的联系并深受其影响，而且预算过程离不开权力的行使，基于此不将预算过程与权力联系在一起是无法理解其真谛的"。而对于如何限制

---

① 参见魏陆《中国公共预算改革途径及研究视角的选择取向》，载马骏等《呼吁公共预算——来自政治学、公共行政学的声音》，中央编译出版社 2008 年版，第 65 页。

② ［美］威尔达夫斯基：《预算：比较理论》，苟燕楠译，上海财经大学出版社 2009 年版，第 302 页。

③ 同上书，第 308 页。

④ ［美］阿伦·威尔达夫斯基：《预算过程中的新政治学》，上海财经大学出版社 2006 年版，第 76 页。

⑤ ［美］爱伦·鲁宾：《公共预算中的政治：收入与支出、借贷与平衡》（第四版），叶娟丽等译，中国人民大学出版社 2001 年版，第 36 页。

政府权力，乔治·梅森给出的答案是："把刀剑和钱袋交到不同的人手里，总比让一个人同时掌握两者要可靠得多。"而美国早期的预算改革家克利夫兰进一步指出，三权分立从本质上而言也只是一种被动防御型的制度安排，它确实能在防止权力的过度集中方面发挥一定的作用，而要积极主动地对政府（国家）权力加以控制，并对权力的使用进行有效的约束，只能是实行预算民主。在明确了预算改革的政治本质在于限制政府的财政权力之后，如何保护公民权利便是接下来必须要回答的问题。基于此，乔纳森·卡恩在《预算民主：美国的国家建设和公民权（1890—1928）》一书中对于预算制度改革在美国现代国家建构过程中所发挥的作用，以及公民权利不断发展的历程做了比较详细的介绍。实际上，美国的预算改革实践，无论是税收国家还是预算国家建设，都是循着如何有效地限制政府（财政）权力，并逐步倡导公民权利保护的路径进行的。

然而，长时间以来，国内对公共预算的研究，主要局限于从经济学或财政学学科领域展开研究，而从政治学视角对财政预算的研究相对而言太少。诚然，从经济学和财政学所开展的研究是必要的，但通常都对政府预算的政治本质认识不够，更多的只是满足于从资源配置、收入分配、经济稳定等方面的分析，鲜有预算的政治学性分析。但就其本质而言，预算是具有强烈的政治性的，从这个角度来看，政治学学科在预算领域的长时间缺席，至今这一局面仍然没有在一定程度上改观这一尴尬事实，在很大程度上影响到了当前我国的预算改革进程，这无论是对于政治学的学科发展还是我国的预算改革实践而言，毫无疑问都是一种缺憾。基于此，有学者指出："中国政治学和公共行政学在预算领域的这种自我放弃不仅给自身的学科发展带来了一些问题，而且也制约了预算研究的发展。"

令人感到欣慰的是这种局面在近些年来在一定程度上得到了改善，包括政治学领域在内的不同的学科领域如经济学、财政学以及法学领域学者都不断实现了方法论的觉醒，众多的学者都自觉地从政治学的角度给予公共预算越来越多的关注，在这方面也取得了一些成绩。如谢庆奎指出："在本质上，公共预算是利益之权威分配的政治过程，公共预算是实现公共财政法治化与行政权力控制的制度保障，公共财政和公共预算问题从来就不是孤立存在的，它的形成与发展取决于特定历史时期中政治体制的内在要求，并反过来推进政治体制与行政管理体制改革。"耶鲁大学陈志武教授指出：对于当前所谓中国而言，首先而且是最必要的是要对政府权力进行约束，而重中之重是要约束好地方政府权力。目前，中国存在的主要问题是行政权力太大，这与体制有着必然的联系，也是当前中国经济领域存在的结构性问题，正是这一问题导致了目前中国经济的不断下行。未来改革要先把权力关进笼子里，就其具体内容而言，就是要充分发挥宪法赋予全国人大的各种权力，至关重要的是要让政府的征税权、财政权都受到人大的实质性制约，推行预算公开，真正实现财政预算管理全方位的阳光化、民主化。北京大学刘剑文教授指出，预算制度是一个国家对外的形象，是国家软实力的体现。一个民主、法治的国家，预算制度一定是非常发达的，一个不受预算制约的政府是一个危险的政府，是一个不安全的政府，预算的实质是要控制政府的行为。复旦大学韦森教授认为，目前中国最重要的改革，不再是市场化的推进，而是政府内部权力制衡以及现代民主政治建设这些根本问题。要建立社会主义法治国家和民主政治体制，就要把民主预算作为政治体制改革的一个切入点。法治民主的核心和骨架是"预算民主"。要从限制政府的征税权和预算开支开始，构建公开、透明、民主和法治的政府财政预算制度。北京大学教授王建国更是指出："中国模式的制度基础是建立在剥夺民权的基础之上……投资依靠的是高税收，政府拥有不经民众同意而征税的权利。"而天津财经大学李炜光教授主要从财政、税收的角度对预算改革发表自己的看法："限制权力，最好的办法是从限制钱袋子入手，预算仅有公开还不够，公开是一个机制，要用法律保证公民亲身参与预算，保证大多数公民看得懂预算"，"公民承担纳税义务以享受宪法规定的各项权利为前提，任何单方面要求公民强制承

担纳税义务的行为，都是不正义、不合法的"①。因此，应该让税收立
法权回归人大。"目前的预算公开还只是行政首长命令下的压力所促
成的，不是国家法定程序下政府机构必须履行的职责。由于缺乏相关
的约束规则和数据比照，其宣教意义显然远大于实际价值。"② 李炜光
教授进一步认为：预算是联结政府与人民的纽带，一个国家的政府与
它的人民总是要通过某种方式联结起来，其最重要的"联结点"，就
是预算。人民的钱袋子被牢牢地看紧，强大无比的政府被关进了"笼
子"，自行其是、变成"利维坦"的可能性大大降低。这就是现代预
算的精神实质。现阶段中国税收无孔不入，中国正在走上税收行政化
路线，然而，"以强化行政手段延迟民主进程不是我们进步的方
向"③。此外，中国应该剔除传统的"皇粮国税"概念，树立纳税人
的权利观念，要给纳税人以真正的公民待遇，实现纳税人权利与义务
的统一。因此，权力问题是预算法修改的核心，当前中国的预算改革
应着重限制政府的征税权与财政支出权，实化人大的预算权力，从而
切实保护公民权利。已故的蔡定剑教授从法学的角度对公共预算改革
提出了自己的看法：财政税收和公民权利与政府权力之间的界限问
题，是宪政制度的源头。限制政府权力的最好的办法，是税收和预算
支出。公共预算改革不能满足于政府的"自我革命"，必须要硬化预
算约束机制，更多的是要落实预算的公共责任，增强预算的外部监督
力量，将预算过程真正纳入政治控制机制范围，让人民也能参与到预
算决策过程中来，不断推进预算民主化改革④，只有这样，国家的权
力才能真正得到制约，从而有效地保护公民权利。"任何政府都是由
人民的赋税建立的，政府的一切官员都是靠税收养活的，政府的一切
活动都是由财政支撑的，人民知道政府的财怎么取，钱怎么花乃天经

---

① 李炜光：《将财税作为中国改革切入口》，《新京报》（电子版），http：//epaper.
bjnews. com. cn/html/2010 – 10/23/content_ 160216. htm？div = - 1。
② 李炜光：《"三公"经费公开的当前挑战》，《人民论坛》2011 年第 27 期。
③ 李炜光：《税收无孔不入　中国走上税收行政路线》，《时代周报》2011 年第 45 期。
④ 蔡定剑：《把预算作为"国家机密"真荒唐》，《中国新闻周刊》2010 年第 1 期。

地义"①，同时，"预算公开是民主政府的应有之义……"②，"公共预算改革应实现三个目标：预算编制科学细化；预算审查民主化、程序化；预算执行监督科学化、广泛化。"③ "中国建立起现代公共预算制度，需要完成从行政控制到法制化，从法制化到民主化的过程，最终实现对预算的民主控制……公共预算改革的方向——公开、法制、透明、民主。"④ 蔡定剑教授不但在预算理论方面研究颇为深入，提出不少独到的预算改革举措，甚至还亲自参与、领导、组织了上海闵行区预算改革的实践，为推动中国预算改革贡献出了自己最后一份力量。2010 年蔡定剑教授因病去世，这对我国预算法制建设以及预算改革的发展不能不说是一种巨大损失。

而世界与中国研究所所长李凡从基层民主建设的角度，对参与式预算以及公共预算改革的方向提出了看法："温岭的预算改革是一种典型的参与式预算，它表现为普通公民积极参与地方政治，强化人大的作用，不断促进人大与政府之间的互动，从而实现体制外的民意向体制内的转化。在这一过程中，一方面积极宣传，促使普通公民主动参与到地方政治活动中来；另一方面也通过建立一系列制度化的机制吸引公民参与，最终形成了一个制度化的参与过程。"⑤ "建立公共预算的体制和过程在某种意义上讲也就是民主化的过程……建立中国的公共预算就需要建立一个民主的体制和政治过程。"⑥

需要明确的是，尽管近年来公共预算研究逐渐获得了较多的关注，我国公共预算的相关研究在数量和质量上都有所改进，但总体来说，从政治学角度对公共预算进行研究在我国还处于起步阶段，综观近年来公共预算方面的科研成果，我们很快就可以发现，其中绝大部

① 蔡定剑：《人民应该知道国家预算》，《中国新闻周刊》2005 年第 3 期。
② 蔡定剑：《公共预算应推进透明化法制化民主化改革》，《法学》2007 年第 5 期。
③ 蔡定剑：《公共预算改革应该如何推进》，《人民论坛》2010 年第 5 期。
④ 蔡定剑：《追问政府的钱袋子》，载刘小楠《追问政府的钱袋子：中国公共预算改革的理论与实践》，社会科学文献出版社 2011 年版，第 9 页。
⑤ 杨子云：《参与式预算推动地方政府治理革新》，《中国改革》2007 年第 6 期。
⑥ 李凡：《中国地方政府公共预算改革的试验和成功——对浙江温岭市新河镇公共预算改革的观察》，《甘肃行政学院学报》2007 年第 3 期。

分是从财政学、经济学或者是管理学的角度来进行研究的，从政治学角度对公共预算进行研究的科研成果所占比例较小。这对于无论是政治学学科还是整个公共预算领域来说，不能不说是一种缺憾。有学者对此进行评价道："总的来说，从政治学的角度研究公共预算还处于起步阶段……研究质量不高、研究规范性不强、科学研究方法缺位……没能在相应的知识体系内进行积累性研究。"①

我们都知道，在中国任何一项改革深入推进都少不了广大民众的参与和推动，同样，预算改革在很大程度上也需要广大社会公众的积极参与，预算改革持久、深入的推动离不开广大公众的推动。然而，就目前的情况而言，除比较发达的地区以及推行预算改革试点的几个地方外，公众对预算的参与很少。其原因一方面在于我国的政治体制改革进程滞后，另一方面就是到目前为止我国预算还不能做到真正公开。缺乏透明度，更为重要的是我国公众由于文化或自身素质等方面的原因，公民缺乏对预算的参与意识，也就是缺少一种公共精神，无法真正意识到维护权利尤其是预算权利对于现代社会的公民来说，既是其基本权利，同时也是一种责任、义务。德国著名法学家耶林曾指出，"主张权利是公民对社会应尽的义务"。同理，主张预算权利也是每个公民对社会应尽的义务。也就是说，主张预算权利对每位公民而言，不仅是一种权利，也是对社会应尽的一种义务。可喜的是，除了学者们积极宣传、介绍有关预算及预算改革的理论，在一些经济相对较为发达的地区，一些民间人士以普通纳税人的身份，也开始关注中国的预算管理及预算改革进程，像深圳的吴君亮先生那样带领自己的团队，为中国预算公开之旅、促进预算改革多年来一直在做不懈的努力，明知不可为而为之，确实是难能可贵的。学者肖滨和马骏对"吴君亮们"的努力给予了高度评价："尽管他们不是预算专家，而是普通公民，但他们是真正的公民。"但在当前的中国，具有那种公共精神而且愿意为之努力的人毕竟只是少数。在一个社会中，公民文化的

---

① 武玉坤：《中国公共预算研究述评：对期刊论文的评估（1998—2007）》，《公共行政评论》2009 年第 1 期。

建设、公共精神的培养乃至真正的现代公民社会建设都不是一朝一夕的事情，毕竟社会的发展与进步是一个渐进的过程，因此必然需要一定的时间。

二 研究思路

我们通常所关心的问题是：哪一种国家治理模式既是民主的而同时又是有绩效的呢？要回答这个问题就必须要搞清楚政治的本来目的究竟是什么。政治的使命是创造公共秩序，实现亚里士多德所称的"优良的公共生活"。权力与民主是政治学学科中的两个关键词汇，每个人都想得到它们，它们也是所有的现实政治生活的主宰；同时，权力、权利和民主作为政治学中的重要理论概念，学术界对其关注颇多。实际上，在政治世界中，权力与权利构成了公与私之间的根本对立，但长期以来，政治学似乎给予权力更多的关注，把权力当作了政治学的基本概念。罗伯特·达尔就认为："权力概念是政治分析的中心。"无疑，权力是一种最为重要的政治现象，权力的起源，权力的目标，如何规范政治权力、政治权力制度安排理应成为政治学研究的对象。然而，正如阿克顿所言，"历史并不是由道德上无辜的一双双手所编织的一张网。在所有使人类腐化堕落和道德败坏的因素中，权力是出现频率最多和最活跃的因素"①。因此，政治学在研究权力的同时不能忽视对个人权利的关注。离开对个人权利的关注，必将使政治学对权力的研究失去道德支撑和规范的基础。

对于公民而言，个人权利得到保障，是幸福的一个基本定义。事实上，个人权利的存在及其实现程度是人类政治文明程度的一个重要标志，人类政治文明的历史就是一部扩张个人权利的历史。个人权利与政治权力构成政治生活世界的两个支柱，共同支撑政治生活世界。此外，权力与权利绝非完全对立，而是呈现出一种相辅相成的关系。权力与权利的完美结合就实现了民主政治。政治学上的善就是正义，正义以公共利益为依归，正义的前提是权利的存在，在没有权利的地

---

① ［英］阿克顿：《自由与权力——阿克顿勋爵论说文集》，侯健、范亚峰译，商务印书馆 2001 年版，第 36 页。

方，就没有正义与非正义。纵观历史，有公民权利的时代，往往就是民主盛行的时代，也是国家权力合理运行的时代，公民权利的存在离不开民主，国家权力的合理运用也离不开民主。一个民主和法治社会必须重视公民权利在国家和社会治理中的参与和决策作用，建立公民权利对国家权力运行的政治、法律制约机制，从而使公民能够切实享有和实现各项民主权利。同时，倡导公民权利和国家权力的理性平衡也凸显和强化了宪政体制下的善治理念。中国传统社会是一个皇权专制的时代，而中国皇权专制长期延续的秘密在于无限制的征税权。而在当今的中国，我们正处于一个权利爆炸的时代，我们的政治、社会和经济生活在更大程度上为权利话语所支配，当代政治学研究到了必须"认真对待权利"的时候了。

而预算作为一种政治事件，它本身就是"权力的体现"①。美国学者史蒂文·帕克对于预算权力研究进行了比较全面的概括和论述。在他看来，"由于预算涉及财富的分配与决策，人们的生活必然会深受其影响，所以预算过程与权力的行使通常是密切相关的，如果不将预算过程与权力概念联系在一起肯定是不可理喻的"②。而在艾伦·希克看来，预算的政治本质在相当程度上取决于它必须采取各种措施解决不同利益冲突并尽可能多地满足占支配地位的利益集团的要求。而爱伦·鲁宾则将对预算权力的研究主要集中在预算的过程之中，在鲁宾看来，"预算过程本身就十分重要——从某种程度来说就是一个结果"。③ 预算过程一方面影响着行政与立法机构之间的关系，另一方面也影响着政府与公众之间的权力分配。④ 预算的本质意义就在于政治权力的分配。就此而言，预算过程一方面表现为政治过程的核心，另

---

① 参见史蒂文·帕克《预算是权力的体现》，载［美］杰克·瑞宾、托马斯·D. 林奇《国家预算与财政管理》，丁学东、居吴、王子林等译，中国财政经济出版社2000年版，第73—104页。

② ［美］杰克·瑞宾、托马斯·D. 林奇：《国家预算与财政管理》，丁学东、居吴、王子林等译，中国财政经济出版社2000年版，第73页。

③ ［美］爱伦·鲁宾：《公共预算中的政治：收入与支出、借贷与平衡》（第四版），叶娟丽等译，中国人民大学出版社2001年版，第88页。

④ 同上。

一方面同样也表现为权力运用过程的核心。由此我们可以这样说，"公共预算远不仅仅是简单地分配政府资源的工作，它们还是塑造公共生活、国家制度、公共与国家关系的文化建设"。①

作为政治过程的核心以及政治体制改革的切入口，当前中国预算改革同样离不开对公民权利的尊重和保护。正如马骏所言："中国公共预算改革的背后所蕴含的应当是一种迈向政治民主的精神。"② 然而，如何结合中国政治实践的现实环境，设计出一张中国预算改革的蓝图，并使得其能在中国的现实政治环境下符合公共选择的"理性"原则，这确实是摆在我们面前的一道难题。因此，本书选取了权力、权利与民主等变量，并主要从限制国家（政府）财政权力和保护公民权利的角度来研究中国的公共预算改革。在本书中，笔者根据权力向权利的发展变迁来考察中国公共预算改革进程中的民主成长、国家治理模式变迁，并分析中国预算改革可能的前景以及改革的方向与目标。国家治理的最终目标是达至善治，即实现公共利益的最大化。如马骏所言："预算改革具有强烈的政治上的含义，预算改革是推进国家治理理性化与民主化的要素。"③ 当然，这也只是一种可能的发展方向，是一种"应然"而不是"实然"状态。我们都知道，理论中的"应然"与现实中的"实然"通常都不大相符。正如当前中国正在推行的政治体制改革一样，作为中国体制改革的一个非常重要的切入点，中国预算改革的进程同样也会沿着特定路径发展，而不可能是"激进式"或"跳跃式"的，实际上，它很可能是不断变革、完善的过程，毕竟，就中国的现实情况而言，无论是预算中权力的分配、运用与控制，还是政府官员权力观念的改变、公民（纳税人）权利意识意识的苏醒，抑或是预算民主乃至国家民主进程的发展，归根结底都

① ［美］乔纳森·卡恩：《预算民主——美国的国家建设和公民权（1890—1928）》，叶丽娟等译，格致出版社 2008 年版，第 2 页。

② 马骏：《预算民主：中国预算改革的政治基础》，载马骏《中国公共预算改革：理性化与民主化》，中央编译出版社 2005 年版，第 55 页。

③ 马骏：《中国预算改革的政治学：成就与困惑》，《中山大学学报》（社会科学版）2007 年第 3 期。

会受到诸多因素的影响，如中国的现代化进程、改革开放的程度、中国传统的政治文化等；反过来说，公共预算改革同样也会对中国的改革开放与现代化进程以及人们传统的思想观念产生一定的影响。

三　本书的基本结构

本书共分为八章，具体的结构安排如下：

第一章导论部分主要对本书的研究缘起与选题的价值、国内外研究现状以及研究方法、创新点、研究的难点及不足等方面进行了阐述。

第二章介绍了公共预算的一般概念与基本理论。作为一种制度，公共预算的诞生和演化是现代民主政治制度的直接产物。从社会经济发展的角度我们可以看出，预算是随着资本主义生产方式的产生和商品经济的发展，在新兴资产阶级同封建君主及地主贵族专制统治进行斗争的过程中，作为一种斗争手段而产生的。作为一种国家管理活动，公共预算就其本质而言是政治性的，原因就在于在对资源进行配置的过程中，离不开对权力的广泛运用。就其实质而言，预算就是对决策权力的分配、运用过程，预算是权力的体现，在预算实施的过程中，表面上是在对资源进行配置，但实际上就是一个对政治权力进行分配、运用和控制的过程。在预算的过程中，作为资源配置主体的公共权力要在不同的权力主体（包括立法、行政、司法权力机构）之间进行分配，所以预算实质上就是一种制衡机制，由此我们可以说，预算就是一个民主政治程序。作为公共财政的核心组成部分，公共预算制度是公共财政运行的基本制度框架。如果不能真正建立起具有法律效力的预算规范，真正意义上的公共财政制度的建立也就无从说起。

第三章是本书写作的重点和难点之一。主要从作为国家治理机制的公共预算制度这一特定的角度来对公共预算改革的性质、范围、主要着力点等方面进行论述。在国家治理过程中，公共预算的地位十分重要。预算管理构成了公共管理的核心和关键，是实施有效的现代国家治理的重要着力点。国家治理转型在一定程度上取决于以公共预算为基础的财政转型。而在国家治理过程中，作为公共财政活动的核心组成部分，公共预算决策应该顺应多中心体制的客观要求，将公共性、法治性与硬约束确定为预算的基本目标,并在程序上按照公共选择原理进行。现代公共预算制度的确立与现代国家成长是一个相互促进的过程。国家治理是一个十分复杂的、系统的过程,有效的国家治理最终是要体现在制度化水平上的,需要通过制度将具体的治理形式固化下来。国家治理正常化要以一个稳定、合理的制度安排为其基本前提。现代公共预算制度建立以后,国家开始以一种不同以往的方式从公民那里汲取财政资源并将其运用到公共目的,国家汲取与支出财政资源的方式随之也发生了根本性的变化,国家治理方式也显得更为理性、负责。中国在1999年启动了新一轮公共预算改革,中国由此开始走上了建设"预算国家"的道路。然而,在建设预算国家的过程中,中国仍然面临着非常多的挑战。

第四章主要介绍了西方国家公共预算改革的经验。从政治层面来看,公共预算制度一方面是人类政治文明的重要成果,另一方面也是现代政治文明的重要标志。现代公共预算制度的建立,使立法权对政府理财权的法律制约得以实现。西方国家的公共预算制度是在民主政治制度与市场经济体制中孕育、产生并发展起来的,凝结了这些国家数百年来市场经济与公共财政制度发展的智慧与经验,在某种程度上,可以说是我国现阶段财政预算制度改革的标杆和方向。

第五章主要介绍了公共预算改革的中国实践。新中国成立60多年来,我国预算管理制度主要经历了四个不同的历史阶段。我国于1999年启动的公共预算改革运动,严格地说是从编制部门预算开始,而后向预算执行、监督领域拓展延伸,进而演化成一场财政预算管理制度全面创新的革命。这场改革发展至今,公共预算制度的主要领域与重要环节基本上都已经有所涉及,随着改革的推进,国家开始形成基本的预算能力。然而,这场改革仍存在一定的缺陷,在某些方面做得还不够深、还不到位。因此,必须进一步加大预算改革力度,深化公共预算改革内容。

第六章是本书写作的另一重点和难点。主要是从现代民主成长的角度讲述公共预算改革在我国的实践,并对预算民主发展的实现路径、必要性以及当前我国预算民主性的不足和预算民主进一步发展的空间等方面进行了论述。民主是公民自觉的政治生活。从我国现实的状况来看，目前我国的各级预算离民主预算还相去甚远。要实现政治民主化的目的，推行预算改革，实行预算民主是必不可少的。就当前中国预算的民主性缺乏这一现实情况而言，在一定程度上是与特定历史、文化及政治、经济因素有着千丝万缕的联系，但这一切都不能成为拖延中国预算改革进程的借口。如同中国的政治体制改革进程一样，预算改革同样也不可能以跳跃式的方式推进，而必须是长期的渐进过程，权力的分配、控制，需要诸多部门之间的博弈，影响预算民主发展进程的因素同样也是多元的，如中国的现代化进程、改革开放的程度、中国传统的政治文化等；反过来说，公共预算改革同样也会对中国的改革开放与现代化进程以及人们传统的思想观念产生一定的影响。

第七章是本书的重中之重。预算是一个国家走向现代国家的一个根本性的标志，中国公共预算改革的背后所蕴含的应当是一种迈向政治民主的精神，发展预算民主，限制政府权力，切实保护公民（纳税人）的权利是当前中国预算改革面临着的现实问题。如何限制政府（国家）权力，切实保护公民权利已经成为新时期中国政治体制改革的重要内容。中国的预算改革不能局限于权力对权力的制约，更不能寄希望于政府的"自我革命"，要想看紧政府的"钱袋子"，本质上应当强调以权利制衡权力，亦即用纳税人的公民权利约束政府的行政权力、用纳税人的财产权利约束政府的财政权力。所谓把政府的"权力关进制度的笼子里"，首先且主要是要把政府的财权关进预算制度的笼子里。就中国而言，预算改革必须要有效地限制国家（政府）过大的财政权力，强化人大的财政预算权力，培育公民的"纳税人权利意识"，推行"预算民主"，让人大能够真正代表人民，实现权力向权利的适度回归，以权利制衡权力，权力与权利形成一种良性的博弈。只有这样，中国才有可能构建出良善的公共预算机制。也只有这样，中国才能有效地限制政府的权力，切实保护公民的财产权利，从而真正实现国家治理的理性化与民主化。

第八章是结论部分。从现代国家的民主政治实践中我们可以看出，公共预算一方面是财政民主的重要内容和运行规则，另一方面也是纳税人及其代议机构对国家财政进行控制的基本途径。中国公共预算改革的重要环节就是要保证立法机关充分行使预算权力。总的来说，当前我国公共预算改革的方向已经逐步明确，也就是要实行预算民主，建设现代意义上的预算国家，实现国家治理的理性化与民主化这一理想。

第三节 研究方法、可能的创新之处以及研究的难点与不足

一 研究方法

鉴于我国预算公开程度不够这一现实情况以及其他种种客观条件的限制，要对我国公共预算进行实证研究确实存在不小的难度。因此，本书主要采用的是规范性研究。从政治学学科出发，立足于对于国家权力的制约和公民权利的保护这一特定视角的公共预算改革研究是一种对中国公共预算发展演变比较有效的解释框架和解释系统。

就具体的研究方法而言，首先，本书采用了规范研究方法，并辅之实证研究。规范研究主要表现在文本与文献分析方面，这一方面包括对全国人大及其常委会及中央政府颁布的有关全国人大对政府财政预算监督的一系列基本的法律、法规、行政规章等文本进行分析；另一方面，也有对关于政府权力的限制与公民权利的保护的国内外预算管理和预算改革等方面的理论和实践的介绍的文本分析。通过对收集的资料的梳理，可以清楚地看出公共预算的历史变迁，同时也结合当前我国预算改革现状，尤其是一些地方保护公民权利的预算民主实践，丰富了研究内容，也可在一定程度上弥补由于实证研究的相对缺乏而引起的不足。

其次，本书还采用历史研究方法，通过对预算在西方国家的起源与发展的历史描述，揭示了预算发展过程中财政权力变迁及代议民主制度的发展历程。同时，也对中国预算管理制度的变迁做了一些描

述，说明了当前我国预算改革的重点是强化人大的预算权力，实行预算民主，切实保护公民权利，只有实现了财政预算的民主化，才能真正实现国家治理的民主化。

最后，本书还使用了比较方法，其中既有纵向的比较也有横向的比较。纵向的比较主要是公共预算发展变化的历史比较，旨在达到研究的理论与实践的统一；横向的比较包括西方不同国家的预算改革经验，以及这些国家预算民主的发展历程和权力结构变迁的历史比较，从而为中国公共预算改革树立了一个清晰的参照物，这也为中国建立现代公共预算体系，真正实现国家治理的理性化和民主化，切实保护公民权利，实现从权力向权利的回归及两者的理性平衡提供借鉴。

二 可能的创新之处

本书的创新之处就在于研究视角的创新。当前国内的公共预算研究多数是从经济学、财政学的角度来加以研究，其视野通常是预算制度和预算技术，鲜有从权力向权利发展对财政预算进行研究的，也没有从国家治理的角度对财政预算进行系统、深入、专门的研究。本书在一定程度上填补这些方面的空白。也就是说，本书从"政治学"这一特定的学科领域出发，通过对权力向权利发展变迁范式考察我国预算制度改革，由此提出公共预算改革的首要任务是要树立公共财政预算理念，限制政府权力，保护公民权利，推行预算民主，是基于当前我国现状的政治学研究。一方面，以从权力向权利发展变迁为主要切入点来研究公共预算，在一定程度上弥补了国内在研究视角上的欠缺。另一方面，从政治学的角度以保护公民权利，限制国家权力为着力点研究预算改革也有助于预算政治学的形成。

三 本书所突破的重点

（1）公民权利的保障问题。当前我国要建设的社会主义和谐社会是一个以人为本、充分尊重和保障人权的社会。如何在预算制度改革的过程中合理界定权利与权力的界限，如何完善公民权利的救济机制，建立完备的公民权利保障机制，是本书的首要重点。当前国内的公共预算研究多数是从经济学、财政学的角度来加以研究，其视野通常是预算制度和预算技术，鲜有从权力向权利发展的角度对财政预算进行专门、系统、深入的研究。本书将在一定程度上填补这方面的空白。当前我国要不断建立、完善社会主义市场经济，这与传统的计划经济存在明显的差异，计划经济是一种由制度化的权力主导一切的"权力经济"，而市场经济的一个重要特征，就是建立在严格、规范和健全的法治基础上的。基于此，本书从"政治学"这一特定的学科领域出发，通过对权力向权利发展变迁范式考察我国预算制度改革，由此提出公共预算改革的首要任务是要树立公共财政预算理念，限制政府权力，保护公民权利，推行预算民主。同时，作为宪政制度的源头——财政预算与公民权利和政府权力的界限问题，长期以来一直是困扰许多宪政学者的话题，本书尝试在这一领域进行较为系统、深入的研究，也不失为在学科领域的一大突破。

（2）在预算制度改革的过程中如何实现权力与权利的良性博弈。就权力与权利的关系而言，国家权力就其根源来说是来自人民的让渡、授予，由此，公民权利毫无疑问是国家权力合法性来源的基础，而国家权力应以促进公民权利为目的。权利绝不是因为某些人或某个机构的恩赐，相反，没有公民权利，国家权力也就丧失了自身的合法性。公民权利赖以存在的基础就是利益，同时又以自由为前提，主张为取向。无论是国家权力的存在还是行使，都要以促进公民权利的实现为依归。然而，在现实生活中，国家权力与公民权利之间的关系常常如此难以捉摸，以至于常常出现国家权力侵蚀、践踏公民权利的现象。因此，在预算制度设计的过程中，如何防止权力对权利的侵蚀、践踏是预算制度改革必须要面对的难题。一方面要对国家权力进行约束，防止其自我膨胀，促进公民权利的实现；另一方面，又不能过度削弱国家权力，而要实现两者之间的理性平衡。对这一问题的探讨，既是我国社会主义政治文明建设的基础工程，也是加快我国现代化进程的有力保障。由此看来，本书在这些方面的尝试，同样也不失为一大突破。

四　研究的难点与不足

本书是从政治学的角度出发来研究公共预算的，虽然在研究视角上有一定的创新之处，但考虑到国内对公共预算的政治学研究本来就起步较晚、研究严重不足这一事实，其研究的困难性是显而易见的。

第一，研究公民权利与国家权力的和谐博弈，首先要合理界定二者之间的界限，而这却是一个比较难以把握的问题。在预算制度改革的过程中一味地限制国家权力肯定是不可取的，这样只会加大国家管理的难度，引起社会动荡。同时也不能放任公民权利的无限扩展，否则同样会触及公平正义的底线，动摇社会稳定的根基。事实上，就当前中国的现实情况而言，权力和权利之间的矛盾成为制约我国改革进一步深化的内在障碍。马克思主义权力观（权利观）的核心在于，权利决定权力，国家的权力来源于人民的权利，一切权力属于人民。国家权力向公民权利的回归是权力发展的内在规律和必然逻辑，但国家权力和公民权利的二元性对立在社会总发展过程中是一个不可逾越的阶段，国家权力和公民权利的统一是历史发展的必然趋势。当前，寻求国家权力和公民权利的健全互动，一方面，必须促进公民文化的发展；另一方面必须进行政治体制改革，打破权力和利益勾结的格局，建立合理的权力制衡机制，依靠法律制约政府权力。一个民主和法治的社会必须重视公民权利在国家和社会治理中的参与和决策作用，建立公民权利对国家权力运行的政治、法律制约机制，从而使公民能够切实享有和实现各项民主权利。同时，倡导公民权利和国家权力的理性平衡也凸显和强化了宪政体制下的善治理念。由于二者之间的关系异常复杂，如何既从学理上厘清预算改革过程中公民权利与国家权力二者之间的关系，又在制度设计层面实现公民权利与国家权力的理性平衡和健康有效、相得益彰地运行，是本书的最大难点。

第二，就实际的操作而言，在资料的收集方面存在着一定的困难。虽然本书的研究对象是中国的公共预算改革，但由于我国的预算研究起步较晚，缺乏现代公共预算理念和改革经验，此外，受传统皇权专制社会的影响，公民还没有普遍形成一种权利保护意识，因此在很大程度上要参考、借鉴国外的改革经验与先进的预算理念。如果没有国外第一手的书籍资料的话，是很难对其进行系统、全面的研究的，这一切都会在一定程度上限制了本书的速度和深度。此外，由于中国各级政府的公共预算至今未能真正实现完全公开，这就为进行实证研究、获取第一手资料增加了极大的难度，即便靠私人关系能够获取有限的数据，但又由于种种原因，往往不能公开具体的地点、涉及的部门，更不能公开一些敏感的数据，使实证数据的说服力及调查的效果大打折扣。事实上，本书在一定程度上表现出实证的缺乏。

第二章　公共预算：一般概念与基本理论

第一节　公共预算的起源与内涵

一　公共预算的起源与发展

整个人类社会的历史可以分为几个不同的发展阶段，而财政活动是随着国家的形成而出现的。也就是说，尽管政府的财政收支活动在奴隶社会就出现了，但那并不是现代意义上的公共预算。实际上，公共预算活动是在资本主义生产方式确立之后才出现的。所谓的预算活动，就是通过一定的法律程序，将政府的财政收入与支出统一到一个计划文件之中的活动。那么，为什么在资本主义生产方式出现之前没有公共预算活动呢？究其原因，主要在于：首先，无论是在奴隶社会还是封建社会，实行的都是君主专制统治，都是典型的"朕即国家"的时代，所有的社会财富基本上都归君主（皇帝）个人所有，即便是生产资料也是属于专制君主的私有财产，君主个人的财政收支活动与政府的财政收支活动并没有多少差异，国家财政主要是为了满足王室的需要，这样一来，对政府财政收支活动进行全面的、系统的管理就无从谈起，更没有形成完整的、系统的财政管理制度；其次，由于商品经济很不发达，并不具备对政府的收入与支出事先进行详细的计算的条件，同时由于君主所拥有的权力是绝对的，没有受到任何的约束与控制，君主可以随心所欲地支配整个国家的财政资源，这就意味着无论是在组织收入还是安排财政支出方面，不可能有法律程序与手续，事实上也并不需要；最后，无论是在奴隶制国家还是封建制国家，各级政府机构在财政分配活动中所处的地位并不明确，还谈不上各部门通过财政分配活动为政府实现其职能服务，更不可能形成统一的政府财政收支计划。因此，在资本主义社会出现之前，尽管政府也设置了机构和官吏对财政收支活动进行管理，但并没有真正形成现代意义上的公共预算。

实际上，"预算"（budget）一词最早是指国王用于公共支出的钱袋子。[①] 原因在于早年英国财务大臣每次出席国会报告财政收支计划时，通常都把有关国家财政的文件放在一个特制的皮包内随身携带，时间一长，"budget"便由皮包演变成皮包中存放的财政文件，即财政收支计划书，而"预算"一词的使用也就从此开始。根据法国文献记载，法国是从1802年开始采用"预算"这一名词的，用以代替"收支概算"一词。1814年，法国开始编制年度预算，这被有些学者视为现代预算的第一次实践。后来其他国家都先后效仿，预算于是便成为一个通用名词。

然而作为一种制度，公共预算的诞生与发展却是英国现代民主政治制度的直接产物。它的形成与13世纪初英国代议民主制度的形成有着直接的关联，实际上，代议民主制度出现是议会对国王财政专权进行制约的结果。而英国近代史本身就是一部君主和议会为争夺国家财政控制权进行不断斗争的历史。事实上，在英国向资本主义社会过渡的过程中，封建君主随意征税与肆意挥霍，严重地损害了新兴资产阶级的利益，同时也给市场和资本的进一步扩张造成了致命的威胁。因此，新兴资产阶级与以国王为代表的封建势力之间的一场争夺对财政权的控制的斗争就不可避免地展开了。在1215年，以新兴资产阶级和贵族以及大地主为代表的人民会议迫使英国国王约翰签署了《大宪章》，也即英国历史上非常有名的《自由大宪章》，首次以法律的形式明确规定了"非赞同毋纳税"的原则，从而剥夺了国王的部分税收权。后来，资产阶级又提出如果要限制君主的权力应以控制其财政

---

① Salvatore Schiavo—Campo and Daniel Tommasi, *Managing Government Expenditure*, Manila, ADB.

权为主，立宪政治必须以管理财政为起点。也就是说，政府的各项财政收支必须要事先制订计划，而且必须要经过议会审查通过之后才能执行，同时财政资金的使用必须接受议会的监督。正是以剥夺封建君主的部分征税权为起点，自那以后又经过几百年的不断斗争，到1640年英国爆发的资产阶级革命结束时，税收权逐步完成了由君主手中转移到公众的控制之下。代表民意的议会从此基本上掌握了英国的财政权。在实现了对政府的财政收支的掌控之后，议会又开始进一步寻求对王室支出的控制。1688年的英国光荣革命进一步强化了议会对财政预算的控制。光荣革命也是英国财政与代议政治发展历史上的重大事件。正如诺思所指出的那样："在17世纪早期，财政需求导致'专制'政府的层次增加并最终引起了英国国内战争和君主政体的恢复。在1688年'光荣革命'之后，政府财政制度不得不从根本上进行重新设计。"① "光荣革命开启了议会至高无上的时代，议会在国家的金融事务中获得了一个中心角色，把政府开支置于议会的监督之下。"②1689年通过的《权利法案》，进一步明确提出如果没有经过议会批准，政府没有任何权力强迫人民缴纳税负。同时，还规定必须要按年度分配收支，并在年前作出收支计划，然后再提请议会审批，其实施也必须要接受议会的监督。与此同时，《权利法案》还明确规定了政府部门及其官员在处理政府财政收支方面的权限与责任，并强调必须要照章办事。同时，还进一步对君主私人支出与国家支出进行了区分，否定了英国财政的君主私人收支性质，政府财政由此也就完成了从家计财政到公共财政的转变。③ 在光荣革命之后将近70年的时间里，英国产生了一项制度规定，即政府必须按年度向议会提交预算，而且必须要获得议会批准，最后才能交由政府执行。自1760年起，

---

① ［美］道格拉斯·C. 诺思、巴里·温格斯特：《宪法与承诺：17世纪英格兰治理公共选择制度的演进》，载［美］道格拉斯·C. 诺思等著《制度变革的经验研究》，罗仲伟译，经济科学出版社2003年版，第158页。

② 同上书，第174页。

③ Jesse Burkhead, *Government Budgeting*, New York: John Wiley & Sons, Inc., 1956, p. 6.

英国形成了这样一项惯例：政府要获得拨款，必须要由财政大臣在每一财政年度伊始，向议会提交预算。从此，英国议会进一步取消了君主自行征税的权力，君主的开支经由议会批准的年度预算拨款来解决。

而在1787年，英国通过了总基金法案，把全部的财政收支统一到一个文件之中，开始形成了正式的预算报告。1802年，公布详细的政府收支报告的制度在英国开始实行，到了1822年，开始由财政大臣将该报告提请议会审议，按年度编制与批准政府预算的制度由此正式确立了起来。此后，国会还取得了对预算执行进行审核的权力。由此英国建立了正式的预算制度。这种以立法形式批准的政府年度财政收支计划，被称为政府预算。由此看来，政府预算制度是在英国经历了数百年的时间，才逐步形成与发展起来，并成为基本的财政制度形式（见表2－1）。

表2－1　　　　　　　　　财政预算权在英国的发展演变

时间	财政预算权的发展
1215 年	签署了《自由大宪章》，确立了"非赞同毋纳税"原则，剥夺了国王的部分税收权
1640 年	税收权逐步由君主手中转移到了公众手中。英国的财政权基本处于议会的控制之下
1688 年	强化了议会对预算的控制
1689 年	通过了《权利法案》，主要内容包括：①进一步明确提出如果没有经过议会批准，政府没有任何权力强迫人民缴纳税负。②规定必须要按年度分配收支，并在年前作出收支计划，然后再提请议会审批，其实施也必须要接受议会的监督。③规定了政府部门及其官员在处理政府财政收支方面的权限与责任，并强调必须要照章办事。④进一步对君主私人支出与国家支出进行了区分，否定了英国财政的君主私人收支性质

时间	财政预算权的发展
1760 年	规定必须于每个财政年度开始之前，向国会提交国家预算
1787 年	通过了总基金法案，把全部的财政收支统一到一个文件之中，形成了正式的预算报告
1802 年	开始公布详细的政府收支报告
1822 年	开始由财政大臣将预算报告提请议会审议，正式确立了按年度编制与批准政府预算的制度

　　从政府预算制度在英国的产生与发展过程我们可以了解到，政府预算制度其实就是民众对政府活动进行约束与限制的基本手段。而从社会经济发展的角度我们可以看出，政府预算是在资本主义生产方式的产生与商品经济发展到一定程度，在新兴的资产阶级同封建君主以及地主贵族专制统治进行斗争的过程中，作为一种斗争手段而产生的。也就是说，在西欧封建社会末期，出现了资本主义的生产方式，而资本主义生产又是商品经济，商品经济的迅速发展必然要求打破中世纪的封建割据与关卡林立的局面，从而加强各地区之间的经济联系，建立统一的国内市场。在封建社会里成长起来的新兴资产阶级为了保护自身的利益，要求减轻税负，限制君主和王室的开支，并以建立预算制度作为主要斗争手段，与封建统治阶级展开了激烈的斗争。这场斗争最开始表现在课税权上，就是要对君主的课税权进行一定的限制，制成平衡表，交给议会讨论和批准。就这样，预算制度初步形成。

　　概言之，政府预算的历史本身就是一部权力与民主发展变迁的历史。预算制度在英国的形成和发展过程表明：首先，政府预算制度是英国社会公众与君主之间争夺经济利益的产物。它体现出市场因素在其发展壮大过程中，逐步形成的独立经济主体（资产阶级）维护自身利益的根本要求。其次，政府预算制度的形成，直接表现为英国政治格局变动的结果。具体表现为以封建君主为代表的没落封建势力与以议会为代表的新兴市场势力之间，经过长达数百年的政治角逐、较量的结果。最后，英国政府预算制度的形成过程，其实就是代表人民利益的议会对于君主财权的逐步剥夺和控制的过程。这是一个由点及面、不断扩展的过程。到了 20 世纪初，几乎所有的西欧国家都建立了政府预算制度。而随着市场经济的不断发展，公共财政制度逐步建立，政府预算于是便逐渐演化成为公共预算。

二　公共预算的内涵

我国有学者是这样理解公共预算的：所谓的"公共预算，是指经法定程序编制和批准的，国家在一定时期内的基本财政收支计划，是政府为了实现国家的社会经济任务，有计划地集中和分配国民收入的重要工具，是公共财政的主导环节。公共预算收支活动制约着政府活动的范围和方向，规定了国家主要财力的来源、结构和方向，体现了国家发展国民经济和各项社会事业的方针政策"①。很明显，这主要是从财政学的角度理解公共预算的。而要全面、完整地理解公共预算的内涵必须明确以下三个方面：首先，公共预算是指政府的财政收支计划。公共预算规定了政府活动的内容、方向与政策。其次，公共预算是配置社会资源的重要手段。从公共预算的运作过程来看，它实际参与配置社会资源。预算支出的结构比例、取向用途体现国民经济与社会发展以及政府各部门之间的资源配置状况，深刻地影响着整个社会资源的分布。最后，公共预算是国家具有法律约束力的权威文件。公共预算本身代表政府决策，这项决策只有在得到立法机构的批准后方能生效。一旦获得法律效力，它就成了具有刚性约束力的权威文件，非经法定程序，任何组织或个人均不得擅自改变已经过批准的预算，而且必须严守预算核定的资金约定，兑现与资金代价相应的政策承诺。

我们也可以从以下四个维度来理解公共预算，即政治维度、经济维度、管理维度和财务管理维度。首先，因为公共资源是稀缺的。公共预算在分配公共资源时必须要考虑不同利益相关者的需求。最终的

---

① 凌岚：《公共经济学原理》，武汉大学出版社 2010 年版，第 66—70 页。

预算分配实际上反映了政府政策的优先性，是不同的参与者讨价还价的结果。这反映出了公共预算的政治性。其次，公共预算还是经济平衡工具。因为公共预算的分配往往承担着刺激经济增长或稳定经济、促进就业、抑制通货膨胀等宏观经济职能。再次，公共预算也是管理的工具。因为有效的分配并不能保证资源被有效使用，由此公共预算不只是简单的财政资源的分配，还需要利用特定的管理方法与技术使得公共服务和公共项目的提供变得更为有效。最后，公共预算也是一种财务管理工具。政府的收入和支出数量庞大而又十分繁杂。为了通过合理的方式获得每一笔收入并安排好每一笔支出，有必要通过微观的财务管理工具约束参与者的行为。公共预算的这四个维度不仅概括了公共预算管理的内涵，同时也反映了公共预算具有不同于企业或私人预算的特点。

三　公共预算的一般程序

公共预算是政治程序的产物。很长一段时间以来，人们脑海中形成了这样一种理念：预算过程决定预算结果。在此基础上，预算改革者坚定地认为，只要预算过程是完美无缺的，最后产生的预算结果离预期的目标必定不会相去甚远。在这样一种观念的指引下，许多人都倾向于认同"如果预算程序是合理的，那么其结果也是正确的"[①] 这一理念。由此我们可以看出公共预算程序的重要性。一般而言，预算程序与各个主体的权力配置和相互制约关系，科学合理的预算制度设计能够实现预算权力的合理配置，使预算决策更加科学、合理，保证公共利益和国家调控目标的实现。

各国的公共预算的程序虽然在细节上不尽相同，但就一般意义来看，各国的预算都要经过宏观政策展望、制定中期预算框架、预算编制、预算批准、预算执行、预算审计/评估这样几个依次递进的阶段，如图 2 - 1 所示。

---

① 马骏：《中国预算改革的政治学：成就与困惑》，《中山大学学报》（社会科学版）2007 年第 3 期。

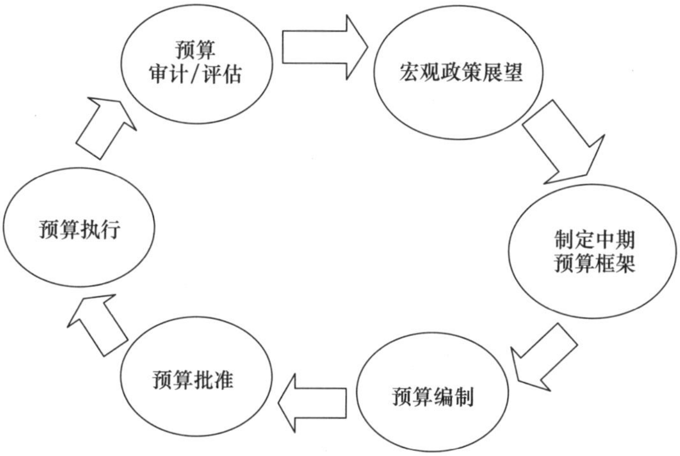

图 2 - 1　公共预算的一般程序

资料来源：凌岚：《公共财政：治理机制与治理结构》，经济科学出版社 2011 年版，第143 页。

第二节　公共预算的政治性质

如前所述，公共预算是衡量一个国家实现现代化的标志。然而，现代预算制度产生、发展是与特定的社会、历史背景有着密不可分的联系的。国外有学者就指出："现代预算制度的产生、发展一方面与近现代以来民族国家观念的确立有着必然的联系、另一方面，市场经济的建立、完善和制度化的规定乃至社会阶级利益斗争的政治化不断加强，这一切，都成为近代财政预算制度建立的时代背景。"① 同时，预算制度发展状况又在很大程度上反映了这个国家社会、政治、经济发展现状。

一　公共预算：对权力的分配、运用与控制

美国著名的政治改革家克利夫兰（Cleveland）曾经对预算做了一

_____

① ［日］小林丑三郎：《各国财政史》，邹敬芳译，上海神州国光社 1930 年版，第 20页。

个通俗的解释："预算是一门决策的艺术。"① 政治学家凯伊也说：公共预算的基本问题就是要回答"应该以什么为基础来决定把 X 数量的预算资金分给 A 项目。而不是 B 项目"②。

美国著名政治学家阿伦·威尔达夫斯基认为：公共预算是为了实现一定的公共政策目标而进行的财政资源分配活动。③ 这个定义指出了公共预算的两个关键：其一，预算分配的公共政策导向，即财政资源的分配是围绕公共政策的目标而进行的；其二，公共预算活动实质上是一系列资源的分配决策过程。从实际操作的角度看，公共预算是指经法定程序批准的政府年度财政收支计划，以及政府的资金筹集、使用计划及相关的一系列制度等。有观点认为，财政就是政治。而政治学是研究究竟谁从政府那里得到好处。威尔达夫斯基认为这个答案就在公共预算里。

威尔达夫斯基开始关注预算中的政治本质，他得出结论："预算即政治，预算所关注的核心就是何方得利，何方受损，何方受益，何方付出的问题；而且预算在现实生活中是一个渐进的冲突解决模式，其结果反映出谁的偏好将会占优。"④ 他认为，预算最初所表现出来的只是预期的一种结果。换句话说，预算是一份通过文字与数字描述出来的收入和支出报告，在这里人们可能看到政府为了实现某种目标需要进行哪些投入，获得哪些回报，就其实质而言是"旨在实现政策目标而将资金来源和人们的行动连接起来的纽带"⑤。总的来说，"预算是这样的一个过程，它与权力、权威、文化密切相关，是一个协商一致与冲突交相伴随的过程，同时它在国家政治生活中发挥着至关重要

---

① Frederick Cleveland，"Evolution of the Budget Idea in the United States"，*Annals of the A-merican Academy of Political and Social Science*，1915，pp. 15 – 35.

② V. O. Key，"The Lack of a Budgetary Theory"，*The American Political Science Review*，No. 34，1940，p. 138.

③ Aaron Wildavsky，*The Devilment of Politics of the Budgetary Process*，Little Brown and Company，1964，p. 157.

④ ［美］阿伦·威尔达夫斯基、内奥米·凯顿著：《预算过程中的新政治学》（第四版），邓淑莲、魏陆译，上海财经大学出版社 2006 年版，第 1—5 页。

⑤ 同上书，第 2 页。

的作用"①。他进而提出："预算是一个管理过程，也是一个政策制定的过程，是一个运作过程，也是一个导向，忽视前者就如同无视执行政府计划那样不明智。"② 由此我们可以看出，"在威尔达夫斯基的框架中没有行政价值的位置，他将预算完全看作是一个政治过程"③。

无论我们怎样认识预算，即便是众多的学者对预算描述是如此捉摸不定，但有一点是可以肯定的，预算本身就是一个政治问题，"研究预算不过是研究政治的另一种表达形式"④。由此我们这样肯定一点，在预算过程中所表现出来的种种冲突从本质上而言就是政治冲突。

在此基础上，有学者进一步指出预算的实质："从形式上来看公共预算是一种国家活动，公共预算是以国家为主体的再分配关系的体现，它的本质意义就在于凭借国家公共权力实施对稀缺资源的使用与分配。"⑤ 而这种事关稀缺资源的分配决策权力的大小必定是以预算参与各方所拥有权力的大小为前提的。这也就深刻表明："预算确实是权力的体现。"⑥ 然而，必须要明确的一点是，无论哪种权力都是有一定的边界的，原因就在于人们熟知的一个道理"绝对的权力导致绝对的腐败"，由此，如何对预算过程中的权力进行制约就成为西方国家在进行制度设计时必然要涉及的一个问题。实际上，西方国家早期的预算改革家们对这个问题早有关注，通过对英美国家最初的预算制度的构建模式的考察，有学者认为这两个国家预算制度构建的权力制约

---

① Aaron Wildavaky, *Budgeting: A comparative theory of budgetary process*, New York: Transaction Publishers, 1997, p. 13.

② ［美］阿伦·威尔达夫斯基：《预算：比较理论》，苟燕楠译，上海财经大学出版社2009 年版，第 9 页。

③ Leloup. *From Microbudgeting to Macrobudgeting*, Evolution of Theory and Practice, 1987, p. 66

④ Aaron Wildavaky, "The Political Implications of Budgetary Reform", *Public Administration Review*, No. 21, 1961, pp. 183 – 190.

⑤ 蒋永甫：《现代国家构建中的公共预算——一种财政国家的视角》，《湖北行政学院学报》2010 年第 6 期。

⑥ ［美］杰克·瑞宾、托马斯·D. 林奇主编：《国家预算与财政管理》，丁学东、居吴、王子林等译，中国财政经济出版社1990 年版，第 73 页。

模式的路径不尽相同，英国的早期预算制度模式是为了"约束权力"，而美国的预算制度模式是"制衡权力"，由此我们可以看出，西方国家早期的政治家们在现代国家构建的初期就已考虑到了如何对预算权力进行一定的约束与控制，并将其融合进治国理念之中。也就是说，要对权力进行限制，包括对预算权力的限制和制约，是英美在现代国家建构和现代预算制度形成的初期就有的。对权力进行控制的这种理念，伴随西方国家的不断发展而不断完善。事实上，在当今西方国家，公共预算一方面为国家存在和运作提供了一定的财政资源，使得国家权力得以有效运行；另一方面，还让议会对政府的财力实施控制，对政府权力进行有效控制的宪政目标由此实现。然而，公共预算的作用还有很多，公共预算还在很大程度上规范了中央与地方之间的权力关系。这一过程是通过对中央政府与地方政府之间的财政资源进行一定比例的分配，并在一定程度上促进了财权与事权相统一。中央与地方由于在获得财政资源方面各不相同，这实际上也就对中央与地方各自拥有不同的权力关系进行区分，从而也就规范了中央与地方之间的关系。总而言之，通过对财政资源进行配置，公共预算达到了对国家权力的分配、控制、运用的目标，并进而达到实现宪政的目标。

二 公共预算与现代民主

美国著名学者布坎南曾经说过："在一个民主化社会中……必须假定个人参与了公共决策的形成。"[①] 这是他所提出的民主财政理论的前提预设，即民主社会的基本前提也就是个人必须能够参与公共决策。而鲁宾曾经从价值层面断言，公共预算是现代民主的基础。也就是说，"只有公民在财政过程或预算过程中能够起到决定作用，才是真正民主的。权力的民主价值，同样基于权力的结构和过程十分合乎最大限度地实现公共需求的根本目的"[②]。王绍光认为："现代预算符合如下条件：必须经过法定程序批准，而且必须是政府机关在一定时

---

① [美] 詹姆斯·M. 布坎南：《民主财政论》，穆怀朋译，商务印书馆 1993 年版，第12 页。

② 靳继东：《预算政治学论纲：权力的功能、结构与控制》，中国社会科学出版社2010 年版，第 41 页。

期的财政收支计划。它不光是财政数据的估算、记录、收集与汇报，同时也是一个计划。而且必须是由行政首脑准备的并由其亲自提交；它必须是全面的、有分类清晰，同时也是统一的、严密的、准确的，有一定的约束力并具有一定的时效；必须要由代议机构批准并由其授权后才能实施，然后再向公众公布。"① 基于此，他认为"预算是一种对政府和政府官员非暴力的制度控制方法"②。李凡也指出，实际上，建立公共预算的体制和过程从某种意义上来说也就是民主化的过程。只有在一个民主的体制之上，公共预算才有可能真正建立起来。就这个方面而言，"中国的公共预算的建立从政治层面的意义来讲要大于经济层面的意义，也就是说建立中国的公共预算就需要建立一个民主的体制和政治过程"③。

马骏认为，为了达到政治民主化这个目的，就必须进行预算改革，推进预算民主。而"预算民主就是指建立这样的一种预算制度，在该制度下，必须能够对政府的收支行为进行有效的监督。同时，在这样一种预算制度之下，人民及其代议机构真正能够从外部对政府预算进行政治控制，促使政府预算能够实现公共责任"④。就中国的实际情况而言，一旦人大能够对政府的预算进行有效的、实质性的政治控制，人大从此也就真正成为一种能够对政府进行制衡的力量，并对政府在收入汲取过程中的掠夺性行为进行一定程度的约束，减少政府财政支出过程中存在的贪腐行为，促使政府将财政资源用在老百姓身上。同时，由于"预算改革的本质是政治性的，它的成功与否不仅影响着资源配置效率、政府满足公共需求的有效能力，而且关系公共权力的结构和程序，触动政治改革的核心议题——国家的合法性"⑤。因

① 王绍光：《从税收国家到预算国家》，《读书》2007年第10期。
② 王绍光：《美国进步时代的启示》，中国财政经济出版社2003年版，第4页。
③ 李凡：《从新河镇的公共预算改革看中国人大改革的路径》，载李凡《温岭试验与中国地方政府公共预算改革》，知识产权出版社2009年版，第56—61页。
④ 马骏：《预算民主：中国预算改革的政治基础》，载马骏《中国公共预算改革：理性化与民主化》，中央编译出版社2005年版，第55页。
⑤ 靳继东：《预算政治学论纲：权力的功能、结构与控制》，中国社会科学出版社2010年版，第193页。

此，通过推行预算改革，实行预算民主也有助于增加国家政权的合法性。此外，"预算民主也可以使政府的预算管理得到改进，促使国家制度向理性化的方向转变。因为，在预算民主真正得以实现之后，政府必须要向社会公开其预算行为，并由人大实施监督，这样一来，政府就自然而然地面临着改进预算管理的压力"①。由此我们可以这样说，公共预算作为一种国家活动，就其本质而言是政治性的，在预算过程中所表现出来的种种冲突其实就是政治冲突。作为政治学的核心词汇之一，权力在预算资源的分配过程中发挥着至关重要的作用，是影响其配置的关键变量。在对资源进行配置时，权力被广泛地运用。预算过程分配着决策权力，预算是权力的体现，预算过程中做出的资源配置实际上反映了政治权力的分配、运用与控制。预算是配置资源的公共权力在不同主体之间的分配，是一个制衡结构，本身就是一个民主政治程序。

通过以上论述，我们也许可以进一步得出以下两个结论：第一，公共预算在经济上是公共部门配置资源的机制。公共预算首先决定了社会资源在公共部门和私人部门之间的配置关系，即各自的规模；然后决定公共资源在相关各个方面的配置关系，即配置结构。可以说，在现代市场经济国家，预算是整个社会资源配置的主导机制，市场是资源配置的基础机制。第二，公共预算在政治上是把政治决定"转换"成经济决定的机制。政府在社会中本来是政治主体，而非经济主体。但是为了开展政治活动，提供公共物品，政府也必须以经济主体的身份开展经济活动。以政府为主体的经济活动不能像私人部门的经济活动一样由市场加以控制，必须有一个由政治过程所决定的控制系统加以控制才行。而且这个控制系统同样要进行资源配置、产品分配，这决定了它又不同于一般的政治过程，需要把政治决定"翻译""转换"成经济决定。这种以政治决定为基础的控制政府经济活动的系统就是公共预算。因此，我们可以这样说，公共预算作为一种国家

---

① 马骏：《预算民主：中国预算改革的政治基础》，载马骏《中国公共预算改革：理性化与民主化》，中央编译出版社 2005 年版，第 55 页。

活动，在本质上是政治性的，预算过程中的各种冲突实质上就是政治冲突。

第三节　公共预算与公共财政

一　公共预算与公共财政的联系与区别

在我国的教科书上，就公共预算与公共财政的关系而言，比较一致的说法是，公共预算同公共财政一样，是人类社会发展到一定历史阶段的产物。不同的是，公共财政是伴随着国家（政府）的出现而产生的，是政府集中分配国民收入用于满足社会需要而形成的分配活动；公共预算则是随着社会生产方式的变革，伴随着公共财政的发展，为适应财政管理的需要而形成的新的财政范畴。那么，在现代市场经济环境下，公共财政与公共预算到底是怎样的关系呢？许多人对此都感到有些不解。公共财政与公共预算都涉及公共部门，并且都与货币有关联：对许多人来说，这两个名词在很多时候是重复的。公共预算和公共财政混合主题的教科书都涵盖这两种相似又有区别的概念，但却缺乏鲜明的次序、节奏或理由。

实际上，公共财政是现代民主政府的根基。所谓的公共财政，"就是指政府的收入都必须依法统一行使，收入和开支必须依民主的程序决定，财政必须用于公共目的，向社会公开并受社会监督"①。从内涵的角度而言，公共预算是公共财政的一个组成部分；而就其外延而言，它明显小于公共财政。实际上，公共预算可以被看成是公共财政的核心组成部分，二者既具有内在的联系，又是不完全相同的历史、经济范畴。具体而言，包括以下几个方面的联系与区别：

首先，从内涵上看，公共预算包含于公共财政，公共预算是公共财政的重要组成部分。就我国的情况而言，公共预算管理制度改革是公共财政框架构建的基础和核心，它主要包括部门预算改革、国库集

---

① 蔡定剑：《公共预算改革的路径和技术》，《中国改革》2007年第6期。

中收付制度改革、政府采购制度改革三方面的内容。健全的公共财政管理体制也有三个标准：一是财政收入体制，以中性、非扭曲、透明的税收方式充分征税，为政府提供资金；二是预算管理体制，高效地使用公共资源，在向政府优先项目分配资源时把产生渎职和腐败的可能性降至最低限度；三是政府机构，以最低成本向社会提供服务。上述内容和标准都包括公共预算而且都与其直接相关。

其次，公共预算与公共财政是有内在联系的历史、政治、经济范畴。财政先于预算而产生，而公共预算却可能先于公共财政体系的真正建立而有超前表现。财政是随着国家的产生而产生的，而预算制度是在19世纪才建立的。当财政面向市场呈现公共财政取向时，公共预算也必然随之调整和改革。就中国而言，财政体制和财政政策目前还不能充分体现公共性、民主性和法治性三个基本原则。也就是说，中国的公共财政体系还只是处在起步阶段，但公共预算的一些形态已经出现。

最后，公共预算的制度安排与实际运作直接影响到了公共财政的民主和效率。财政民主和效率能否兑现取决于以下三个条件：第一，能否用民主、公共选择的方法来确定公共预算规模和类型，使公民的偏好能得到很好的反映以及能否最大限度地满足公众的需求。同时能够对公共财政活动有效地进行民主监督与管理；第二，能否确保地方政府提供公共物品的优先性和自主性，及时满足居民的偏好，同时用民主的办法来界定政府体系内部的事权分工和财权配置即预算管理体制层面的问题；第三，公共预算的执行能否采用最好的方法与最有效的技术以最低的成本生产公共物品。

总的来说，公共预算是公共财政的核心组成部分，公共财政的运行必须要以公共预算制度作为基本制度框架。"对于公共财政来说，应是先有预算，然后才有财政活动。预算规范到哪里，财政就能活动到哪里，任何超过预算之外的财政收支都是不允许的。如果不能建立起真正具有法律效力的预算规范，公共财政的建立也就无从说起"[1]。

---

[1] 李兰英：《政府预算管理》，西安交通大学出版社2007年版，第4页。

美国学者理德·斯韦恩对两者的关系提出了自己的看法。在斯韦恩看来，公共预算与公共财政这两个领域是具有高度相关性的，并且不能完全分割开来。公共预算也就是对公共财政收入与支出行为进行决策的一个过程；而公共财政管理侧重的是关于公共资金的处理方面的技术问题。两者的区别也仅仅只是存在于概念之上。

由此看来，公共预算与公共财政之间的联系可以从理论和实务两个角度来加以分析；公共预算通常致力于可选择方案方面，一般从较大的范围与较高的项目层次上来进行分析，从理论的角度而言，公共预算与公共财政管理的所有方面都存在联系，但这只是就一般意义而言。公共预算所进行的是一些重大决策，主要解决要做什么的问题。相对而言，公共财政的决策较小，主要回答的是怎么做这一问题。由此看来，公共预算涵盖了公共财政管理。公共预算是政治活动家和上层管理者实施的行为，以此来确定公共收入及支出的决策；而公共财政从原则上来讲则是由较低层次的公共组织来完成的——制定预算决策和实施。两者之间的区别并不是非常严格，但它说明了侧重领域的不同。举例说，政府决定在一条湍急的河流上修筑大坝，首先就必须要对防洪以及生态保护等各个方面进行相应的评估，然后再作出一定的决策，而政府所做出的决策其实就是预算性的，并在预算文件上作了记录。而在预算决策做出之后，所有关于资金的处理就都属于公共财政管理的范畴了，公共财政管理所要做的是考虑如何运用特定的技术来履行机构的职能。这样，在一定意义上，公共财政管理被认为是遵循和执行预算决策的具体工作。

就像政治和管理的区别一样，公共预算和公共财政管理并不是完全可以分开的，这种区别只是概念性的，而在实际中只不过是重点不同而已：公共预算决策的主要作用在于为公共财政管理提供议程；而公共财政管理过程中的技术操作的主要功能是为制定与分析预算议案收集信息。正如政治与管理之间存在着的区分，公共预算与公共财政管理的区别最终在于公共预算涉及的层面较高，并且与其相关的政治和公共部门的工作有关，而公共财政管理的层次较低。

从实践的角度而言，公共财政管理是与技术操作密不可分的。许多技术以不同的方式分门别类，技术可以按控制、管理、计划分为管理和分析类、资产和负债管理类、预算程序阶段类。为了阐明公共预算和公共财政管理的关系，具体的技术操作在表 2 - 2 中加以列示，以此反映与其相关的预算程序的不同阶段。

表 2 - 2　　　　　　　　公共预算阶段和公共财政管理技术

阶段	技术/领域
1. 编制	预测收入与支出、资本预算、成本分析、风险管理、债务管理、养老金管理及其他有关人员的问题，评价经济发展和财政状况
2. 批准	政策制定者考察在编制阶段和收入中得到的相关信息
3. 执行	会计、收入管理、支出管理、购买、现金管理与投资
4. 决策与评估	决策审计

资料来源：［美］理德·斯韦恩：《公共财政管理》（第二版），朱萍等译，中国财政经济出版社 2001 年版，第 15 页。

　　尽管公共预算和公共财政管理在概念上是可以区分的，但在实际运用之中，公共财政管理在通常情况下是与公共预算密切相关的。公共预算与公共财政的侧重点在概念上及实际中存在一定的不同之处，公共财政管理侧重于技术，而公共预算则侧重于政治。我们可以把预算活动看成是冰山的顶部，所以通常是十分显眼的；而公共财政管理活动在一整套相关行为中占的比重更大，但却不是很容易为人们所注意到。因此，对于公共部门财政这座冰山而言，最好是能够在看到其作为浮出水面的部分的预算，同时也关注作为水下那一部分的公共财政。

　　由此看来，在理德·斯韦恩那里，公共预算与公共财政两个概念并不是我们通常所认为的简单的从属关系，两者并不是完全可以分开的，它们之间的区别也只是概念性的，而在实际中只不过是重点不同而已。公共预算侧重于政治，属于决策层面的问题；公共财政管理则主要侧重于信息分析运用，属于技术层面的问题。由此而言，公共预算所处的层面较高，而公共财政所处的层面较低。

二　对公共财政概念的进一步认识

自古以来，人们就认识到了财政对于一个国家治理的重要性。如苏辙所言："财者，为国之命而万事之本；政者，为国之要而万事之统。"亚当·斯密也说："财政乃庶政之母。"财政事关治国安邦、强国富民。自人类产生财政活动以来，财政对于整个人类社会生活而言，其地位就是如此独特，它一方面是连接政治与经济两大领域的纽带，另一方面也是国家政权所赖以发挥作用的枢纽。

1. 公共财政与代议制民主

2500 多年前，古希腊政治活动家梭伦就主张实行温和的和有资格的民主制，强调人民有权选举和决定公职人员，公共事务必须依法治理。比他晚 200 多年的色诺芬则宣称其《增加雅典国家收入的方法》一文所探讨的中心论题是怎样安排公共事务，使全体雅典人民可以借助于我们的公共资源来维持充裕的生计。色诺芬多次使用"公共事务""公共资源""公共收入"等公共经济的概念，并大体揭示出公共经济是以"国家"为主体，以筹集"公共收入"和运用"公共资源"为依托，通过合理安排"公共事务"，以增进"全体人民"利益为宗旨的活动。

而从国家学说的角度来看，西方的公共财政理论是以社会契约论为基础的，社会契约论是其思想本质，尤其是关于公共性的分析更是如此。实际上，从洛克开始，社会契约论从哲学观而言就已经演变为一种政治学说，到后来法国的让·雅克·卢梭以及德国的康德和美国的罗尔斯等，纵观社会契约论产生、发展的各个阶段，受限于时代的影响，处于不同时代的学者在价值取向的选择上可能会有所差异，然而在对国家的产生及其性质这一问题上，不同时代的学者们的观点却是惊人的一致，即国家是由人们在一致同意的基础上建立起来的，国家权力来自于人们让渡出来的一部分自然权利，但人们只是让渡自身权利的一部分，而仍然拥有评判国家权力合法性与有效性与否的权利，甚至拥有推翻人们认定不合意的政府的自由。在这样一种理论前提下所讨论的国家——不论已经建立的国家是否按这样的原则组成，也不管在此基础上新建的国家距离这种标准的理论模式相差多远——

必定是人民的国家，是主权在民的国家，政府不过是一个受托者，其服务的对象是全体人民。这样的国家，当然可以说是一个公共的国家，而在这样的国家中的政府财政收支活动，当然也就是具有公共性的财政。由此我们可以这样说，"社会契约论的思想，在历史上曾作为否定'君权神授'的产物，作为资产阶级走上历史舞台的行为指南，发挥了积极重要的、不可磨灭的作用"①。

而从财政的历史发展的角度来看，西欧社会是在从封建社会向资本主义社会的转化过程中，完成了从家计财政模式向公共财政模式的转变。从某种意义上而言，这些国家正是在不断规范政府的收支行为的过程中（也就是公共财政的建立与完善过程）完成了现代意义上的民主与宪政改革，而政治上的民主改革实际上促进了经济发展与政治发展的良性循环。

在英国历史上，国王詹姆士一世曾经鼓吹绝对主义国家理论："国王专职特权的理论是为了在与下议院的意愿相冲突的情况下使税收上缴合法化，因为这些税收对于政府的运作是必不可少的。"② 但他遭到了猛烈的批判。自 1688—1689 年的"光荣革命"以后，英国的财政革命开始进入到了一个新的时期。议会在掌握财政大权之后，引进了一系列的预算、审计制度，由此建立并进一步完善了公共财政体制。国家与社会、政府与公民之间的默契与良性互动开始逐步形成。由此我们可以这样说，英国的资产阶级革命就是一场议会革命，也就是一场争取财政民主主义的革命。在议会制下，"因为国民相信赋税是缴纳给自己，因此愿意纳税"③。

正如德国宪法学者伊森西所指出的那样，"民主政治之发展，大

---

① 冯俏彬：《私人产权与公共财政》，中国财政经济出版社 2005 年版，第 29 页。

② ［意］萨尔沃·马斯泰罗内：《欧洲政治思想史——从十五世纪到二十世纪》，黄华光译，社会科学文献出版社 1998 年版，第 67 页。

③ ［法］孟德斯鸠：《论法的精神》（上册），张雁深译，商务印书馆 1961 年版，第221 页。

都由'财政危机'转为'经济危机'，最后陷入'宪法危机'之不归路"①。这就说明了在法国大革命前夕，当时实行代议制的英国财政收入无论是在绝对额，还是在人均财政收入水平上，都比法国高很多的情况下，英国人民仍然愿意守法缴税；法国国王收的税虽低，却是怨声载道，直至后来引发了革命的原因。其实这里的道理很简单：在代议制民主制度下，纳税人有了参与决策的机会，相信他们的代表机构做出的决定更具有合法性，因而更愿意纳税；而在封建专制王权下，征多少、向谁征收、税款如何使用都是王室说了算，因而平民百姓会千方百计地逃税。这就是代议制民主制度对于公共财政制度的意义，也是新兴宪政与民主国家公共财政下的赋税与权威正在衰落的专制国家赋税之间的差别。正如王绍光所言："正是建立公共财政的能力与当时财政压力的出现推动了民主政治的建设；经过长期的斗争实践，那些君主们终于明白，为了增加财政收入，必须首先取得纳税人的合作，这就是必须要做出让步，建立一个纳税人的代表机构对政府的财政收支进行监督与控制，这就是议会的起源。"②

由此我们可以看出，赋税的高低与人民对政府的认同之间乃至人民的自由度并不像人们通常所理解的那样呈现出负相关关系，实际上，赋税的高低与人民的自由度并不存在着直接的关联。"政府越弱，人民越自由；人民越自由，赋税越低"的观念通常是不正确的；实行代议制的政体比实行专制王权的政体更有利于汲取财政收入。代议制作为一种间接民主形式，虽然人民不能直接行使治理国家的权利。但间接民主如果能够成功地保证政府的行动确实是按照人民的意愿和需要办事时，代议制便成为一种民主手段。代议制下的定期选举制度使得财政民主成为可能。选举是按照多数决定的原则确定代表，享有国家权力行使权的代表是通过人民的定期选举而确定的。有效的选举制度保证选举出的代表有可能按照委托人的意愿决策财政事项。同时，

①　J. Isensee, Der Sozialstnatin Wirtsehdftkrise, in Fs fur Broermann, 1982, S. 365. 转引自葛克昌《国家学与国家法——社会国、租税国与法治国的理念》，（台湾）月旦出版有限公司1996年版，第95页。

②　王绍光：《公共财政与民主政治》，《战略与管理》1996年第2期。

为了使代表能够切实遵循委托人的意愿，选举制度设立罢免制度监督代表，从而能够真正实现"公共选择"。代议制只有在保证人民对重大财政事项的控制权的情况下，"公共选择"民主才有可能成为现实。但是行使人民控制权的有效前提是人民有权罢免国家最高机关。

美国著名的财政学家马斯格雷夫说："财税是现代民主制度兴起的先决条件。"托克维尔也说，"公共事务几乎没有一项不是产生于捐税，或导致捐税"①。总而言之，公共财政的产生是基于经济因素推动，它首先是一个经济过程；同时，公共财政的发展与完善又是一个政治上的博弈过程，是一个民主化过程。"近代宪政革命的结果，一方面确立了个人免受国家侵害的自由与私法自治原则；另一方面则确立了强制性的财政收入作为须经人民代表之议会的同意即'财政议会主义'。"②

2. 财政决策民主化是公共财政的本质要求

通常来说，公共财政是产生于适应市场经济的需要这一特定的历史过程中。"西方财政从中世纪便带有某种为'市场'服务的公共财政的特征，并促进了市场经济体制在近代资本主义出现"③。实际上，从理论逻辑和实际操作来看，公共财政完全不干预经济发展是行不通的。正如凯恩斯所说："对政府来说，至关重要的是，并不是去做那些人们正在做的事，也不是将这些事做得更好或者更糟；而是去做那些目前根本未做的事。"④ 美国经济学家詹姆斯·K. 格拉斯曼也说："政府的作用是建立一个舞台，一种背景，好让产生经济增长的演员们把他们的戏演好。"由此看来，财政在促进国家经济发展、社会转型中具有重要的作用。

在市场经济的公共财政模式下，公共需要与私人需要是对立统一的。公共需要来源于私人需要，同时又服务于私人需要，因此，财政

---

① ［法］托克维尔：《旧制度与大革命》，冯棠译，商务印书馆 1992 年版，第 127 页。
② 许志雄：《现代宪法论》，（台湾）元照出版公司 1999 年版，第 346 页。
③ 李炜光：《公共财政的历史使命》，《财政研究》2002 年第 3 期。
④ ［英］约翰·梅纳德·凯恩斯：《放任主义的终结》，金碚、张世贤译，商务印书馆 1962 年版，第 72 页。

的活动范围、活动方式等，都必须受到市场主体的制约。正因如此，相比家计财政和国家财政而言，公共财政的规范化程度最高。这种"规范化"主要体现为三个方面：第一，纳税人通过选举代表的形式组成议会，并由议会决定财政的重要事项，以界定政府财政权的范围和行使程序。这在学说上被称为"财政民主主义"。第二，为了建立一种长期、稳定的规范方式，议会还可以通过制定法律的形式，对政府以及纳税人提出要求，将各方面的利益诉求固定下来，以便双方共同遵守。这在学说上可概括为"财政法定主义"①。第三，由于财政民主和财政法定可能导致的"多数人暴政"，议会成员也有可能背叛纳税人利益，议会的决定和法律也可能侵害人权，因此，必须通过制定和实施宪法加以制约。这在学说上可概括为"财政立宪主义"。也正是在这一方面，公共财政与宪政发生了紧密联系。② 由此我们可以这样说，财政决策民主化是公共财政的本质要求。

第四节 公共预算的基本理论

客观地说，公共预算作为一个相对较新而又是多学科交叉的领域，其理论研究发展相对而言是比较滞后的。就公共预算研究的视角而言，究竟是借助考察政府公共支出内容，还是通过支出方式和顺序来反映与描述政府行为及其影响力，不同的学者与学术流派给出了不同的解释。而在当前现代市场经济运行机制之下，人们对公共预算赋予了多角度的理解，进而对现代预算的描述也呈现出多元化的变迁趋势。

当前的现实情况是，理论界对公共预算决策的作用机理往往避而不谈，实务界则更是讳莫如深。实际上，从公共预算形成开始，人们对预算本身是否存在统一的理论这个问题一直存在争论。其主要原因

① 熊伟：《财政法基本原则论纲》，《中国法学》2004 年第 4 期。
② 熊伟：《宪政与中国财政转型》，博士学位论文，厦门大学，2004 年。

可能就在于"学者往往用一种肢解的方法研究政府预算"①。来自不同学科的学者出于自身的目的从各自的学科出发对预算进行了研究，造成了"预算研究的支离破碎"。同时，预算本来就是不同利益的交汇点：政客把预算看成是一种与政治权力和政策控制密切关联的资源，政客如果能够通过某种方式影响到预算分配，那么他便能获得更多支持；而公众之所以会重视预算，在于他们想弄清楚是由谁缴纳了税收和缴纳了多少税收，以及钱花到哪些地方去了；政府官僚之所以对预算感兴趣，一方面是因为他们要提出支出建议，编制预算以及管理预算；另一方面是因为他们同样也有着自身"不可告人的私利打算"。基于此，美国著名预算专家爱伦·鲁宾直截了当地指出：预算是一个错综复杂的领域。而事实也确实如此。

一　渐进主义预算理论的发展与局限

阿伦·威尔达夫斯基是渐进预算理论的主要代表人物之一。1964年，威尔达夫斯基出版了《预算过程中的政治》一书，被看作是有关渐进主义预算的最完整和最有影响力的论著。渐进预算理论的另一代表人物芬诺在 1965 年出版的《钱袋的力量》一书同样也堪称预算渐进主义的开山之作，并由此成为政治学中极具影响的理论典范。"渐进预算"一词有不同的含义，威尔达夫斯基在考察了行政机构和国会间的相互作用以及相应的分配决策后指出，"预算是渐进的，而不是全面的"②。在威尔达夫斯基看来，预算可以看作权力的实现形式。最终的预算决策给出了想要赢得统治地位的各个政治集团争斗的结果。威尔达夫斯基由此将渐进过程定义为"预算参与者的关系在很长的年度里都是固定不变的过程"，即使这个过程在大量预算结果中可能产生变化。在威尔达夫斯基看来，渐进预算的主要含义就是政府预算是逐渐发展演变而成的，而这种逐渐发展演变的特征，不仅蕴含在政府预算的决策过程之中，同时也表现在预算决策的结果之上。威尔达夫

① Irene S. Rubin, *The Authorization Process*: *Implications for Budget Theory*, New Directions in Budget Theory, Albany: State University of New York Press , 1988.

② Aaron Wildavsky, *The Politics of the Budgetary Process*, Boston: Little, Brown and Company, 1964, p. 15.

斯基在 1984 年版的《预算过程的政治学》以及 1988 年版和 1992 年版的《预算过程的新政治学》一书中，对美国联邦预算变化过程中出现的新的预算现象进行了补充，主要包括：①运用新的预算方法以及其他一些方法来增强预算理性为目的的预算改革。②逐渐增加的政治冲突。渐进主义预算理论最初既没有充分考虑个人与社会团体对预算利益的追求，也没有考虑到利益集团直接通过行政部门和立法部门寻求预算利益的行为。然而伴随着预算程序公开性的增加，个人、社会团体以及利益集体在预算程序中的作用日益增强，不同的预算参与者（包括总统）之间冲突的程度也日渐增长。

　　具体来说，从预算决策过程来看，预算是行政首长、政府官僚、民意代表和各个利益团体等不同的预算参与者经过反复协商、调适而达成一致的过程；通常计划支出的提案折回以渐进的方式实现的，每年逐步扩大对于政府资源的需求，而资源配置的决策者，也只是对提出来的预算案作温和、渐进式的修改。在这种预算渐进策略的运作方式之下，预算制定的过程就是一个各方互利共赢的局面，而预算决策过程中的利害冲突同样也可以降到最低限度。从预算决策的结果角度来看，它意味着政府在编制当年度的预算案时，通常是将上一年度的预算规模作为"基数"，再加上一定幅度的支出增长。由此，每一年度政府各项支出的规模与结构比例变化都不会太大，呈现出一定规则性的稳定成长态势。换句话说，预算编制者通常会将年度预算额度划分为"基数"与"增量"两个部分，在为自己所提出的预算进行辩护时，重点也是放在"增量"部分的争取上，而将"基数"部分视为理所应得。[①] 渐进主义预算依赖于三个基本观点：第一，预算参与者面对复杂问题时会做出简单决策；第二，预算角色由组织机构的地位所决定；第三，预算议价是稳定的和一致同意的。

　　渐进主义被用来描述预算分配制度改革具有多种含义。[②] 从广义

---

　　①　Aaron B. Wildavsky, *The Politics of Budgetary Process*, Boston: Little Brown, 1964.

　　②　William D. Berry, "The Confusing Case of Budgetary Incrementalism: Too Many Meanings for a Single Concept", *Journal of Politics*, No. 52, 1990, pp. 167 - 196.

上而言，渐进主义意味着机构年复一年的预算改革是可以预知的，具体来说，"渐进主义"有如下含义：渐进决策被说成既不是一个"全面的"也不是一个完全"理性的"过程①，也就是说，渐进决策是一种"连续有限的比较"，或连续检查现状的边际改变，连续检查对现行政策是否做些边际调整的决定。② 一个渐进的过程建立在以前的决定上，寻求的是改进现状的途径而不是彻底改变当前的政策或预算重点。从预算术语的角度而言，这意味着一个行政机构预期可以获得与前一年度差不多的预算，也就是在上一年度预算的基础上就通货膨胀或者服务增加做些微调而已。在渐进决策的倡导者看来：渐进主义的政策选择方法实际要比全面的方法更为理性。由于为要做的事建立了一个经验基础，渐进主义方法比看起来似乎更理性的全面预算方法提供了更多的制定好的政策机会。此外，在进行重大改革的时候，即便渐进决策产生了错误也比全面的方法更容易得到纠正，在许多方面，渐进决策是一种成本最低的理性主义方法，但不是一种利益最大化的方法。渐进主义减少了成本，其原因在于它通过限制选择的范围从而限制了决策者的研究与计算成本，同时它减少了改革的成本，尤其是纠正错误的成本。

显而易见，渐进主义预算理论基础是人的"有限理性"观念。但其直接的理论渊源却是查尔斯·林德布洛姆和罗伯特·达尔所提出的政治渐进主义概念。③ 这也就是说，阿伦·威尔达夫斯基是从查尔斯·林德布洛姆等的工作中得出了"渐进主义"这一术语的。林德布洛姆曾建议：那种政府制定决策应该以专家的综合计划为主要特征的观点，应该由渐进主义替代。与此相反，渐进主义制定决策以对信息的有限研究（"有限合理性"）和设定政策目标的行政过程中的广泛

---

① M. A. H. Dempster and Aaron Wildavsky, On Change: Or, There is No Magic Size for an Increment, *Political Studies* 28, 1980, pp. 371 – 389.

② David Braybrooke and Charles E. Lin, No. 52, 1880, dblom, *A Strategy for Decision* New York: Free Press, 1963.

③ 林德布洛姆在此问题上的论述可参见 Dahl R., Lindblom C., *Politics. Economics and Welfare New York*: Harper, 1953 & Row. Lindblom CE: The Science of Muddling Through. Public Administration Review, 1959, Vol. 19, pp. 79 – 88。

信任（"忠实的相互调整"）为主要特征。也就是说，渐进主义不但真切地描述出了政治舞台上政策制定的实际过程，它同时也是值得我们"肯定的、是可欲的"[①] 决策方式。其原因在于"完全理性"决策模式有一个预设条件：决策者首先有个共同的目标，然后再对各项选择方案进行成本效益分析，最后才选择一个大家都能够接受的最佳的方案；但实际上参与政策决策过程的是许多价值观念不同、利益诉求千差万别的个人与团体，苛求他们在政策目标上达成完全的一致纯粹是天方夜谭。而且，由于人们的认知能力有限，获取资讯的成本又太过高昂，因此决策者往往只能在知识掌握并不完全的基础上做出决定；再加上时间有限，迫使决策的参与者只能选择互相调适，把考虑的范围缩小到那些与现状偏差不大、政治抵抗力最小的方案上。由此，政治的决策只会依据现状作一定限度的调整或改良，而根本不可能作彻底的、剧烈的变革。在威尔达夫斯基看来，"预算的决策过程，其实就是公共政策的制定过程，预算政治的参与者同样具有有限理性与多元化的特征。因此，政策分析家应当根据预算的这种特性来描述和分析预算过程"[②]。渐进主义预算理论是根据现实对预算过程进行的描述，由此它对政府预算实践具有深远的影响。如梅耶斯所说的那样："渐进主义被接受的决定性原因是它的明显有效性。"[③] 任何个人、任何组织都不能够真正做到考虑整个预算，其原因在于，无论对哪个人而言，整个预算规模都显得太大了，因而无法做到全面把握所有的细节，而把注意力集中于预算变化量上则是相对而言更容易、更明智的选择。不同政府部门、集团利益之间的争端通常也集中在各自预算分配增量的绝对规模以及同其他部门预算增量的比较之上。

而在罗伯特·D. 本恩看来，渐进主义预算在规范上的优势主要体现在以下三个方面：第一，在预算渐进主义模式下，决策者以上一

---

①　苏彩足：《政府预算之研究》，（台北）华泰书局 1996 年版，第 11 页。

②　Aaron B. Wildavsky, *The Politics of Budgetary Process*, Boston：Little Brown, 1964.

③　［美］罗伯特·T. 梅耶斯等著：《公共预算经典（第一卷）——面向绩效的新发展》，苟燕楠、董静译，上海财经大学出版社 2005 年版，第 22 页。

年的预算基额度为基础，只需专注于预算增量部分，因而得以大幅度降低了所需的行政作业数量，这就是其"知识"层面的优势；第二，渐进主义预算的决策文化将上一年的预算基数看作神圣不可侵犯的范围，由此各单位和利益团体无须再去考虑怎样保护以前已经获取到的利益，这样就降低了进行预算协商时所需要的成本，使预算决策的政治阻力大大减少，这便是其"政治"层面的优势；第三，渐进主义预算模式是一种互利共赢的博弈，尽管其分配的结果未必符合社会正义，但至少从表面上看是维持了游戏规则的公平性，这就是其"伦理"层面的优势。[1]

而就美国的现实情况而言，有几个方面的原因导致了渐进预算。一方面，规模庞大的预算比例是无法控制的，由此无法每年对拨款进行重大的改革；另一方面，对大多数渐进预算的实证检验都是在经济相对稳定和经济增长率较高的时期进行的。更为重要的是，预算制定反复性和连续性趋向于产生渐进的预算结果。渐进决策不仅提供了一种自然的选择，而且帮助减少了机构之间进行讨价还价的成本。相对于项目预算和零基预算就达成协议所需的成本巨大，渐进的预算则为那些必须做出预算决定的人提供了现成的指导方针，由此把耗资巨大的分析和计算的必要性降到了最低限度。此外，由于大多数的政治利益通过组织得到了明确的表达，因此在渐进预算中没有这些利益组织的威胁，这便意味着政治冲突可以被限定在最小范围内，而不是在影响组织生死存亡的问题上一再大费周折。总的来说，虽然渐进预算并不是非常好，但也不会怎么差。渐进主义不失为一种为公共目标分配资源的最便利的方法。尽管可能它并不是一种制定政策的最佳方法，但它毕竟是一种非常行之有效的方法，同时它也是一种决策者运用起来得心应手的决策方法。

尽管渐进主义预算有诸多优点，但是它也存在成本问题和一些缺点。举例说，要改革和修正这一制度比较缓慢，这就意味着社会服务

---

① Robert D. Behn, "Cutback Budgeting", *The Journal of Policy Analysis and Management*, 1985, Vol. 4, No. 2, pp. 155 – 177.

和财政制度改革很可能只是零敲碎打的。零星的局部修改的问题在于，除非对每种差距的调整都考虑到整个制度和总的目标函数，否则变化很可能导致社会总福利的降低而不是增加。与渐进主义相关的一个问题，是决策的错误可能会不断扩大。一旦一个错误的决定没有经过调整而一直继续下去（也许是因为没有发展），决定中的错误就会不断累积下去。

　　理论界对渐进主义预算理论的批评也一直持续不断。学者们对渐进主义预算理论的质疑首先体现在对"渐进"内涵之不同理解之上。渐进主义断言：预算制定者不可能每年重新检查预算的每一项。在对稀缺资金的分配过程中，他们不能使所有项目互相竞争。他们不能彻底检查所有可能有利于决策的选项。他们不能对下一次预算估计太多，以至于没法测量当前决策对未来项目的作用。要做到这些事情，需要重新形成预算过程，需要更多数据和计算，这些数据和计算比制定预算的可能时间里可以处理的数据和计算多，并将带来较难处理的金钱冲突。因此预算制订者是增量的，而不是"理性的"和广泛的。然而，在增量的广阔领域里，渐进主义很少提供对决策是怎么制定的解释，也没有处理增量是怎么分割的和"谁得到什么"，而这是威尔达夫斯基强调的预算中的非常重要的问题。渐进主义也没有解释为什么支出增长在某些年度很大，而在其他年度却很小。它对预算结果讨论很少，除了说他们是增量的。正如沃纳特所指出的那样，如果说相对于上一年度的拨款额度，本年度预算额度的改变幅度很小，就是一种渐进主义预算。那么究竟改变的幅度在怎样的一个范围内才符合"渐进"的标准呢？威尔达夫斯基等对此其实并没有做出具体说明。[①]此外，渐进主义预算的实证解释力受到其所分析资料的类别限制：某些类别的预算决策过程比较符合渐进形态，如美国政府的"应享权益支出"，但除此之外的其他预算领域其实并不具备渐进的特质。[②]基于

[①]　J. Wanat, *"Bases of Budgetary Incrementalism"*, *American Political Science Review*, 1974, Vol. 68. p. 1221.

[②]　J. R. Gist, "Increment and 'Base' in the Congressional Appropriations Process", *American Journal of Political Science*, 1977, Vol. 21, pp. 341 – 352.

此，舒尔曼（Schulman）特地强调某些项目渐进式的预算是不合适的
甚至是不可能的。他以美国航空航天局的快速增长作为例子，形成了
非增量或者大规模政策制定的一个理想模式。在非渐进政策制定里，
存在相对全面的决策制定及预算和人员的快速增长，但同时也存在快
速下降的可能性。渐进方程不是这些项目的期望结果。巴森和舒尔曼
在一篇著作中设计了用非线性技术处理预算结果的模型，并提出这样
的可能性：渐进预算模型能够清晰地告诉我们不同政策执行情况的行
政机构和运作机制。认知的限制并没有造成预算过程只简单地反映上
一年度的支出水平。非线性波动并非由重大"外生"随机变量而导致
的压倒多数的决策制定过程的简单"突破点"。除此之外，另有批评
者则指出，即便渐进主义预算理论成功地描述出了政府预算决策过程
的"实然"状态，但没有就如何改善预算合理性的"应然"状态做
出任何的努力。① 艾伦·希克指出：渐进主义是非常弹性的和难以捉
摸的概念。可以使它适合几乎每一种预算环境。当特定活动和项目的
支出趋势被证实包括着预算的下降时，渐进主义被重新表示为由机构
处理总体支出的理论，因此渐进主义能与特定项目的下降和平共
存。当在某些机构预算中出现很大的变化时，渐进主义又被按照
"变化大小的规律性还是非规律性，而不是变化本身的绝对数量"
重新定义。

　　最后，渐进主义预算理论还被指责是造成政府预算非理性扩张、
浪费的理论原因之一。由于渐进主义预算主张预算决策中作为"基
数"的拨款额度具有"不言自明"的性质，由此，可能会出现这样
的一种情况：一项支出计划即便已经不再符合时代的需求也还会继续
存在下去，甚至还会膨胀。长期发展下去的结果就会造成政府支出增
长的"刚性"特征，财政负担日益加重。总而言之，作为一种总括性
的预算理论，渐进主义预算理论限于其视角的狭隘而不能在推动预算
理论与实践科学化方面做出更多的贡献。

---

① D. Tarschys, "Rational Decremental Budgeting: Elements of an Expenditure Policy for the 1980's", *Policy Science*, 1982, Vol. 14, pp. 49 – 58.

二　反渐进主义预算理论与实践

从 20 世纪 70 年代开始，世界各国，尤其是西方国家的财政能力普遍趋于恶化，财政压力使"紧缩预算"成为各国公共预算改革的中心，由此，渐进主义预算理论的解释力与合理性都受到前所未有的质疑与挑战。甚至连威尔达夫斯基本人也开始对渐进主义预算理论的某些方面有所保留了，1984 年，当《预算过程中的政治学》第四版出版时，威尔达夫斯基在很长的序言里承认渐进主义模型现在确实不再强有力了。他不得不承认，应该对渐进主义预算理论做出重大的调整，只有这样才能适应新的形势。① 但他同时还指责了在政治家中不知足的支出需求的发展，指责了来自凯恩斯学派的经济学家对税收的超额支出的已有辩解。由此，艾伦·希克提出了"基线预算"模式以替代渐进主义预算模式。②

在实践领域，从 20 世纪五六十年代就开始出现了试图突破渐进主义预算模式的尝试，如由胡佛委员会所倡导的计划—绩效预算制度，以及美国国防部实施的计划—项目预算制度（PPBS）。然而，由于 PPBS 存在文牍主义和代价过高等方面的缺陷，尼克松政府在 1971 年废除了 PPBS，转而采用了目标管理（MBO）。在这之后不久，由于尼克松因"水门事件"而被迫下台，MBO 并没有得到广泛的推广，很快就被零基预算（ZBB）所替代。ZBB 主要强调对每一项预算拨款的正当性与必要性进行实质性的审查，这样一来，以前的预算基础就并不必然具有"不可侵犯性"。由此，ZBB 对渐进主义预算模式造成了很大的冲击。

与实践领域中对渐进主义预算方法的改革相对应，在预算理论领域也出现了对渐进主义预算理论的反思与改进。美国学者爱伦·鲁宾提出了预算过程理论。在爱伦·鲁宾的预算过程理论里，预算过程以

① Aaron B. Wildavsky, *The New Politics of Budgetary Process*, Illinois: Scott, Foresman and Company, 1988.

② 希克所谓的"基线"是指在现行政策不变的假定下，在加入通货膨胀等考虑因素之后，对于新年度政府支出水平所做的估算。Allen Schick, "From the old Politics of Budgeting to the New", *Public Budgeting and Finance*, Spring 1994, pp. 135 – 144.

及由此而形成的结构是诸多变量相互综合的产物，即预算是一个特别的、由众多参与者共同参与的政治决策过程。但必须要说明的一点是，无论是阿伦·威尔达夫斯基的渐进预算理论还是爱伦·鲁宾的预算过程理论，都是将预算过程看成是一个政治过程。

第三章　公共预算改革：治理理想

第一节　治理、善治与国家治理

一　治理与善治

就其本质意义而言，治理的历史可以说是与人类的文明史一样漫长。实际上，治理本来指的是在一种特定范围内对权威的行使。它隐含着一个政治进程，即为了实施某项计划，在众多不同利益共同发挥作用的领域建立一致或取得认同。[①] 美国学者詹姆斯·N. 罗西瑙认为，所谓的治理指的是那些存在于相互规制的空隙之间的制度安排，或许更重要的是当两个或更多规制出现重叠、冲突时，或者在相互竞争的利益之间需要调节时才发挥作用的原则、规范、规则和决策程序。[②] 人们对治理的不同解读，在一定程度上反映出了这一概念的宽泛性、多样性和模糊性，但不同的理解也存在一些共同之处。

人们在治理理论方面研究的多样性与现实治理过程的多样性两者之间是密切相关、互为因果的。事实上，人们通常将治理分为狭义上的治理与广义上的治理两种。尽管狭义的治理定义对社会本身的自组织能力做出了肯定，但这只是作为参照系而存在的，而其主旨则是怎样才能更加有效地使用政治权力，从而最大限度地实现公共目标。而

---

① ［法］辛西娅·休伊特·德·阿尔坎塔拉：《"治理"概念的运用与滥用》，载俞可平《治理与善治》，社会科学文献出版社 2000 年版，第 16—17 页。

② ［美］詹姆斯·N. 罗西瑙：《没有政府的治理》，江西人民出版社 2001 年版，第 9 页。

广义的治理是一个现代现象，出现的时间并不长，实际上，是在20世纪80年代才出现的。其原因就在于只有在市场与公民社会不断发展壮大的情况下，才有可能出现一种力量，这种力量可以应对政治权力全面控制社会生活这一现象构成的挑战并由此成为它的替代物，也只有这样才有可能出现公共目标实现途径的多样化以及实现方法的多样化。归结起来我们可以这样说，西方语境中的"Governance"和中文语境中的"治理"两者之间存在的区别其实并不是很大，都是指公共权力的行使，也就是政府对社会的统治、掌控与支配。正如徐勇教授所指出的那样，"实际上，无论中外古今，治理作为政治学词汇，都是围绕着公共权力展开的，反映着国家与社会之间的关系，以达到一定的目标"①。而"治理的兴起，是对传统代议制民主的一种矫正，即在现有的代议制民主的框架内增加直接民主的含量"。总的来说，使用治理这一概念时应该把它的原有含义与引申意义结合起来理解。

总的来说，"治理理论"是近年来受到关注较多的国家或组织管理的理论。然而，必须要明确的一点就是，实际上治理也不是万能的，不可能对社会公共事务管理方面存在的所有难题都给出答案。也正是由于存在治理失效的这种可能，于是便有了"善治"这一说法。

所谓的善治也就是良好的治理。善治这一概念的提出具有一定的革命性意义，由此也就很快成为各国政府推行改革和治理结构变迁的目标取向。总的来说，善治既可以是一种社会管理过程也可以是一种活动，其目的就在于促进公共利益的最大化。善治作为一种协调，是政府、市场主体和公民社会之间的一种新的行为关系以及他们之间相互影响、相互促进的结果。

二 国家治理

著名政治学者俞可平曾经对政治与政治学做过深入研究。在他看来，"政治"一词在两千多年前的我国古籍中就已经出现。《晏子春秋》中有"君顺怀之，政治归之"。《尚书·毕命》中有"道洽政治，泽润生民"。孔子说："政者，正也"；"治者，理也。"还说，"不在

---

① 徐勇：《治理转型与竞争—合作主义》，《开放时代》2001年第7期。

其位，不谋其政。"通过这些我们可以看出，"政治"在我国传统语境中的含义，就是国家的治理和政府的活动。进入近代社会以后，"政治"一词所包含的意义并没有多大的变化，对其内涵的理解基本还是延续着传统的做法。①

而在西方世界里，人们对政治及政治制度的研究同样也是时代久远，并积累了不少的政治科学知识。早在 2300 年前，古希腊伟大的思想家亚里士多德写出了《政治学》，对当时古希腊城邦国家的各种政治制度进行比较研究，希望能够找到一种良善的国家制度。在亚里士多德看来，伦理学主要研究个体的善，而政治学主要研究群体的善。② 实际上，由政治行为组成的国家统治，直到现在仍然是政治分析的核心内容，政治学与政治分析集中地关注与研究国家的政治制度与国家治理。

在当今世界，如何根据不断变化的情况对国家治理方式与执政方式的制度安排进行优化，这是一个许多人一直以来都十分关注的重大课题。国家治理方式设计自古以来就不以效率优先为前提和基点。通过对历史传统的考察我们可以发展，国家治理方式的制度设计一直以来都以有效控制为着眼点。效率与控制力是国家治理方式与执政方式设计的前提与基点。系统设计与分层安排，是国家治理方式与执政方式优化的可行选择。对一个国家而言，国家治理方式与正常执政方式等政治制度设计的前提是什么？基点是什么？考察中国历史与世界现实，我们就可发现，如何管理国家、执掌政权、统治社会等政治制度设计，从来就只是着眼于如何增强控制力。事实上，国家治理能力高低是决定能否善治的关键。治理能力强，善治目标就容易实现，反过来同样也是如此。

世界银行的经济学家丹尼尔·考夫曼等人将国家治理定义为"一个国家中权力运用的传统与制度"。国家治理的内涵包括三个方面："首先，选择、监督和更换政府的过程；其次，政府有效制定、实施

---

① 俞可平：《政治与政治学》，社会科学文献出版社 2005 年版，第 1 页。
② 同上书，第 4 页。

良好政策的能力；最后，公民和政府对经济社会制度的尊重和遵守态度。"[1] 因此，"governance" 强调的是政府与公民之间的一种互动过程，而政府与公民显然是构成一个国家的最基本的组成部分，因此用"国家治理"一词更能涵盖政府与公民之间的互动博弈过程。而我国学者郭小聪认为：所谓的国家治理，就是"主权国家的执政者以及国家机关对社会公共事务进行管理的过程和活动"[2]。

从上述定义可以看出，"国家治理" 反映出的是一种政府与公民之间的互动关系：一方面政府权力的运用过程将会影响公民的行为方式并由此影响整个社会的政治经济运行状况；另一方面，公民的行为也会影响政府的决策过程以及其统治实施的效果。而最终的国家治理模式将取决于政府与公民之间的相互作用所形成的一种均衡状态。从这个意义上看，"国家治理" 与我们常说的 "公司治理" 有相通之处，只不过前者强调政府与公民之间的互动关系，后者主要关注企业的各种利益相关者（股东、经理、债权人等）之间的互动关系。比较制度分析学派的青木昌彦所构建的国家模型对 "国家治理" 这一概念做出了很好的诠释。[3] 青木昌彦认为，国家是政府与公民在政治博弈过程中所形成的 "多重稳定均衡"。他在政治学家温加斯特关于民主问题的研究基础上，构建了一个博弈模型，以分析国家的形成和演进。[4]

总的来说，良好的国家治理或 "善治" 就是在专制与无序之间找到一个最佳国家治理结构。尽可能地避免由私人侵占导致的社会损失（无序）以及由政府侵占导致的社会损失（专制）。一个最优国家治理结构的作用，就在于它能在长期意义上控制专制和无序所带来的双

---

① Daniel Kaufmann, Aart Kraay, Massimo Mastruzzi, "Governance Matters Ⅲ: Governance Indicators for 1996 – 2002", *World Bank Policy Research Working Paper* 3106, Revised Version: April 5, 2004.

② 郭小聪：《财政改革：国家治理转型的重点》，《人民论坛》2010 年第 5 期。

③ 青木昌彦的国家模型可参见《官僚制多元主义国家与产业组织的共进化》，载青木昌彦、奥野正宽、冈崎哲二《市场的作用国家的作用》，中国发展出版社 2002 年版，第 3～23 页；《比较制度分析》，上海远东出版社 2001 年版，第 155～183 页。

④ 该模型的详细推导及论证过程请参见青木昌彦《比较制度分析》，上海远东出版社 2001 年版，第 155—183 页。

重危险。如果一个国家为了实现对无序状态的控制的目标，而让其拥有太多的权力，可能会带来权力的专制与滥用的后果。反过来说，如果一个国家专制程度很低，国家能力太弱，又无法承受无序所带来的过高成本。因此，对于一个国家而言，最佳的国家治理制度应将这两个成本降到尽可能低的程度。如果无序带来的损失相对较大，那么可以通过提高专制程度方式降低无序所带来的成本；同理，如果专制带来的损失较大，那么可以通过赋予个人更多的自由方式降低专制所带来的成本。

三　预算治理：公共预算与国家治理理念的契合

作为预算政治学的创始人，美国著名的政治学家阿伦·威尔达夫斯基在总结美国公共预算与国家治理实践经验的基础上提出了预算治理理论。威尔达夫斯基明确指出："如果你不能制定预算，你怎能治理？"① 而且，"预算已成为治理的同义语"②。事实上，在20世纪七八十年代，由于经济发展并不景气，社会、政治以及文化等各方面同样也都出现了不少的问题，西方国家传统的政治统治方式受到了越来越多的人的质疑，治理理论由此在西方世界重新兴起。而预算作为现代国家治理非常重要的一个组成部分，是实现良善的国家治理必不可少的关键环节。作为美国著名政治学家、预算政治的创始人，威尔达夫斯基非常敏锐地觉察到了时代的变化及其需要，在此基础上将治理理念拓展到预算领域，并最终提出了预算治理理论。我们可以这样说，预算治理理论在很大程度上阐释了公共预算理论与现代国家治理理念的契合。总的来说，预算治理理论主要包括以下三个方面：首先，预算治理的主要目的就是要实现预算的公共性，并使公众的受托责任得到很好的落实。一个国家的公共预算要实现民主、公平、公正的目标，实施良好的、公开的治理是必不可少的。其次，"预算治理强调在预算实施的过程中必须要有行政机构与代议机构之间的合作、

---

① ［美］阿伦·威尔达夫斯基、布莱登·斯瓦德洛：《预算与治理》，苟燕楠译，上海财经大学出版社2009年版，第302页。

② 同上书，第308页。

互动。就其实质而言，就是一个实行政治民主化的过程"①。最后，"预算治理"同样也强调了不同利益相关者之间的互动、博弈。②

第二节　预算治理的政治学渊源

　　财政预算是国家治理的核心内容，国家治理关涉到方方面面的内容，是一项系统工程，而预算是联结各方面要素预的节点。由此，预算治理必然也是一个开放和渐进的社会过程，是一项系统工程。它必然要求从人类已有的理论体系尤其是社会科学的理论学说中，寻找能够使原有理论得以整合、新理论从中脱颖而出的基础性条件，进而用整合创新后的新理论指导预算治理这一新型的社会实践。

　　从历史的角度来看，现代意义上的公共预算是人类历史发展到一定阶段才出现的产物；从经济的角度来看，公共预算是国家和政府按照一定的规则对手中的资源进行分配、配置的工具；从政治的角度来看，财政资金是政府活动的"血液"，财政系统就是政府行政系统中的"命脉"，政府对财政预算资金的安排不仅表明财政收支的去向，而且反映出一国民主与法治建设的基本状况；而从社会的角度来看，在公共预算的整个过程乃至任何一个环节中，公民作为纳税人，应理所当然地成为公共财政活动的重要参与者和监督者。

　　自古以来，人们就认识到了财政对于一个国家治理的重要性，如苏辙所言："财者，为国之命而万事之本；政者，为国之要而万事之统。"英国经济学家亚当·斯密在《国富论》中指出："财政乃庶政之母。"财政事关治国安邦、强国富民。自产生以来，财政预算就在人类社会生活中占有独特而重要的地位，不但连接着政治和经济两大

---

　　① ［美］阿伦·威尔达夫斯基、布莱登·斯瓦德洛：《预算与治理》，苟燕楠译，上海财经大学出版社 2009 年版，第 35 页。

　　② Aaron Wildavsky, "If You Can not Budget, How Can You Govern?", In Anderson, A. & Bark, D. L. Eds. *Thinking about America*: *The United States in the* 1990*s*, Stanford: Hoover Institution Press, 1988, pp. 311 – 325.

社会领域，同时也是国家政权活动的重要枢纽。

一　古代政治学中的"理财术"与"治国术"

古希腊时代著名的思想家亚里士多德是西方政治学的奠基人，他按照知识的性质将人类社会所有学科分成三类：理论科学、实践科学和创制科学。由于政治学是研究如何治理城邦的科学，探寻如何实现人与城邦"至善"之类的问题，由此，亚里士多德认为政治学是各学科中最重要、最权威的科学，而财政学属于政治学中的"理财术"。

人们常常将古希腊看成是公民文化的摇篮。事实上，古希腊最为显著的特征不仅是在于那一时代希腊半岛众多城邦林立的这一独特的政治景观，更在于当时非常活跃的公共政治生活。在古希腊时代，每一个拥有城邦身份的公民都可以参与到城邦事务的管理。而今天英文里的"民主"（Democracy）一词就起源于古希腊文，由"人民"和"权力"两词合成，意为"人民的政权"。古希腊人赋予"民主"概念最原始的内涵，至今，每当西方政治学家论及民主（Democracy）一词时，也总是追溯到希腊语的最初表达式。黑格尔称："一提到希腊这个名字，在有教养的欧洲人心中……自然会引起一种家园之感。"① 虽然以现在的眼光来看古希腊的民主制度本身是有缺陷的，当时所实行的财政制度也是典型的"家计财政"，但它仍然在治国与理财方面给人们留下了极为丰富和宝贵的经验。

人们通常认为，梭伦是雅典乃至整个西方国家民主政治的奠基者与先行者。他执政期间，推行了诸多加速氏族社会经济制度瓦解的改革，如通过立法承认私人财产所有权和继承权，允许土地买卖和分割等。梭伦改革的意义一方面在于促进了雅典社会生活多元化格局的形成，创立了适合民主制发展的社会管理机制，为普通公民参与国家政治活动提供了制度保证，为雅典民主政治奠定了社会基础。另一方面在于完善了国家制度，将平等思想引入到一个被贫富纠纷所分裂的国家，通过对氏族财产权的侵犯，确立了一种推动社会进步和财富积累

---

① ［德］黑格尔：《哲学史讲演录》（第一卷），贺麟、王太庆译，商务印书馆1995年版，第157页。

的政治秩序。对此，恩格斯给予了高度评价："在法国大革命期间，是牺牲封建的所有制以拯救资产阶级的所有制；在梭伦所进行的革命中，应当是损害债权人的财产以保护债务人的财产。""在梭伦以前时代盛行的农村高利贷，以及地产的无限制的集中，都受到了节制……动产，即由货币、奴隶以及商船构成的财富，日益增加，但是，这时它已经不是单单用作购置地产的手段，像在眼光狭小的最初时期那样——它已经变成目的本身了。"① 改革者梭伦在其诗作中对良善政体的诸多方面进行了诠释："良善政体将化解冲突、恪守中道、温良俭让，遏制无序状态的爆发。善政将明辨曲直、从谏如流、避免分化，终结无休的争端。有序、智慧的善政是万世之本。"②

亚里士多德则是古希腊公民政治理论的集大成者，一个百科全书式的思想家，同样也为后世治国和理财留下许多宝贵遗产。他在其代表作，也是在西方学术界被奉为经典的《政治学》一书中明确提出"人是天生的政治动物"的著名论断。在亚里士多德看来，城邦（国家）是个人的集合，全体公民都有天赋平等的地位，都能参与政治事务。而亚里士多德的"凡是属于最多数人的公共事物常常是最少受人照顾的事物"这句名言，最早为市场失灵及政府干预经济必要性提供了理论依据。在财政治理方面，亚里士多德倡导和谐的"中庸之道"，推崇将寡头制与平民政体混合起来的共和政体。在财富分配上，平民派主张数量平等，即平等的人之间所得应完全相等；寡头派则主张比值相等，即不平等的人之间按比例分配相应的事物。亚里士多德认为公平正义应行于中道，一方面要考虑到数量平等的要求，另一方面要以比值平等为原则，同时兼顾平民的自由身份和富有者的财富、能力、品德等因素，在"划清了各人所有利益范围"的基础上，实现一定程度和一定范围的统一。

不难看出，在古希腊，政治学科中的财政名为"理财术"，实则

---

① ［德］恩格斯：《家庭、私有制和国家的起源》，人民出版社 2003 年版，第 163—164 页。。

② ［古希腊］亚里士多德：《雅典政制》，日知、力野译，商务印书馆 1959 年版，第 17—18 页。

发挥着"治国术"的功用。而单就"治国术"这一点而论，中国古代的理财思想一点也不逊色于西方，先秦诸子及历代无数思想家都留下了许多匡世之经纶。如春秋战国时期的政治家管仲就提出了尊重自然规律，"治国必先富民"；"欲取之，先予之"；"取之民有度，用之有止"；"备患于未形"；"严吏制，重监察"等理财与治国思想。他指出："今为国有地牧民者，务在四时，守在仓。国多财廪，则远者来。地辟举，则民留处。仓廪实则知礼节。衣食足，则知荣辱。"无论在古希腊不完善的民主政体中，还是在东方专制主义的古代中国社会，财政治理都要顺应自然和社会发展的客观规律，维护人民正义的财产权利，在社会各方相互冲突的利益矛盾中找到一个和谐共融的结合点，良好的财政治理可以弥补社会制度自身的缺陷。这就是古代的"理财术"与"治国术"传承给我们的思想遗产。

二 《自由大宪章》与现代代议民主制度的建立

从历史的角度分析，公共预算产生的第一个阶段是 1215 年英国的《自由大宪章》签署，议会获得了赋税的立法权。1215 年签订的《自由大宪章》是在"因税之名"的政治博弈背景下出现的，其导火索就是以贵族为代表的民众无法忍受英王滥征税收的行为。《自由大宪章》之所以被看成是人类历史上最为重要的标志性文件之一，不仅因为它是英国宪政史上最重要的文件，而且也是公共预算发展史上的重要里程碑。《自由大宪章》明文规定：除三项税金外，如无全国"公意"之许可，将不得向贵族、骑士、伦敦城征收任何赋税。如果国王要征收其他赋税，必须召集等级会议，经议会批准。正是《自由大宪章》把国王的征税权赋予了等级会议，由此逐步形成了所谓的"代议士"，西方民主政治的三大支柱之一的议会代议制开始进入人们的视野，并逐步孕育成熟，成为西方政治文明的标志之一。《自由大宪章》昭示了代议制民主和现代法治的一些基本准则：未经人民同意的而擅自征税是非法的；税额的多少必须要由纳税人选出的代表决定；政府财政预算无论是收入还是支出都必须要经过代表的审查和同意。《自由大宪章》的基本精神就是限权与法治，自此以后，任何权力都不是无限和不受任何法律制约的，正如柯克大法官所言："大宪章之内没有什么至高无上的权力。"从历史的角度而言，《自由大宪章》的形成过程漫长，也是各方不断进行政治博弈和相互妥协的过程。英国自《自由大宪章》之后长达几个世纪的时间里，逐步建立了一整套规范化的公共预算制度，为公共财政制度奠定了坚实的基础。正是在现代意义上的公共财政预算制度建立，使得英国废除了封建专制君主制，确立以现代代议民主为基本内容的君主立宪制度，而蕴含于《大宪章》之中的宪政理念，促进了后世宪政观念及原则的形成。

公共预算产生的第二个阶段是 1688 年光荣革命后，议会进一步控制了政府的支出。英国经过光荣革命后，国王只拥有象征性的权力，政府权力集中在内阁。议会对政府内阁有着强有力的制约作用。英国议会下院对内阁的控制权主要表现在审批政府支出预算上。内阁的政府预算方案必须报下院审核，如果下院没有通过内阁的预算方案，从政治上，就表明议会（人民）对内阁（政府）的不信任，内阁必须集体辞职。议会下院除了审批内阁的预算案外，还有经常审查政府的各项公共支出是否合法的权力。1787 年，在威廉·皮梯（William Pitt）首相任期内，议会通过了一项总基金法案，该法案规定：除特殊情况外，所有公共收入皆纳入此基金，而所有政府支出都出自这一基金。19 世纪中叶，立法部门对财政的控制权确立，议会具有经费核准、拨款、审查的权力。至此，预算制度不但对财政有严密的控制权，且形成指导、监督以及批评一切行政活动的最有效工具。

由此可见，预算制度的形成是政治权力博弈的结果，印证了西方历史上王权衰落，民权壮大的历史轨迹。从政治权力冲突的性质上看，第一个阶段是王权与民权的较量，结果是民权最终占据优势地位；第二个阶段实质是行政权与立法权的较量，结果是立法权最终占据优势地位。正如诺思和温加斯特在《宪政与承诺：17 世纪英国公共选择治理制度的变迁》一文中对这段历史的总结：第一，革命消除了谋求私利的基本根源，即一个陈旧的财政制度和与之相伴的财政危机。第二，通过限制国王的主法权和司法权，革命限制了国王在没有得到议会批准的情况下更改规则的能力。第三，议会利益集团重新确立他们在税收问题上的主导权，消除了国王单方面改变税收水平的能力。第四，议会利益集团在寻求资金和监督资金的使用情况方面确立自己的地位。第五，通过在议会和君主政体之间形成一种制衡，议会利益集团确保了自己确实有一种反对独裁行为的倾向。总而言之，这些变革极大地提高了政府决策的可预见性。

英国公共预算制度的确立过程，对我国构建公共预算制度的治理结构具有重要启示：首先，公共财政是法治财政，在公共财政制度中，全国人民代表大会作为我国的代议民主机构，应通过公共预算这一有效机制，切实承担预算监督、审查等各项职能，代表纳税人监督各项税收立法，代表全国人民监督、审查各项公共支出的绩效。其次，公共财政是民主财政，应培养全体国民的民主财政意识，在各级预算层次上积极扩大公共参与。

三　预算治理是促进社会公平、正义的重要手段

公共预算治理实质上是一种各方政治力量博弈与妥协的过程，是以政府为代表的公共部门为了完成其政治、经济、社会目标，对财政资源在众多相互竞争的利益之间实现有效的配置，通过这种配置，调节全社会的收入与财产分配，实现社会公平、正义的目标，是民主政治制度之下每个政府不可推卸的天职，公共预算正是促进全社会公平正义目标实现的最直接的手段。然而，对于社会公平的理解，政治经济学的不同学派有着不同的观点，甚至存在很大的理论分歧。概括起来看，主要有功利主义的公平理论、罗尔斯主义的公平理论、折中主义的公平理论和平均主义的公平理论。

18 世纪后半期至 19 世纪初期，英国的伦理学家兼哲学家边沁创立了功利主义哲学，这一哲学思想很快得以传播，成为英国自由主义及激进主义思想的武器，并影响到李嘉图、杰文斯等很多财政经济学家。功利主义认为，社会福利等于社会成员的效用之和，社会福利水平越高，则社会公平程度越大。功利主义认为，只要收入再分配政策能增加社会福利，那么政府就应当这么做。功利主义的政策观是政府再分配收入以达到完全的平等。因为只要收入分配不平等，边际效用就不会相等，两人的效用之和就能通过收入转移给穷的一方而增加。只有当两人的收入和边际效用都相等时，社会福利才能达到最大。由

此，功利主义者提出了补偿原则，即如果社会中某一部分人的所失能够补偿另外某些人的所得还有余，那么这种变化就是"好"的，是朝着收入的"收入"目标前进的。功利主义的公平观实质上是一种终点公平观，政府通过收入再分配的税收和补贴政策一般都会改变人们的工作决策，使人们在工作和闲暇之间重新选择，最后会改变蛋糕的大小，但尽可能不要使蛋糕变小，因此最终只能对收入实行比较温和的再分配。

罗尔斯主义的公平理论在当代西方思想中占有重要的地位，它是对自卢梭以来的契约论思想的最新发展。他假定有关正义的社会契约是在"原初状态"下制定的，而订立契约的人则都处于一种所谓的"无知的面纱"之下，即他们对于自己在社会中所处的利益、地位等毫无所知。这其实是保证起点公平，即个人的情况是均一的。罗尔斯认为，由于在"无知的面纱"下，人们不知道他们最终是贫是富，因而他们对分配目标的看法是不带偏见的和公正的，他们将会选择最大最小社会福利函数。最大最小标准意味着除非偏离平等分配能增加境况最差的那个人的福利，否则，收入分配就应该是完全平等的。

功利主义理论和罗尔斯主义对富人和穷人的效用的权数①采取了截然不同的立场，它们可以被看成是两个极端，在两种观点之间还有折中主义的公平理论。虽然各个学术流派对社会公平有着各自的理解，但他们都承认，公共财政政策对社会公平的实现有着巨大的影响力，并从公共财政的立场出发，探讨调节和疏导财富分配的实施方法，通过公共财政框架中的税收和支出政策以及社会保障政策，实现他们心中的社会公平大目标。例如，对高收入者征收个人收入调节税以补贴低收入者；在政府的公共支出中，考虑地区差异、富人和穷人的不同、强者和弱者的区别，在财政资源分配上体现公平、正义原则。尽管他们的理论对如何运用公共财政政策的组合方式和策略有所不同，但其基本工具是一致的，不外乎是运用税收工具、财政补贴、

---

① 统计学中的"权数"指的是用来衡量总体中各单位标志值在总体中作用大小的数值，权数是影响指标数值变动的关键变量。这里的"权数"借用了统计学中的术语，指的是公共财政作为影响一个社会结构与公平正义程度的关键变量，如果公共财政框架中的税收和支出政策以及社会保障政策发生改变，社会结构乃至公平正义程度必然发生变化。

转移支付等工具。

促进社会公平、正义目标的实现同样有赖于公共预算，美国著名学者威洛比（Willoughby，1918）认为预算制度在民主社会中扮演了三个角色：

首先，在民主社会中的公共决策必须要顺应民意，公共预算向全社会提供清楚、明了的预算信息，而这些信息便是民众理解和监督政府的有效工具。公共预算反映了政府想做什么和不想不做什么，做了哪些以及为什么要这样做？它们反映了一般公众对政府应该提供什么样的服务所达成的共识。同时，公共预算也反映了政府所提供诸多服务的优先权，反映了为地方和全体选民，为效率、效能以及更大的公共目标而做出的决策的相对比例。此外，公共预算为公民了解、问责政府提供了强有力的责任工具，使公民可以了解政府是怎样花钱的，花在哪些方面，政府花钱是否遵循了公民的偏好以及在多大程度上遵循着公民的偏好，预算连接着公民的偏好和政府的产出。

其次，公共预算是行政与立法机构之间进行有效沟通、协调以及监督、制约的工具。立法机构通过政府的财政计划，在进行授权的同时又对其进行事前和事后的监督和控制。西方国家普遍采用权力分立与制衡机制，以实现行政、立法、司法等不同的权力机构之间的相互监督和制约。以英国为例，英国实行的是议会内阁制，议会下院的多数党组织内阁，立法权和财政监督权属于议会，行政权（包括财政权在内的众多治理权）属于内阁。在资本主义的自由放任时期，传统的预算制度主要表现在议会（立法部门）对内阁（行政部门）的消极控制，即以减少政府支出"量入为出"和"收支平衡"为目标。尽管在 20 世纪 30 年代以后，西方国家政府的财政治理权限有所扩张，立法部门对政府的财政监督主要体现在公共预算的事后监督上。但政府的公共财政治理始终没有脱离立法部门的制约和控制。

最后，公共预算是衡量政府公共财政治理绩效的重要指标。公共预算的意义不仅在于它实现了民主政治的价值理念，它还在很大程度上增强了政府行政责任与行政职能。通常公共预算是各国评价政府行政绩效的重要标准。当今世界各国普遍强调政府"善治"理念，公共预算的财政收支计划以及执行情况可以清晰地反映出政府公共财政治理的水平。如政府编制预算是否体现计划原则，预算是否反映了政府的各项计划安排，两者的密切程度如何；预算是否体现了责任原则，行政首长对于预算的责任是使行政机关的计划符合立法部门所反映的民意，并以最低廉的成本来执行计划；预算是否体现了适当放权、自由裁量、弹性时间原则，等等。公共预算治理不是纯粹的经济问题，就其本质而言反映了政府种种不同的政治选择和政治行动，也就是政府在立法部门和社会的监督下，在追求效率的同时，实现社会公平、正义、平等等政治价值理念的过程。

由此我们可以看出，预算治理能力很大程度上影响着国家兴衰，财政预算制度本身实际包含博大精深的国家治理之道，涉及国家政治制度、政府结构、权力配置、人员关系等诸多极其深刻而复杂的方面。就中国而言，历史上人们对于财政之于国家治理的重要性的认识相对于西方国家而言更为深刻，并曾经将之付诸国家治理的实践之中。宋代著名的政治家王安石就是一个典型代表，他怀抱着"为天下理财"的雄心①，溯《周礼》治国之道，取千年大国治理之精华，构想一条通过改进国家理财方式来改善国家治理的制度架构。其治国理念正如我国近代著名的思想家梁启超所言，是"暗合于政治之原理"的，而且是"东西方诸国"19世纪"实施后行之有效的"。然而王安石的这种思维理念过于超前，更与中国传统的政治文化及治理理念相悖，以至于他那个时代的政治精英们都无法理解他的抱负，王安石在11世纪的未竟之梦，在19世纪的欧洲国家变成了现实。欧洲国家在19世纪建立起现代预算制度，将理财置于治国的核心，通过财政转型推动了国家治理转型。② 然而，自近现代以来，我国与发达国家相比，在对预算所包含的治理之道方面存在巨大的认知差距，而就预算治理的实践而言呈现为极不丰富这样一种事实。这种"不丰富"不仅反映

① 王安石曾说理财是"因天下之力以生天下之财"，不过他的侧重点是为国生财，而总和他唱反调的司马光则侧重于"民富"，希望靠政府节流而扭转财政危机，他有言称"天地所生财货百物，止有此数，不在民则在官"。

② 参见马骏《治国与理财》，生活·读书·新知三联书店2011年版。

在对预算治理认识的短暂性上，更反映在预算治理的边缘性特征上。

第三节　国家成长、财政改革与治理转型

在现代国家治理过程中，公共预算的地位十分重要，以公共预算为基础的财政转型可以在很大程度上引导国家治理制度的转型。我们也可以这样说，预算管理构成了现代公共管理的核心和关键，是国家治理的主要着力点。就政府公共管理而言，预算是一种极其重要的管理工具。也就是说，公共预算涉及社会、政治、经济等各个领域，它既是政府公共经济活动的集中体现，也是国家管理社会经济事务、实现宏观调控的重要手段之一。从表面上来看，公共预算是公共权力机构的一项经济活动和功能，实际上它却是国家治理的核心与公共管理的关键，是国家政治生活中无法回避的政策议程。

一　现代国家的构建：从"天下"到现代民族国家

在西学东渐之前，在中国普通百姓的心目中有的只是"天下"观念。而中华民族的先祖关于"天"的概念形成的逻辑原始起点可能在于对"天体地形的观察体验和认识中，由天地四方的神秘感觉和思想出发的运思和想象"①。"传统的中国是一个'天下'，民众没有现代国家的观念，也没有公共意识。在'天下'的意识中，天道之下就是天下，天下远比国家重要得多，神圣得多。"②"天下"观包含了宇宙天地有中心与边缘的思想，而且潜含了中国先民们自认为是居于天地中心的想法。"天下观"是古代中国人对世界秩序的看法，代表了他们的世界秩序观，同时也表现出了当时的中国人对自己文化的先进性表露出的一种高度自豪感，反映出中国与西方在看待世界问题上的巨大差别。事实上，尽管中国古代有"国家"一词之说，但并没有现代

---

① 葛兆光：《中国思想史（第一卷）：七世纪前中国的知识、思想与信仰世界》，复旦大学出版社1998年版，第19页。

② 寒竹、文扬：《中国力：大历史、大未来与我们的强国法则》，凤凰传媒出版集团2009年版，第192页。

意义的民族国家理念，他们有的只是一种"天下"观念。也就是说，中国自古以来没有近代意义上民族国家的观念，对外我们称为"天下"观，对内我们称其为"家天下""私天下"观。

　　然而，尽管"国家"一词在我国早已出现，但由于国家与天下、与朝廷常常纠缠在一起，使古代的中国人缺乏明晰的国家主权观念。① 中国传统的政治制度在组织结构上往往被理解为家庭的集合体，是家族的扩大和延伸，所以才有"国家"这样一种说法。实际上，中国现代民族国家观念也就是在东西方文明碰撞过程中产生的。而所谓的民族国家实际上就是"拥有边界的权力集装器"②。英国学者安东尼·吉登斯是这样理解这一概念的。实际上，民族—国家的构建是一个历史的过程。也就是历史与逻辑的统一体，它一方面是一个历史不断发展的过程，另一方面也是一个以人的理性为依据建构现代国家的过程。而中国在向民族—国家的现代转换过程中，随着"天"（天命）被转换为世界—历史规律，"天下"也被替换为民族—国家的空间聚合以及与之相关的全球秩序。就中国而言，现代国家构建所侧重的是"国家转型"，也就是在特定的"路径依赖"之下所进行的选择性构建。③ 对现代国家与传统国家从理论上进行区分实际上可以说是现代化理论或转型理论的前提条件。现代国家的构建过程事实上就是一个国家实现现代化的过程，而其现代性是集中体现在这个国家的制度体系之上的。相比较而言，西方国家在现代国家构建的过程中表现出了突出的线性特征，而中国则明显不同于此，具有十分明显的复合性。④ 事实上，国家构建首先是就一国政治而言的，是政治现代化的一部分内容，所以有一国发展的历史基础和前提条件。就当时中国的现实情况而言，即便是一个后发国家，中国的现代化仍然是属于整个世界走

---

① 陈永森：《告别国民的尝试——清末民初的公民意识与公民行为》，中国人民大学出版社 2004 年版，第 64 页。

② ［英］安东尼·吉登斯：《民族—国家与暴力》，生活·读书·新知三联书店 1998 年版，第 4 页。

③ 杨雪冬：《市场发育、社会生长和公共权力构建——以县为微观分析单位》，河南人民出版社 2002 年版，第 3 页。

④ 同上书，第 231—234 页。

向现代化进程的一部分的，中国现代国家的构建过程不可能脱离世界国家体系。实际上，中国现代国家构建的过程也是一个不断融入现代世界体系的过程。通常来说，现代国家是民族—国家、民主—国家和民生—国家三者的统一体，形成三足鼎立、相互影响、相互制约的局面（见图3－1）。

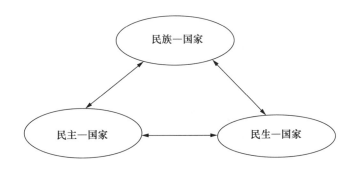

图3－1　现代国家构建

注：箭头方向表示三者相互制约、互相联系及其均衡性。

资料来源：叶本乾：《现代国家构建中的均衡性分析：三维视角》，《东南学术》2006年第4期，第30页。

现代国家的建构是一个民族—国家和民主—国家的双重化建构过程。但在中国，这一双重化的建构是不同步的。因此，在现代化进程中，除了民族—国家的建构，推进国家一体化以外，还要实现国家的转型，建构现代民主—国家，通过政治发展推进民主化。然而，作为一个后发国家，中国现代国家成长所呈现出来的是单线性的发展趋势，根本没有形成良性的互动，同时每一部分完成得都不是很好：由于经济与文化相对而言还处在落后状态，最后形成的只是文化民族共同体，而政治民族共同体仍然还没有形成起来。也就是说，离完全形成现代民族—国家还有比较长的一段距离；而就经济发展方面而言，仍然还是传统的经济发展模式，国家对经济的干预过多，还没有完全实现国家与社会的分离，对产权的保护乏力，产权的界定方面也存在缺失，构建民生—国家的任务仍然还十分沉重；此外，还存在如下诸多问题：在民主制度安排方面同样存在缺失，现代公民社会远未建成，法治和宪政精神极度缺乏等，这一切都严重地制约了国家向现代民主国家转型的进程。后发国家的现代国家构建流程如图 3 - 2 所示。

图 3 - 2　后发国家的现代国家构建流程

资料来源：叶本乾：《现代国家构建中的均衡性分析：三维视角》，《东南学术》2006年第 4 期，第 30 页。

事实上，自 1840 年鸦片战争以来，尤其是 20 世纪上半叶以来，民族国家建构便成为中国现代国家构建的主题。中国是一个文明古国，具有悠久历史文化传统。在此基础上，林尚立教授指出，在中国现代国家构建即国家成长的过程存在两个方面的历史逻辑："一方面是以文化权力为轴心的古代国家成长的历史逻辑；另一方面是以公共权力为轴心的现代国家成长的历史逻辑。"① 而在进入近代以后，两者次序发生了转变。也就是说，"国家成长的轴心从文化权力转到了公共权力"②。事实上，中国的现代性是在近代以来中国社会发生了深刻变革的基础上发展起来的。而中国现代国家成长过程与一般国家成长的不同之处在于，中国的现代性是在中国本土文化、民族特性与西方文化、民族特性进行碰撞的过程中形成的。我们必须要明确的是，国家的转型既是现代化的条件，也是现代化的结果。而中国现代国家构建的终极目标应是建立宪政国家，实现国家治理的理性化与民主化。

二　国家成长与财政改革

有学者认为："治国即理财。"③ 在笔者看来，虽然理财并不见得是国家治理的所有内容，但理财绝对是国家治理的重要组成部分，我

① 林尚立：《制度创新与国家成长》，天津人民出版社 2005 年版，第 6 页。
② 同上书，第 6—7 页。
③ 参见马骏《治国与理财：公共预算与国家建设》，生活·读书·新知三联书店 2011年版，第 1 页。

们甚至可以说"理财是国家治理的核心"。事实上，公共预算涉及社会、政治、经济等各个领域，它既是政府公共经济活动的集中体现，也是国家管理社会经济事务、实现宏观调控的重要手段之一。从表面上来看，公共预算是公共权力机构的一项经济活动和功能，实际上它却是国家治理的核心与公共管理的关键，是国家政治生活中无法回避的政策议程。实际上，我国历史上几次重大的改革，无论是春秋时期的商鞅变法、北宋时期的王安石变法（熙宁新政），还是明朝张居正的一条鞭法，财政方面的变革都是其重要内容。19 世纪以来，西方国家通过对财政制度的现代化改革，从而建立起现代预算制度，将理财置于治国的核心，通过财政转型推动了国家治理转型。然而，公共预算是比较复杂一个政治过程，牵涉到权力的分配、运用与控制等诸多环节，与之相关联的部门也甚多，而现代国家建设与治理转型是当前我国面临的重大问题。基于此，党的十八大指出：要"加快改革财税体制……加强对政府全口径预算决算的审查和监督"[①]。而十八届三中全会明确指出我国新一轮改革目标是要推进国家治理体系和治理能力的现代化，而公共财政预算是国家治理的基础和重要支柱。

　　作为一个后发型国家，中国正处于从一个传统、落后国家向现代国家转变的过程中，这也就是人们通常所说的现代国家构建或国家成长过程。中国的国家成长是一个包括社会、政治、经济、文化及国家制度等各方面发展、变革、完善的过程。而"国家要获得有效的生存与发展，在现代化过程中必须与时代保持同步，必须与现实的经济和社会发展相适应，这就要求国家能够不断地充实自身的价值追求、理想建构。观念和价值上的落后，将直接影响国家的进步与成长"[②]。一方面，"国家的成长既是现代化的重要组成部分，也是现代化发展的

---

　　① 胡锦涛：《坚定不移沿着中国特色社会主义道路前进　为全面建成小康社会而奋斗》，新华网，http://www.xinhuanet.com/18cpcnc/zb/20121108/wz.htm，2011 年 11 月 8 日。

　　② 张慧君、景维民：《国家治理模式构建及应注意的若干问题》，《社会科学》2009 年第 10 期。

重要决定因素"。① 另一方面，"国家自身制度的成熟与完善，也体现为经济与社会现代化的全面发展，其实质就是现代化过程中国家与现代社会相适应，相互促进，从而成为政治体系、经济体系、社会体系与精神体系相互统一的有机共同体"②。就当前中国的情况而言，"市场化改革与市场经济秩序不断扩展所引发的资源自由流动性增加、个体自由选择权扩大，导致社会结构出现分化，不仅新的社会经济成分、社会阶层正在形成，而且一个具备社会利益整合功能的现代公民社会也正在萌芽和发展壮大"③。由此看来，在中国向现代国家发展、成长过程中，政治、经济与社会等各个领域发生的多重制度变迁，已经使中国逐步退出传统体制下那种政府高度渗透、控制经济与社会的全能主义国家治理模式，政府已经无法对影响经济发展决策的权力与资源保持原有的垄断性控制，国家治理日益依赖于政府、市场与公民社会的协调互动过程。一般而言，国家治理的成功与否在很大程度上取决于国家能力强弱，而财政资源的汲取能力是国家最重要的能力之一，财政是一个国家的生命线，它与政府的公信力、市场的运行、社会的稳定以及公平正义的实现密切相关。由此，财政兴则国家兴，财政弱则国家弱。"中国历史上每次改朝换代都与财政危机相关。"④ 政府是国家治理模式中最为重要的公共治理主体，而转型深化与现代国家治理模式构建也必然需要一个有能力的政府。"国家的行动创造了政府干预试图影响的社会过程与结构的战术性需求。"⑤ "政府能够相对独立自主地制定、实施政策和法律的能力，以及对社会经济发展的宏观指导和调控能力，因此政府能力也通常被称为政府的制度能力、

---

① 林尚立：《国家建设：中国共产党的探索与实践》，《毛泽东邓小平理论研究》2008年第1期。

② 林尚立：《社会主义与国家建设：基于中国的立场与实践》，《社会科学战线》2009年第6期。

③ 陆学艺：《当代中国社会阶层研究报告》，社会科学文献出版社2002年版，第31页。

④ 李炜光：《李炜光说财税》，河北大学出版社2010年版，第97页。

⑤ ［美］彼得·埃文斯：《找回国家》，方力维等译，生活·读书·新知三联书店2009年版，第357页。

国家的制度能力。"① "国家能力不仅仅取决于其内部是怎样组织的，还取决于它与社会是怎样联系的，在这个社会中被要求通过正确的政策来解决问题。"② 其中，财政制度的改革就是问题的关键所在。

2008 年 3 月在十一届人大一次会议上，温家宝同志在接受中外记者采访时明确指出："一个国家的财政史是惊心动魄的。"事实上，纵观中外历史我们就可以发现，一个国家、社会的大变动往往都是由财政制度的得失所引起的。而公共预算就包括财政收入与支出两个方面的内容。这两个方面都与西方民主制度的发展是密切相关的，也是西方民主制度的重要内容。如马斯格雷夫所言："财税是现代民主制度兴起的先决条件。"③ 事实上，现代国家治理即公共事务的管理首先是与财政税收密切相关的，如托克维尔所言，"公共事务几乎没有一项不是产生于捐税，或导致捐税"④。我们都知道，西方国家的代议民主制度起始于对封建君主征税权的控制，事实上，正如布坎南所言："对统治者的控制，一直是通过对征税权的约束来实现的。"⑤ 李炜光也说："议会是国家通过民主渠道解决财政问题的有效工具。"⑥ 事实上，西方国家议会的前身就是一个纳税人与政府（国王）就财政税收权讨价还价的机构，这是以 1215 年《自由大宪章》的签订为开端的，《自由大宪章》虽然不是一部现代意义上的宪法，但在很大程度上起到了宪法的功能，其意义就在于它确定了"非赞同毋纳税"的原则，这一原则一旦确立，任何人都不能违背，即便是贵为国王，违背这一原则必然要招致人民的反对。17 世纪 40 年代英国资产阶级革命的爆发就缘于英王查理一世不经人民同意就随意征税，从而践踏了"非赞

---

① 王绍光、胡鞍钢：《中国国家能力报告》，辽宁人民出版社 1993 年版，第 50 页。

② ［澳］布伦南、［美］布坎南著：《公共政策研究：政策循环与政策子系统》，庞诗等译，生活·读书·新知三联书店 2006 年版，第 111 页。

③ 转引自马骏《中国公共预算改革：理性化与民主化》，中央编译出版社 2005 年版，第 44 页。

④ ［法］托克维尔：《旧制度与大革命》，冯棠译，商务印书馆 1992 年版，第 127 页。

⑤ ［美］詹姆斯·布坎南、杰弗瑞·布伦南：《宪政经济学》，中国社会科学出版社 2003 年版，第 10 页。

⑥ 李炜光：《李炜光说财税》，河北大学出版社 2010 年版，第 9 页。

同毋纳税"这一原则，引发了资产阶级领导的人民革命，最后，查理一世作为"人民公敌"被送上了断头台，而1688年的光荣革命进一步强化了议会对财政预算的控制。"光荣革命开启了议会至高无上的时代，议会在国家的金融事务中获得了一个中心角色，把政府开支置于议会的监督之下。"① 由此，英国一步步地建立了现代公共财政预算制度。这对英国汲取财政资源，促进工业大革命的发展起到了至关重要的作用。正因为现代预算在英国的建立，不仅实现了英国从传统的封建专制国家到现代资产阶级代议民主国家的转变，也使英国能够迅速集中起全国的人力、物力和财力，促进资本主义工业大生产的发展，正如有学者所指出的那样："公共财政是英国早期工业革命的重要推手。"② 正是现代公共预算制度在英国的建立，使工业大生产最早在英国得以实现，实现了英国从传统国家向现代国家的迅速转型，使英国在17—18世纪迅速崛起成为一个世界范围内的军事和经济强国。

而现代公共财政预算制度的意义可能还不仅如此，如伊森西所言，"民主政治之发展，大都由'财政危机'转为'经济危机'，最后陷入'宪法危机'之不归路"③。1789年法国大革命前夕，法国的财政收人无论是总量还是人均税负其实还远不如当时的英国，但人均税负相对高得多的英国国民的"被剥削感"却不是那么重，因为他们觉得纳税是经过代表纳税人的议会同意了的，他们是在为自己纳税，因为政府（国王）要为他们提供相关的公共产品和服务。而法国实行的还是封建专制的旧制度，税收的征收基本上还是政府（国王）说了算，尽管税负相对较低，但国民的"被剥削感"普遍较重，因为他们觉得是在为政府（国王）纳税，由此而民怨沸腾，最后走上了长期的激进的革命道路，包括国王路易十六在内的许多人由此付出了生命的

---

① ［美］道格拉斯·C.诺思、巴里·温格斯特：《宪法与承诺：17世纪英格兰治理公共选择制度的演进》，载［美］道格拉斯·C.诺思等著《制度变革的经验研究》，罗仲伟译，经济科学出版社2003年版，第174页。

② 李炜光：《李炜光说财税》，河北大学出版社2010年版，第16页。

③ J. Isensee, Der Sozialstnatin Wirtsehdftkrise, in Fs fur Broermann, 1982, S. 365. 转引自葛克昌《国家学与国家法——社会国、租税国与法治国的理念》，（台湾）月旦出版社股份有限公司1996年版，第95页。

代价。而 18 世纪美国的独立战争同样也是起因于纳税的痛苦。1776 年 7 月 4 日，美国 13 个州一致通过《独立宣言》指责英国"未经我们同意便向我们强行征税"①，指出纳税而无代表权是暴政。而就中国而言，财政历史同样也是惊心动魄的，正如有学者所指出的那样：在皇权专制统治之下，"中国历史上的历次大规模的农民起义无一例外都是由无限制的征税权引起的"。而"中国皇权专制长期延续的秘密在于无限制的征税权"。同样，"中国历史上每次改朝换代都与财政危机相关"②。

　　作为一个后发国家，中国目前甚至在以后较长的一段时间仍然要为真正实现现代国家的构建做出持续不断的努力。也就是说，中国目前仍然还仍处于从一个传统、落后国家向现代国家的转变过程中，这也就是人们通常所说的现代国家构建。其实，现代国家的构建本身也就是一个国家成长的过程。中国的国家成长是一个包括社会、政治、经济、文化及国家制度等各方面发展、变革、完善的过程。实际上，在中国现代国家构建过程中，在政治、经济与社会等领域已经发生了一系列的制度变迁，这一切已经使中国逐步退出传统体制下那种全能主义国家治理模式，政府职能已经实现了一定程度的转变，不再对影响经济发展决策的权力与资源实行垄断性的控制，而是更多地强调怎样才能更好地实现政府、市场与公民社会之间的合作、互动。但就中国目前的现实情况来说，在现代化国家的成长过程中，"还仍然必须强大而比较全面的整合能力，从而实现国家发展与治理的可控制性。而在这中间，行动灵活的能力，是国家能力的核心部门"③。政治、经济、社会生活等方面的整体性变革必然要求国家治理模式的改变。然而，无论是政治、经济改革还是国家治理变革都必然会牵涉到社会上各个方面的利益，而财政问题是方方面面利益的集中表现，合理的财政制度是实现社会中不同利益阶层、团体良性博弈的主要规制力量，

---

　　① ［美］特伦斯·汉弗莱：《美洲史》，民主与建设出版社 2004 年版，第 93—106 页。

　　② 李炜光：《李炜光说财税》，河北大学出版社 2010 年版，第 97 页。

　　③ ［美］约翰·霍尔、约翰·艾坎伯雷：《国家》，施雪华译，吉林人民出版社 2007 年版，第 1 页。

公共财政问题也日益成为当下中国重要的政治问题，公共财政制度的改革也就成为中国政治体制改革的一个非常重要的突破口，而推行公共财政制度改革最为关键的就在于建立和健全现代预算制度体系。王绍光在考察美国"进步时代"的过程中，认为"美国之所以能够化解各种社会危机，现代国家制度建设是其根本，其中改造公共财政是政治改革的最佳切入口"①。事实上，就其本质而言，财政可以说就是以国家、政府为主体的财政收支系统。国家与财政之间是一种相互依存的关系。国家与财政不可分离，离开财政谈论国家是没有任何内容的，没有财政活动的国家同样也是不可想象的。作为财政的主体，国家要获得与巩固自身的合法性地位必须要以财政为基础。财政问题关乎各利益集团的切身利益。也就是说，"在国家成长（现代化）的过程中，对资源的需求不断增长，为了动员与汲取资源，国家不断改革和完善各种财政制度，最终建立起现代财政"。一般而言，"财政是国家乃至任何组织生存的生命线。如果没有财政收入，也就没有资源的流入与支持，国家机器便无法运转。只有在财政收入能够维持政府支出需要时，国家才能维持，其他的一切活动才能在此基础上展开"②。由此看来，现代国家的成长与财政资源的需求之间的关系是十分直接的，也非常容易理解。正如熊彼特所言："财政要求是现代国家生活的第一个标志。"③ 而欧洲早发国家构建的经验表明："财政政策在国家建构和生存竞争中处于中心地位。"④ 可持续的财政，也被杨雪冬称为欧洲国家构建经验中的五个要件之一。杨雪冬认为："财政资源的支持是现代国家构建的重要条件，为了增加财政收入，国家在税收、债务等诸方面的改革和制度创新，为人口和地理规模的合理结合（即

---

① 王绍光、王有强：《民权，所得税与预算监督：兼谈农村费改税的思路》，《战略与管理》2001 年第 43 期。

② 刘守刚：《国家成长的财政逻辑：近现代中国财政转型与政治发展》，天津人民出版社 2009 年版，第 4 页。

③ Joseph Schumpeter, *The Crisis of the Tax State*, in the *Economics and Sociology of Capalism*, edited by Richard Swedberg, Princeton Uiversity Press, 1999.

④ Cameron G. Yhies, "State Building, Interstate and Intastate Rivalyr: A study of Post – colonial country extractive nefforts, 1975 – 2000", *International Studies Quarterly*, No. 48, 2004, p. 62.

民族国家构建）提供了必要的资源与理性管理手段，使民族国家能够有效地运转起来。"①

从美国进步时代的历史经验来看，财政预算改革对缓解美国社会矛盾，挽救美国的资本主义体制功不可没。基于此，王绍光认为："公共财政制度是国家政治体制最重要的组成部分，其重要性不下于选举制度，政党政治，议会制度和舆论监督制度。改造公共财政是政治改革的最佳切入口。"② 美国的经验表明，在构建现代国家的过程中，公共财政体制的改革和建设十分重要，它实际上是一场平静的革命，会"静悄悄"地然而又切实地、深刻地影响着一个国家的治理功效，以适应现代市场经济发展的需要。规范、简便、公平、有效的税收制度代替了杂七杂八、无名无目的苛捐杂费；统一、客观、详细、透明的预算制度代替了"杂乱无章的事后报账单"。这不仅减轻了人民的负担，规范了社会经济秩序，而且规范了政府的行为，并使之成为"看得见的政府"，以便人民监督和约束。

由此看来，我国要想成功地实现国家治理的转型，就必须要实现财政转型，而财政转型必须要通过进一步深化财政改革。实际上，经济转型与制度变迁的过程也就是国家治理模式的重构过程，而经济转型成功的标志之一就是真正建立起一种现代国家治理模式，这也是现代国家构建的必由之路。事实上，"当前中国经济发展所取得的成绩，在很大程度上可以归功于国家治理模式的成功转型，而怎样才能建立起一种有效的现代国家治理模式、从而建构起现代国家则是中国经济转型新阶段所面临的主要任务"。③

美国政治学家詹姆斯·汤森认为，中国现代国家的构建必须要同时满足两项现代国家建构的主题，一是"要求国家独立，不受外国的

---

① 杨雪冬：《民族与民族国家的构建：一个理论综述》，http://www.cctb.net/zjxz/200502240720.htm.

② 王绍光：《美国"进步时代"的启示》，《新理财》2010年第2期。

③ 孙景宇：《中国的经济转型与国家治理模式演变》，《江苏社会科学》2009年第1期。

影响和控制"；二是"实现在一个单一的中央政治权威下的统一"①。从目前的情况来看，中国基本上已经实现这两个目标。我们必须要明确的是，现代国家建设的基本目标就是要建立一个具有较强能力而又非常负责任的国家。要真正实现这一目标，必须要在很多方面下功夫，必须要进行相关的制度建设，重新建构国家的治理机制。而从现实的情况来看，中国的国家治理体制的改革与转型是对经济—社会转型的一种渐进式的、结构性的适应过程。

三 财政改革与国家治理转型

如前所述，国家治理的成功与否在很大程度上取决于国家能力强弱。而"国家能力并不只是取决于其内部组织状况，在很大程度上还取决于它与社会是如何联系的，这也就是说，在这个社会中是否被要求通过正确的政策来解决问题"②。而在这其中财政制度的改革就是问题的关键所在。美国学者弗朗西斯·福山认为，一个国家必须要在转型时期保持最低限度的国家制度、政治秩序，同时政府要对领土和人民进行有效治理，这也是国家治理是否成功的重要前提。一个国家之所以会出现治理失败这种情况，其关键问题往往不在于是否制定了某些政策，而在于政策的执行情况如何；此外，治理能否成功在很大程度上取决于统治的主体而不是统治的客体，同时，国家能力的强弱同样也是一个关键因素。由此我们可以看出，要想实现国家成功的治理，必须要加强国家制度建设，同时也应该提升国家的治理能力。

有效的国家治理模式对于促进转型顺利进行的意义非同凡响。而从中国已有的经历来看，以市场化为导向的改革之所以取得成功，其中一个重要原因就在于"政府放松了对经济的过度控制，将自由从事经济活动的权利逐步放还给公民，从而提高了公民利用自己的财产和技能创造并积累财富的积极性，为经济的高速发展提供了动力"③。同时，在中国国家成长进程中，政府与公民的行为模式与互动关系也处

---

① ［美］詹姆斯·R. 汤森：《中国政治》，江苏人民出版社 2003 年版，第 34—37 页。

② ［美］迈克尔·豪利特等：《公共政策研究：政策循环与政策子系统》，庞诗等译，生活·读书·新知三联书店 2006 年版，第 111 页。

③ 王小卫：《转型经济的宪法化效应》，《社会科学战线》2003 年第 3 期。

于一个不断调整的过程之中，尽管目前这一过程的发展相对缓慢，但伴随着改革的不断深入，必将促进中国整体国家治理的根本性转变。

而就中国目前的情况来看，虽然中国国家治理还面临许多需要攻克的难题和漫长崎岖的征途，但其治理模式可为当前与未来的中国提供一种可供参考的理论指导和实践探索，也为将要走上现代化道路的其他发展中国家提供一些宝贵经验和一种新的国家治理范式。事实上，中国特色的国家治理模式是在总结国际上不同国家治理的经验、教训以及国内现代化建设的经验基础之上提出来的。一方面坚持在实践基础上不断进行理论创新，同时用新的理论来指导实践借鉴；另一方面既肯定已有成就，又正视存在问题，积极总结正反两方面的经验教训，从而使具有中国特色的国家治理道路越走越宽。

历史不断地证明，政府债务融资行为对社会经济影响的深刻程度，其实并不次于税收征集制度。马克思在讨论 19 世纪中叶以后的资本主义国家的债务融资时就指出："在所谓国民财富中，真正为现代人民所共有的唯一部分，就是他们的国债。因此，一个国家的人民负债越多就越富这一现代理论是完全合乎逻辑的。公共信用成了资本的信条。随着国债的产生，不可饶恕的罪恶，已不再是亵渎圣灵，而是破坏国债的信用了。"[1] 通过对英国光荣革命中英格兰君主债务的研究后，温格斯特发现，当年英格兰国王发行公债促使了英格兰银行制度的建立，继而决定了英国货币发行本位的改变和资本市场雏形的形成。他还进一步证明，"光荣革命后建立的代议制正是早年专制君主举债的结果。而这一制度在英国的确立反过来又为富国强兵的国债制度的良好运转提供了激励机制"[2]。而在福格森看来，"英国之所以能够率先崛起，其原因就在于四项具体的制度创新所结成的'权力方阵'，即保护个人财产的议会制、鼓励私人领域金融创新的国债制度、培养大批文职与技术官员的税收官僚制，以及担当最终贷款人重任的

① ［德］卡尔·马克思：《资本论》（第一卷），曾令先、卞彬、金永译，江苏人民出版社 2011 年版，第 243 页。
② ［美］温格斯特：《有限政府的政治基础：17—18 世纪英格兰的议会和君主债务》，载德勒巴克、约翰·奈《新制度经济学前沿》，经济科学出版社 2003 年版，第 253—283 页。

中央银行体系"①。而从市场作为交易秩序的角度来看，政府债务融资对社会信用的扩展程度有着非常深刻的影响。信用作为价值运动，是以偿还和付息为条件的价值单方面运动。既然是有条件的价值运动，如果条件不成立，则有可能发生断裂，这就表现为信用危机。既然个人和企业如此，政府也就不再例外，其影响程度甚至比个人和企业更为深刻。由此，张宇燕教授等归结出了这样的一个命题：财政压力不仅决定着制度变迁的起因，还决定着制度变迁的路径。自秦汉以来中国延续了两千多年的国家形态，与欧洲城邦国家的演化其实是大为不同的。原来出于应对自然威胁而要求强制、统一的国家观念，逐渐成为中国人对国家的理解。虽然经过许多的内部斗争，而在近代甚至还面临着了西方列强肢解、瓜分的种种威胁，但一个在人口、版图与内部差异程度比欧洲单个国家大得多的统一国家观念最终还是保留了下来。同时，治理与维持统一大国的政府间关系也从历史上继承下来，甚至在计划经济时代还一度得到过强化。由此看来，西方那种基于契约论国家观的政府间财政关系的理论，在对中国问题进行解释和解决时，都有待做进一步的思考。历史也一再表明，鉴于中国特定的社会治理传统与国家形态，在中央集权与地方分权过程中，从某种程度上而言，中国应该把建立在统一和稳定基础上的发展摆在最优先的目标之上。

　　另外，在像中国这样的大国治理的实施过程中会出现许多令人感到困惑的问题。其中一个重要方面是上下级政府的委托—代理关系。随着国家规模的扩大，治理成本不断攀升。替代办法是增加授权以增强激励，这便是"地方自主"的合法性基础。然而一个委派的统治者可能很快就会与辖区官僚合作，原因既有自身利益最大化的考虑，更可能是由于现有监督指标的软约束：上级在无法进行有效"过程监督"的情况下，只好寻找费用比较低的信息显示机制，GDP 增长就是个可取的代用绩效指标。这样便形成了地方政府投资扩张的制度基

① Ferguson, Niall, *The Cash Nexus: Money and Power in the Modern World* (1700—2000), New York: Basic Books, 2001, pp. 15 - 16.

础。正如人们认识到的那样，"形象工程"和"政绩工程"确实是地方官员所为，但其深层原因可能并不在地方。财政分权在"实化"地方政府的产权，但官员任期制使地方首脑的政治产权严重残缺。同时，由于中国政府官员并不是由选举所产生的，他们并不需要向人民负责，他们唯一需要的是向上级负责，同时，他们几乎不受来自地方公众和资本市场的监督，唯一影响着他们的行为是上级政府的判断。从中国的国家传统出发，从不同的秩序观出发，在实施国家治理过程中，在市场经济环境下，中国如何构建自己的中央—地方政府政治关系，特别是财政关系，需要我们根据中国自身的特点做出特定的价值判断。

实际上，财政问题在经济发展乃至经济制度的演变过程中通常是起着决定性作用的。正如戈德斯契德所言，"每个社会问题，实际上还有每个经济问题，说到底都是财政问题"[①]。美国学者霍夫曼和罗森塔尔用一个近代欧洲国家战争—征税模型，揭示了政府筹集经费的方式决定着市场制度的形成。[②] 但要想知道这个国家政权系统怎样从社会"汲取"收入，又如何投入到经济体中，需要对各级政府的财政工具经过缜密的设计。因为不同的工具会对整个经济制度的建立与运行产生决定性的作用。但这些财政工具的设计并不一定由中央政府确定，其原因就是在存在竞争关系的政府体系里，不同的体制条件会刺激各级政府创造种类不同的筹集收入的工具。

总而言之，当前我国要实现国家治理的转型，即实现国家治理体系与治理能力的现代化，一方面需要提高治理资本财政的能力，另一方面更需要突出与强化治理公共财政的能力。现代公共预算制度的确立与现代国家成长是一个相互促进的过程。公共预算促进现代国家的发育和成长，离开现代的公共预算制度来谈建设现代国家是不可想象

---

① ［美］丹尼尔·贝尔：《资本主义文化矛盾》，赵一凡、蒲隆、任晓晋译，生活·读书·新知三联书店1989年版，第287页。

② ［美］菲利浦·T. 霍夫曼、让. 劳伦特·罗森塔尔：《近代早期欧洲战争和税收的政治经济学：经济发展的历史教训》，载［美］约翰·N. 德勒巴克、约翰·V. C. 奈编《新制度经济学前沿》，经济科学出版社2003年版，第42—71页。

的。只有在建立起现代公共预算制度之后，国家才能以一种全新的方式汲取财政，并真正做到"取之于民、用之于民"，这使国家汲取和支出财政资源的方式都将发生根本性的转变，并开始以一种全新的方式更理性、更负责地治理国家。

美国前总统乔治·W. 布什曾跟人说："我是站在笼子里跟你们对话。"这其实蕴含着现代国家政治体制运作的一个原则：在统治者的权力受到制度约束的国家里，包括课税权在内的财政预算权只能来自人民的授予，而且只能用于改善国民福利，而不能用来为自己谋利益。现代公共预算制度的建立，就在于给国家的权力机制装上了一个"刹车装置"，用来防止司法部门和官员独断专权，"黑箱作业"，贪赃枉法，以权谋私，侵犯人民的权益。而在现代社会，只有把人民的钱袋子牢牢看住了，才能看住政府，政府（利维坦）才被关进笼子里。事实上，现代西方国家的民主政体就是由公共预算制度的生成以及财政制度的改革催生的。反过来，公共预算功能的发挥又在很大程度上有赖于三权分立的政体模式。

就我国而言，现阶段的问题在于政府具有超大的预算权力，而人大的政治权威非常不到位。政府的公共财政预算行为，无论是收入还是支出，都得不到切实有效的监督和制约，而公民权利会不时地受到侵害。基于此，2013 年 1 月习近平同志指出："要加强对权力运行的制约和监督，把权力关进制度的笼子里。"中共十八届三中全会提出："财政是国家治理的基础和重要支柱……要改进预算管理制度，完善税收制度……要强化权力运行制约和监督体系，坚持用制度管权管事管人，让人民监督权力，让权力在阳光下运行，是把权力关进制度笼子的根本之策。"中共十八届四中全会明确提出要全面推进依法治国，依法治国必然要实行"法治民主"，而"法治民主的核心和骨架是'预算民主'"①。美国马歇尔大法官曾说"征税的权力是事关毁灭的权力"。民主首先是限权，尤其是限制政府的征税权。"一个不受预算

---

① 韦森：《财政体制改革是政改的核心问题》，《南方日报》2010 年 9 月 8 日第 F02 版。

制约的政府是一个危险的政府，是一个不安全的政府。"① 复旦大学教授韦森在 2013 年指出："目前中国最重要的改革，不再是市场化的推进，而是政府内部权力制衡以及现代民主政治建设这些根本问题。在其中，预算民主建设当是改革的关键。"② 实际上，要想看紧政府的"钱袋子"，本质上应当强调以权利制衡权力，亦即用纳税人的公民权利约束政府的行政权力、用纳税人的财产权利约束政府的财政权力。所谓把统治者"关在笼子里"，这个笼子差不多就是由预算法案编织而成的。也就是说，把政府的"权力关进制度的笼子里"，首先且主要是要把政府的财权关进制度的笼子里。就当前中国的现实而言，政府在财政预算方面的权力过大，公民权利的保护，尤其是财政税收与财政支出方面的权利保护明显不够，从预算制度改革上启动我国政治体制改革，限制权力，保护权利已经到了势在必行和刻不容缓的地步。

国家治理是一项十分复杂的过程，而真正有效的治理最终必然要体现在制度化层面上，即以制度的形式固化下来，通过客观上直观、可操作的制度来使整个国家的治理和谐、有序。无论在什么时代，公平、有效的国家治理必须要以一个稳定、有序的制度框架为支撑，否则空谈治理是没有任何意义的。由此，我们可以说稳定、合理的制度安排是保证国家治理正常化的一个基本前提。而从制度的角度来看，国家治理的过程也就是各项制度安排不断创新和完善的过程，当国家治理遇到困难时，客观上需要一个明晰的制度理论来指导国家治理过程的优化，解决如何更好地实现制度化的问题。

而在国家治理的过程中，作为公共财政活动的核心环节，公共预算决策应积极顺应多中心体制的客观要求，确立公共性、法治性与硬约束的基本目标，并在程序上依照公共选择原理进行。诚然，"中国公共预算改革实践也许有它自身的发展轨迹，其发展状况最终要受到中国改革开放以及现代化进程，甚至还有中国传统的政治文化等各方

---

① 刘剑文：《预算的实质是要控制政府的行为》，《法学》2011 年第 11 期。
② 韦森：《财权制衡与中国下一步的改革》，《企业家日报》2013 年 8 月 17 日第 W04 版。

面因素的影响，反过来亦是如此"①。由此，"当前中国的公共预算改革，应注重推进预算决策过程中的民主，尤其是要发挥人民代表大会在公共预算决策过程中的实质性控制作用，切实转变立法机构对政府预算'软约束'的被动局面，为建设'预算国家'、实现国家治理转型寻求突破口"②。唯其如此，中国才能最终成功地建立起预算国家，从而顺利地实现国家治理转型，真正实现国家治理体系与治理能力的现代化的目标。

第四节　国家治理中的公共预算改革

财政制度作为一种非常重要的政治制度，实际上也是公共行政管理体制的重要组成部分。财政预算就是要"取众人之财办众人之事"，是政府为满足公共需要而进行的社会总产品的分配与再分配；就此而言，财政本身就是政治，同时它也是政治体制的经济基础。要了解社会和政治变化，必须要从财政体系这个关键点着手。同时，财政体系也是社会发生变化的重要指标与源泉。公共预算改革，必然涉及预算民主化、服务公共化、人大审查与监督；财政体制的收入对政府权力约束、统一国家财政和国库、理顺中央与地方的关系有着非常重要的影响，财政预算体制改革一方面是经济体制改革的深入，另一方面又是政治体制改革的推进。事实上，中国公共行政管理体制中的很多问题其实是源自于财政体制的扭曲。因此，以公共预算为核心的财政体制的改革可以被看成是未来中国改革的头等大事。向公共财政的转型，也就是要重新定位国家与社会的关系，一定会带来社会结构和政治体系的变迁。而当今中国经济存在的许多问题，都可以从公共财政尚未建立上找到相应答案。"只有通过财政体制的改革，才能打破不

---

① 邓研华：《公共预算研究述评：基于政治学的视角》，《武汉大学学报》（哲学社会科学版）2011 年第 5 期。

② 王鸿貌：《从税收国家到预算国家的理论发展与制度转型》，《法治论坛》2008 年第 3 期。

合理的利益格局，解开改革的一团乱麻，财政体制改革是所有经济和政治体制改革的核心之事。"①

一　从自产国家到税收国家

税收国家是在人类社会进入近现代，也就是资本主义国家形成之后才出现的。事实上，封建国家是典型的家计（财政）国家。家计国家的特点就是以封建土地所有关系为基础，在家计国家里，封建地租是财政收入的主要来源。"进入现代国家以后，国家财政收入的中心嬗变为对私有财产进行公权力介入的税收。国家不直接拥有财产，也不直接从事营利性经营活动。因此，从某种意义上而言，税收国家可以说是无产国家。"② 那么，鉴定税收国家的标准是什么呢？根据理论界一般标准，"税收收入占国家财政收入过半的国家即可称之为税收国家。"③ 税收国家的存在以私人经济的存在为前提，正如熊彼特所指出的那样："税收国家的形成有赖于私人经济的独立自主，如果私人经济的这种特性不再受到尊重，那么税收国家也就丧失了存在意义，最后就只有崩溃。"④ 总的来说，税收国家存在的是经济基础市场经济与公共财政，而税收国家的政治基础则是现代民主政治与法治国家。在税收国家中，"政治的最终性作用在于按宪法的要求征收和使用租税"⑤。正如熊彼特所言："一旦税收成为事实，它就好像一柄把手，社会力量可以握住它，从而改变社会结构。"⑥ 从这里我们可以看出，法治的原则与理念是内嵌于税收国家的原则与理念之中的。如果没有法治，就谈不上真正意义上的税收国家。税收国家的形成实际上就是

---

① 周天勇：《未来改革的核心财税体制改革攻坚》，《中国经济时报》2007年9月20日第5版。

② ［日］北野弘久：《税法学原论》（第4版），陈刚、杨建广等译，中国检察出版社2001年版，第2页。

③ 同上。

④ 袁辉：《约瑟夫·阿洛伊斯·熊彼特：创新经济学之父》，人民邮电出版社2009年版，第71页。

⑤ 陈刚：《宪法化的税法学与纳税者基本权》，载［日］北野弘久《税法学原论》（第4版），陈刚、杨建广等译，中国检察出版社2001年版，"代译者序"，第10页。

⑥ Joseph A. Schurnpter, "The Crisis of the Tax State", in (ed.) *International Economic Papers*, New York：Macmillan, 1958, pp. 17–19.

以合宪、合法税收的存在为根本前提的。也就是说，在税收国家里，税收并不只是名义上的税收，税收的收取必须合宪、合法，即税收的收取必须以符合正义理念的宪法为依据，而且必须在法律秩序统治之下执行。而这一切是以法治国家的存在为前提的。熊彼特认为，"财政体制与现代国家制度有着密不可分的联系，以至于可以把现代国家直接称为税收国家"①。我们可以这样说："税收国家是现代市场经济国家的典型特征，因为国家的财政收入只有建立在税收的基础上，才能具有权威性和可预期性，同时也会尽可能地减少对公民财产权利的侵害。"②

1978 年以前，中国实际上是一个典型的"自产国家"。改革开放30 多年来，我国社会已经发生了深刻的变化，如果"从财政国家的角度来看，中国早就进入了税收国家的行列"③。随着改革开放的逐步深入，我国在建设税收国家的道路上确实取得了不少的成绩，但同时也面临着不少问题。按照王绍光、马骏的说法，中国现在还不是真正意义上的税收国家，只能算是一个半税收国家。而自 20 世纪 90 年代以来，我国对财政体制又进行了一系列的改革，对促进我国社会、经济的发展以及现代税收国家建设起到了一定的积极作用，但从税收国家的角度来看，我国现行的财政体制仍然存在一些问题。这主要表现在以下几个方面：

第一，我国对公共财政的主体概念的理解在理论与事实上存在很大的差异。我国宪法第二条明确规定："中华人民共和国的一切权力属于人民。"但在实践中，在谈论到公共财政的主体时，通常只说国家是财政的主体，政府是财政的主体，主要关注的是怎样在政府之间对财权进行划分，而对人民的主体地位则基本上忽视了。而在实际操作中，通常是由行政事业单位的一号人物以及分管财政资金的领导掌

---

① See Joseph Schumperte, "The Crisis of the Tax State", in Joseph A · Schumpeter ed. , *The Economics and Sociology of Capitalism*, Princeton：Princeton University Press, 1991, p. 139.

② 徐阳光：《预算国家：财政法治的理想——源自美国的经验与启示》，《环球法律评论》2009 年第 3 期。

③ 刘剑文、熊伟：《税法基础理论》，北京大学出版社 2004 年版，第 83 页。

握着财政支配权，一些重大的公共工程项目、对外援助、预算外财政的具体筹集支出状况，通常是由主管部门甚至个别领导人拍脑袋决定的，实际公共财政支出，无论是预算内资金还是预算外资金，通常都是以领导是否签字、批准作为其开支的主要依据，无须人大审查，虽然建立了人民代表大会这样一个机构，但人大代表却不对财政支出进行审查，从根本上而言是违反了设置人大这一机构的本来意义。在这种财政权集中在少数人手中的管理体制面前，"一切权力属于人民"的规定就只是停留在理论上的概念，显得太过于苍白、空泛且缺乏实质性内容。由此，"在我国，纳税人范畴至今未能真正形成，这对于公共财政制度的影响是非常深刻的，它直接否定了社会公众对于政府收支活动的决定、规范、约束和监督的能力，直接否定了政府收支的公共性，也直接否定了政府预算制度的真正建立"①。

　　第二，由于我国对纳税人概念的理解至今仍然不是十分明晰，对纳税人应当享有哪些权利并没有作出说明，在现实生活中行政权力过多干预税收过程的现象非常突出，导致人民的税收负担过重。我国宪法并没有对"纳税人"这一概念做过任何解读，只在第56条即"公民的基本义务"一节中规定"公民有依照法律纳税的义务"，而规定纳税人应享有的立法与监督两项基本权利却只字不提。这样一来，人们就只能理解，纳税人就是必须承担纳税义务的人，至于他们应该享有何种权利就无从说起了。实际上，在西方国家，纳税人应当享有税收立法与监督两项基本权利是理所当然的，这也是西方国家税收的宪政原则的根本体现。而在我国，就税收观念而言，长期以来我国通行的做法就是将国家视为税收法律关系中单方面的权力主体，纳税人则是单方面的义务主体。而政府之所以征税就是为了取得财政收入并对经济进行调节，而对怎样对政府的税收行为加以规范以及怎样保障纳税人的权利则无须做出说明。税收机关通常的做法就是只要告知人们"纳税是为了支援国家建设"便可以自如收取税负。由此看来，在我国严重地存在着纳税人的权利不到位的问题，造成了实际操作过程中

---

　　①　张馨：《构建公共财政框架问题研究》，经济科学出版社2004年版，第83—87页。

行政权力过于频繁地干预税收过程，同时税务部门不应享有的裁量权也在不断扩大，导致税收过程中的随意性持续增强，纳税人利益不断地受到侵害，最后导致纳税人的税收负担不断加重。

从中国近些年来财政税收不断地扩张的情况来看，从1995年到2010年，在把通货膨胀的影响去掉的情况下，政府预算内财政税收在15年里翻了10倍，而城镇居民人均可支配收入除去通货膨胀只增长了2.2倍，农民收入只增长了1.7倍，造成了国富民穷的现象，同时也挤压了民营企业和民营经济的机会。在国家太富有之后，一方面给国家提供了与民争利的空间与机会，另一方面与我们现在所关心的民主法制以及对政府权力进行制约的愿望肯定是背道而驰的。这其实不难理解，如果政府非常有钱，政府的公权力在与民间社会的权利进行博弈的时候，肯定是会更容易胜出的，原因就在于政府太有钱了也就用不着有求于老百姓，通常都是老百姓有求于政府，政府通过转移支付和其他的项目给老百姓施舍一些好处，百姓也就找不到任何理由向公权力讨回自己的权利，这是非常不对称的地位。

第三，就税收立法权力而言，在我国税收立法过程中存在着"越权"的现象。其中的原因就在于我国宪法并没有规定税收立法的专有权属于人大。从理论上来看，"中华人民共和国的一切权力属于人民"，而且我国不同于西方国家的三权分立制度，人大相对于行政与司法机构来说拥有更大更高的权力，这可以说是彻底的议会中心主义，甚至比西方国家的三权分立制度要更为先进。实际上这也是我国理论界一直津津乐道的内容。就财政税收来说，人大代表人民当家理财，这本来是非常好的制度设计。可现实的问题在于，税收立法的专有权并不归代表人民的人大所拥有。这也就可以解读为，除了人大以外，其他机构一样也可以以各种形式变相立法，这样一来，"一切权力属于人民"就成为空谈。事实上，就目前的情况来看，我国80%以上的税收法律是由国务院根据人大授权颁布的，其形式也不尽相同，包括条例、暂行规定等行政法规，甚至还有一些由财政部、国家税务总局制定的实施细则等。然而，税收法律是与纳税人的切身利益密切相关的，却不是由代表全体纳税人的人民代表大会制定的，反倒是行政机关成了对税收要素进行规定的主体部门，这实际上违背了税收的宪政原则。

　　当前困扰着我国理论界的一个问题是，我国的人民代表大会究竟是一个什么性质的机构呢？真正代表的又是谁的利益呢？事实上，我国的人大代表可以代表官员，因为现职的以及退休的官员所占比例通常都占到50%以上；他们可以是不同行业的典范、知名人士、艺术家、歌唱家、体育健将，在这些方面他们确实是具有一定的代表性，但就中国的亿万纳税人而言，他们却没有代表的资格，原因就在于他们并不是由纳税人选出来的，由此代表纳税人的利益也就无从谈起。我们姑且可以称他们是"人民代表"，但不能说他们是纳税人的代表。我国的人民代表大会从来没有对税收以及财政事项进行细致入微的审查，事实上，这也根本无法做到。几十年来，我国政府提交给人大的财政报告的简略程度可以说是世界之最。此外，人大会议是在每年3月召开的，而这个时候政府财政预算已经早就开始执行了，半个多世纪以来，这种先斩后奏的审批方式就这样一直延续着。此外，由于我国税收的产生并不需要经过博弈，人民代表大会并不能发挥代表纳税人与当政者进行讨价还价的功能，由此，从公法上而言税收法定的原则也就几乎完全被忽略了。

　　第四，就我国目前实行的税收体制而言，还存在诸多问题。根据财政部公布的数字，2011年我国税收总收入为89720亿元，而财政收入达到了103740亿元；而到了2013年，全国公共财政收入更是高达129143亿元，其中税收收入为110497亿元。但实际上，如中金董事长李剑阁在2012年的"两会"中所说的那样：税收并不是越多越好。事实上，从2003年至今，我国财政税收的增长速度多数都明显高于GDP的增长速度，一些年份甚至要高出10—20个百分点。这在世界上是非常少见的。在我国，财政收入大约占GDP的20%，如果加上即将纳入预算的大量预算外收入，政府可支配收入占GDP的比重就更高。而且我国的税收管理也非常糟糕，国家税务总局原副局长许善达指出：中国税负是一个非常混乱的问题，中国仍有35%的收入未纳入预算管理。也就是说，中国约有35%的"灰色"政府收入。

同时，由于这些年来我国财政收入增长太快，政府非常有钱，有相当多的一部分钱根本没有纳入到预算约束之中，这就导致了腐败现象的频发。我们可以看到，这些年来，我国GDP是以个位数增长，财政收入以百分之十几的速度在增长，而税收却一直保持着每年30%左右的增长速度。已故的著名法学专家、中国政法大学教授蔡定剑先生曾对中法两国政府预算支出进行过比较。2009年我国财政收入大约是6万亿元，根据财政部门公开的数据，一般公共服务花费5000多亿元，其中政府自身消耗的资金就占到一般公共服务花费的35%—40%，而国际上一般的水平仅为15%。我国政府花钱过于大方，几乎没有受到什么限制，在国家财力增长的同时，老百姓却没有得到真正的实惠。我们可以从表3-1中看出事实上我国现行财政体制还存在不少的问题。

表3-1　　　　　　　　　　　中法预算支出比例对比

支出项目	2009年（亿元）	2010年（亿元）	百分比（42656亿元）	法国	
一、一般公共服务	1082.25	1014.95	2.44%	13.44%	全国政府用于自身的费用约占40%
二、国防	1082.25	5190.82	12.46%	3.58%	
三、公共安全	1287.45	1390.69	3.34%	2.59%	
四、教育	1981.39	2159.90	5.19%	11.48%	
五、社会保障和就业	3296.66	3582.25	8.60%	42.16%	
六、医疗卫生	1277.14	1389.18	3.33%	13.65%	
七、环境保护	1151.80	1412.88	3.39%	1.52%	
八、住房保障支出	979.32	992.58	2.38%	3.4%	
九、交通运输	2178.71	2119.19	5.09%		

资料来源：蔡定剑：《追问政府的钱袋子：公共预算改革与公众参与》，载刘小楠《追问政府的钱袋子：中国公共预算改革的理论与实践》，社会科学文献出版社2011年版，第5—6页。

通过比较我们可以看出，在西方国家的公共财政中，政府自身的支出通常是不会超过15%的，公共财政的支出主要是用在公共服务方面，特别是社会保障和就业，占了公共支出的很大比例。而在我国 4 万多亿元的财政支出中，用于社会保障和就业的仅占到 8.60%。

我们应该看到，当前中国的税网确实是极为发达的，征税能力还在不断地得到强化。税收网络触及我们生活中的每一角落。马骏指出：在中国其实是连乞丐都要缴税的。即便是在睡梦中，我们也挣脱不了沉重而隐蔽的税网。有人计算过：一个城市里普通的工薪阶层，一辈子要缴的税竟然达到 100 万元。有学者认为，由于我国的间接税占到了整个国家税收的 70% 左右，基本上所有的消费品所缴的税收实际上最后都转嫁到消费者的身上，这样就增加了中低收入者，尤其是低收入者的税负。并由此引发社会公众的"税负痛苦"感受。而我国的税负痛苦症结实际上就在于间接税比重过高。《福布斯》杂志推出的 2009 年全球税负痛苦指数排行榜，中国税负痛苦指数为 159，中国占据了亚太税负最痛苦地区榜首。而从全球范围来看，在公布的 65 个国家和地区中排列第二，仅次于法国，是排名全球第二的税负痛苦地。[①] 但与中国不同的是，法国税收收入中的很大一部分是用于社会保障与就业以及教育和医疗卫生等公共事业的建设上，而中国政府用于自身建设的费用却占到了 40% 左右。

沉重的税收影响到人们生活，也给实体经济的发展造成了沉重的负担。企业界对下调税收税率的呼声很高。政协委员、联想集团董事局主席杨元庆在 2012 年全国政协分组讨论会上指出，高增值税导致国内商品贵。联想在中国的毛利率大概是 15%，但中国增值税就有 17%。而在 2012 网易经济学家年会上，中共中央党校国际战略研究所副所长周天勇表示，企业税费负担过重，不偷税漏税的话 90% 的企业可能会倒闭。周天勇进一步指出："财税体制不改，中国难成公平正义国家。"[②]

而当前我国的现实情况是，从 2004 年开始，虽然我国一直在提"结构性减税"，但财政收入非但没有减少，甚至连减缓增长也没有，

① 凤凰网财经（http://finance.ifeng.com/news/hgjj/20090402/504599.shtml），2009 年 4 月 2 日

② 周天勇：《不偷税漏税九成企业或倒闭》，《新京报》2011 年 12 月 21 日第 5 版。

每年增长速度都比 GDP 快十多个百分点。难怪地产大亨任志强在微博上抱怨："加税的行动总是很快，减税的事总是能拖一天算一天。"而德圣基金研究中心总经理、首席分析师江赛春在微博中响应说："加税总有理由，减税慢总有理由。"而在 2012 年 3 月 5 日，全国政协委员张国俊在全国政协分组讨论上非常形象地描绘说："我们在加税时速度如刘翔；在减税时，速度似蜗牛。"

另外，我国自 1994 年以来实行的分税制同样也遭到了不少的批评。自分税制实行以来，中央把大部分财政权收上去了，却把事权仍旧留给地方。这样一来，地方财政收入减少了很多；要做的事却一点也没减少，甚至还更多。这就导致了基层财政日益困顿。于是很多地方政府就搞起了土地财政或以各种名目搞创收。在 2012 年"两会"上，全国人大代表、广东省地税局局长王南健对现行的"分税制"提出了批评，他指出，在每 100 元的 GDP 中，中央拿走了 55 元，这是没有道理的。中央拿走的份额很高。中央很有钱，但用的效果往往不好，地方所得份额很低，要完成的政治任务一件也没见得少，由此要承担的财政支出远远超出地方财政的承受能力，地方政府苦不堪言，为了完成繁多的政治任务，地方政府只能通过土地财政或乱收费的方式解决问题，或者通过加税的方式解决燃眉之急，由此实行分税制"结果就是'逼良为娼'"，就其实质而言"这是逼着地方干坏事"[1]。李炜光教授也说：分税制强化了"唯上体制"。实行分税制改革以后，地方政府财政收入大幅度减少，由原来的 75% 降到了 40% 左右，同时还有那么多的政治任务要完成。中央政府在财权上收、事权下放、地方财政入不敷出的情况下，只得巧立名目去搞乱收费。由此，分税制改革形成了这样一种现象，中央政府的财政越来越雄厚，就是年底突击也还花不完，而地方政府，尤其是县乡基层政府，亟须花钱来提高国民福利等，却无钱可花。除此之外，分税制也进一步强化了自古以来就已存在的"唯上体制"，与市场经济所倡导权力分散的体制背

---

① 刘正旭：《分税制结果就是"逼良为娼"》，南方网，2012 年 3 月 3 日。

道而驰，就其实质而言这是一种体制上的回归。①。

经过 30 多年改革开放的实践，我国的税收国家建设取得了一定的成就，初步奠定了税收国家的基本格局，并在总体发展蓝图中勾画出了建设税收国家的整体框架与基本目标。税收占财政收入的比重是表明税收占财政收入中地位的指标。在计划经济时代，我国税收占财政收入一直处于较低的水平，国家财政支出主要依赖于全民所有制企业及集团所有制企业所创造的利润，就财政国家类型而言属于典型的"自产国家"。事实上，1952—1980 年中国的税收占财政收入的比重一直维持在 40%—50% 的水平。改革开放以后，尤其是自 1984 年以来，税收占国家财政收入的比重突然大幅度增加，其直接原因固然在于"利改税"政策的实施，而就其理论根源而言则是承认社会主义全民所有制企业是独立的商品生产者和经营者的地位，税收在包括全民所有制企业的国家财政经济活动主体中的存在不仅是必要，而且必须要逐步得到强化。根据财政部提供的数字，税收在财政收入中所占的比重一直都比较高，自 1993 年以来，我国历年税收占到整个国家财政收入的比重都在 90% 以上。按照日本学者北野弘久的观点，当一个国家的收入收入占整个国家财政收入的比重超过 50% 时，这个国家就可以被看成是税收国家，然而，税收收入占财政收入的比重超过一半只能是这个国家成为税收国家的必要条件而非充分条件，在我国学者王绍光、马骏等看来，由于相关的法律制度还不够完善，对纳税人的权利保护还很不够等方面的原因，目前我国最多只能算是一个半税收国家。总的来说，中国正在逐步向"税收国家"转型，但中国要成为名副其实的"税收国家"，不仅要对税法实行技术性改造，更为重要的是要实行税收立宪。作为全国人民的代议机构，全国人大必须要切实行使税收立法方面的权力，同时还要对政府的征税权力进行有效的控制，并对其进行监督。只有做到这一步，中国才有可能成为真正意义上的现代"税收国家"。

二　从税收国家到预算国家

按照王绍光、马骏的说法，所谓的税收国家就是得以维持下去的

---

① 李炜光：《将财税作为中国改革切入口》，新京报（电子版），http://epaper. bjnews. com. cn/html/2010－10/23/content_ 160216. htm？div =－1。

经济来源就是政府向国内的企业和公民征收的赋税，而预算国家与税收国家不同之处在于，预算国家是依靠公开、受监督的计划对政府的财政收支行为进行控制。事实上，"公共预算本身就是内在于公共财政框架中的治理机制……公共预算将公共政策的运作和公共资源的配置融入正式的政治程序中"①。自 19 世纪以来，现代公共预算就已成为现代国家治理的基本制度。一个国家的预算能力以及这个国家现代公共预算的成熟程度在很大程度上就决定了这个国家的治理水平。实施公共预算改革的目的就是要使国家筹集、分配与使用财政资源的方式等方面发生改变，从而使国家治理机制随之也发生变化。这一切也就是对国家的治理制度与政治文化进行重塑。从表面上来看，公共预算是公共权力机构的一项经济活动和功能，实际上它却是国家治理的核心和公共管理的关键环节，是国家政治生活中无法回避的重要政策议程。而且，"预算改革也是一种政治改革，通过预算改革也可以提高国家的治理能力"②。也就是说，在实现国家治理过程中，国家要履行各种不同的职能，就必定需要一定财政支撑。国家，是以个体成员的共同利益为基础，并且要反映这种共同利益的契约性组织。国家及其公共部门形成了一个多方面社会经济秩序的整体。马斯格雷夫先生就此鲜明地指出，"那种认为只要达到了帕累托最优状态（只追求效率）就万事大吉的财政学观点，忽略了这些社会共存的必要部分，从规范和实证两方面看都是失败的"③。不考虑社会正义观，我们无法给"好的社会"下定义，民主社会也无法运作。国家，作为个人合作性组织，必须反映他们的利益和它们所关心的问题。因此，公共物品的有效供给需要政治制度和制定政策的集体程序来解决。而在现代市场经济里，为保持社会的繁荣与和谐，保持社会的效率与公平，一个竞争的市场和一个强大的公共部门都是必需的，二者缺一不可，这样才能造就一个"好的社会"。尽管如此，需要说明的是，从人类历史发展的长河来看，市场是资源配置的有

---

① 凌岚：《公共财政：治理机制与治理结构》，经济科学出版社 2011 年版，第 121 页。
② 马骏：《中国公共预算改革：理性化与民主化》，中央编译出版社 2005 年版，第 82 页。
③ ［美］詹姆斯·M. 布坎南、理查德·A. 马斯格雷夫：《公共财政与公共选择：两种截然不同的国家观》，类承曜译，中国财经出版社 2000 年版，第 117 页。

效机制，因而是主要的手段；政府和公共部门作为"看得见的手"，在资源配置和社会公正意义上达到最优，同样有其独特作用。

1999 年，我国启动了一场意义深远的预算改革，其目标就是要建立现代公共预算制度。这一改革如果成功，它将会在很大程度上重构中国的国家治理模式，从而改进国家的治理能力。在预算改革与政治改革的关系上，威尔达夫斯基指出，"预算改革是具有政治含义的"①。通过对国家财政资源进行配置，公共预算可以在很大程度上保障和限制国家权力，从而促进宪政目标。在财政收入水平已经确定的情况下，如果一个国家能以较高的效率对财政资源进行分配，并在使用资金的过程中杜绝种种贪腐行为，那么，这个国家的治理能力将会得到极大提高。也就是说，如果一个国家取钱、分钱和用钱的方式发生了改变，那么，这个国家的做事方式也将会在相当大的程度上发生改变，由此，这个国家的治理制度也就发生了改变。也就是说，公共预算改革可以在很大程度上使国家治理方式发生改变、转型。就这个角度而言，财政制度的改革也是国家治理制度的转型，财政管理的理性化带来了整个政府管理及国家治理的理性化。

中国在 1999 年开始了新一轮预算改革，以此为起点，中国在建设现代预算国家的道路上越走越远。建设"预算国家"是现代国家治理的目标与方向。相对而言，在"税收国家"里，国家的治理主要表现在对纳税人的管理与监督方面，而在"预算国家"里则就情况不同，公共治理的重点与主要内容就是对预算活动的管理与监督②。此外，"预算国家"必须要以严格的预算编制与预算执行为基础的，在预算国家里，一方面，国家财政的收支管理从根本上得到了重构；另一方面，国家的治理模式也从整体上得到了重塑。简言之，"预算国家"是通过预算的形式对政府公共收支活动进行规范与监督，进而实现对政府活动范围、内容与程序进行监督的一种国家治理模式。如威

---

① Aaron Wildavsky, "The Political Implications of Budgetary Reform", *Public Administration Review*, No. 21, 1961, pp. 183 – 190.

② 王鸿貌：《从税收国家到预算国家的理论发展与制度转型》，《法治论坛》2008 年第 3 期。

尔达夫斯基所言：“没有纯粹技术性的预算改革，预算改革都具有政治含义。”① 另有学者也说，“预算决定与其说涉及市场作用，不如说是一种政治进程”②。“就其性质而言，预算编制是一种政治过程、一种解决推动的手段……预算也是一种政治声明。”③

　　建设现代“预算国家”是我国国家治理的主题，从“税收国家”到“预算国家”是现代国家成长理路，这一过程一方面集中体现了现代国家理财发生了改变，另一方面也表明国家治理重心发生了转移。自 1999 年以来，中国在建设预算国家的道路上已取得了一些成绩，但仍然面临着许多挑战。中国的预算改革才进行了十几年时间。而“‘预算国家’的定位，清晰地描述了今后财政改革的重点和方向，为缩小我国财政管理与发达国家之间的差距找到了突破口。而且由于任何预算改革都具有政治含义，通过建立预算国家，可以让我国成功地实现国家治理转型”④。而“从财政国家的视角来看，现代公共预算制度的确立与现代国家构建是一个相互促进的过程。公共预算促进现代国家的发育和成长，同样，现代国家也需要现代公共预算制度”⑤。因此，中国需要不断地检讨制度方面的缺失，加强制度建设——尤其是公共预算制度方面的建设。

　　而在国家治理的过程中，公共预算必须要在程序上依照公共选择原理进行。由此，“当前中国的公共预算改革，应注重推进预算决策过程中的民主，尤其是要发挥人民代表大会在公共预算决策过程中对政府机关的控制功能”⑥。只有这样，中国才有望建设好真正现代意义

---

① Aaron Wildavsky，“The Political Implications of Budgetary Reform”，*Public Administration Review*，No. 21，1961，p. 21.

② ［美］理查德·A. 马斯格雷夫、佩吉·B. 马斯格雷夫：《财政理论与实践》（第五版），邓子基、邓力平译校，中国财政经济出版社 2003 年版，第 92 页。

③ ［英］戴维·米勒、韦农·波格丹诺：《布莱克维尔政治学百科全书》，邓正来译，中国政法大学出版社 1992 年版，第 75 页。

④ 王绍光、马骏：《走向“预算国家”——财政转型与国家建设》，载马骏、谭君久、王浦劬《走向“预算国家”：治理、民主和改革》，中央编译出版社 2011 年版，第3—38页。

⑤ 蒋永甫：《现代国家构建中的公共预算——一种财政国家的视角》，《湖北行政学院学报》2010 年第 6 期。

⑥ 高静：《多中心体制下的公共预算决策及预算民主》，《学海》2010 年第 5 期。

上的预算国家，从而顺利地实现国家治理的顺利转型。总而言之，只有通过公共预算改革，建设现代意义上的预算国家，才能最终实现国家治理的理性化与民主化这一理想。换句话说，推行公共预算改革是国家治理的理性化与民主化这一理想得以实现的必由之路。

第四章　公共预算改革：外国的经验

第一节　国外公共预算改革的主要内容

一　国外公共预算改革的理念与预算制度的变迁

公共预算改革是当今世界公共管理领域最热门的话题之一。缘于政府组织对改革本身的良好理解，主要在 OECD（经济合作与发展组织）成员国中进行的预算改革比早期改革取得了更为明显的成效。与早期采纳规划预算时的情形不同的是：在近期的预算改革中，作为一种控制机制的产出控制已经代替了投入控制，信息技术的发展也降低了改革的成本。OECD 国家公共预算改革的核心理念和重点如表 4 - 1 所示。

表 4 - 1　　　　OECD 国家公共预算改革的核心理念和重点

预算改革的核心理念	预算改革的重点
促进良好的公共治理	为确保财政责任和政策承诺的可信度创造制度条件
提高财政透明度	转向多年度预算
重新分配预算资金	采纳新型的自上而下的预算程序
未来导向性	放松投入控制
中心从投入转向结果	建立基于结果的受托责任体制
需要有应计制政府会计	实施应计制会计和应计制预算

而就西方国家预算制度而言，西方国家的公共预算制度是在民主

政治制度与市场经济体制中孕育、产生和发展起来的，凝结了西方国家数百年来市场经济与公共财政制度发展的智慧与经验。因此，我们可以这样说，这些国家公共预算的管理方式与运行机制是我国公共预算制度改革的一面镜子。具体而言，西方发达国家预算管理改革的历史可以追溯到 19 世纪前期，当时预算改革的主要目的是加强其功能，使预算在社会经济生活中发挥更大的作用，由此催生的英国模式侧重于加强中央政府的预算监控力量，而美国模式侧重于加强立法机关的预算监控力量。而在 20 世纪 20 年代，两国模式出现了新的问题。英国模式的问题在于中央对预算执行实施了过多的干预，支出机构的管理权限过小；美国模式的问题在于立法机关主导预算制定，难以完成预算的任务。因此，在整个 20 世纪 40 年代，英国加强了支出机构管理自主性的改革，而美国加强了对行政部门在预算决策中的作用的改革。由于美国是当今世界上经济实力最为强大的国家，美国政府政策的变动在对本国经济、政治产生深刻影响的同时，也对世界其他国家的经济思想以及经济发展有着深远的影响。公共预算改革在美国政府改革中具有深远的影响，占据着不同一般的地位，不但持续时间长，而且参与其中的人数众多，既有经济学家也有政治家以及行政官员，甚至还有广大民众。从这个角度而言，美国堪称当今世界上运用公共预算以推动政府改革的典范。通常来看，美国的预算改革主要是围绕着怎样提高预算资金的使用效率以及怎样才能有效地克服政府施政过程中存在的官僚主义行为这两个方面进行的。如果从制度变迁的角度来看美国的预算改革，我们可以把它大致划分为两个阶段（见表 4 - 2）。

表 4 - 2　　　　　　　　　美国的公共预算制度变迁

| 预算方法论改革阶段（20 世纪 20 年代至 80 年代） | 分项排列预算 | 1921 年 | 通过《公共预算暨会计法》（The Budget and Accounting Act of 1921），财政部成立公共预算局（The Bureau of the Budget），并在国会成立会计总署（The General Accounting Office） |
| | | 1939 年 | 通过《重组法》（The Reorganization Act），公共预算局与财政部转移到白宫，由总统委员会管辖 |

续表

预算方法论改革阶段（20世纪20年代至80年代）	绩效预算	1950年	胡佛委员会通过《会计和公共预算程序法》（The Budgeting and Accounting Procedures Act），提出绩效预算（Performance Budgeting）的概念
	规划—项目公共预算	1961年	国防部创立"规划—项目公共预算制度"（Planning Programming Budgeting System），并开始编制这一公共预算
		1965年	总统约翰逊命令全部联邦机构施行"规划—项目公共预算制度"
		1970年	授予公共预算局以更多管理责任，并更名为"公共预算与管理局"（The Office of Management and Budget）
	管理（企业化）公共预算	1971年	尼克松总统宣布正式停用"规划—项目公共预算制度"
		1974年	国会通过《国会公共预算暨截留控制法》（Congressional Budget and Impoundment Control Act），确定了公共预算程序和时间表，并成立了国会公共预算局（The Congressional Budget Office）
	零基预算	1977年	卡特政府要求在所有联邦机构中实施零基预算（The Zero - Based Budgeting）
预算制度改革阶段（20世纪80年代以后）	自上而下控制赤字公共预算	1981年	里根政府宣布取消零基预算
		1985年	国会通过《平衡公共预算和紧急赤字控制法》，即《格兰姆法》（Gramm - Rudman - Hollings Act），试图通过国会的跨部门删减，实行自上而下的控制，来寻求联邦公共预算的平衡
		1986年	最高法院判定，《格兰姆法》中的几项条款失效
	效果导向公共预算，在编制公共预算时应附有明细分项排列支出	1990年	以《公共预算强制法》（The Budget Enforcement Act）取代《格兰姆法》，通过确保新税收或减少支出，来达到公共预算平衡
		1990年	通过节约支出和规避贷款丑闻的《信用改革法》（The Credit Reform Act），严格了联邦政府借款制度和对贷款的担保
		1990年	通过《首席财政官员法》（The Chief Financial Office Act），要求联邦政府各机构设立首席财政官员的职位，来监管机关的财务

续表

预算制度改革阶段（20世纪 80 年代以后）	效果导向公共预算，在编制公共预算时应附有明细分项排列支出	1993 年	通过《政府绩效成果法》（The Government Performance Results Act），要求机关以达到的成果或者产出为基础来编制公共预算，使其公共预算要求合理化。建立国家绩效评鉴制度（NPR），实施效果导向公共预算（The Target—Based Budgeting）
		1996 年	国会通过单项否决法（Line—Item Veto Act），赋予总统对公共预算部分项目的撤销权，以降低财政赤字
		1997 年	再次通过《平衡公共预算法》（The Balanced Budget Act），设定 2002 年达到公共预算平衡的目标

资料来源：Hafritz & Russel，1997：515. 参见林钟沂《行政学》，（台湾）三民书局 2001 年版，第 166 页。

　　第一阶段是从 20 世纪 20 年代到 80 年代，这一阶段就是人们通常而言的预算方法论改革阶段。由于经济发展持续高涨，加上凯恩斯主义财政赤字政策，财政处于扩张阶段。当时人们普遍认为，预算过程中出现的问题主要是由于编制方法不科学而造成的，因此只要找到合理的方法，就可以解决财政支出过程中出现的问题。这一时期的改革主要经历了几个不同的阶段。基本上每一届政府都会提出一套不同于以往的公共预算方法，但事实上只是后来的预算方法覆盖以前的，实际上每次改革所取得的效果往往都不尽如人意。事实也确实表明，虽然在个别资金的使用上有其合理性，但就总体支出而言还是存在一定的不理性。此外，虽然从方法论的角度来看解决了具体资金的编制问题，但仍然无法解决政府运行过程中的效率低下问题。

　　第二阶段是 20 世纪 80 年代以后的改革，这一阶段也被称为预算制度改革阶段。在这一阶段，持续的经济滞胀使美国经济陷入近十年的低增长时期，人们开始对凯恩斯主义产生怀疑，赤字财政政策由此走到了尽头。政府必须要适应财政收入的缓慢增长，就不得不采取紧缩性的公共预算政策。既要控制赤字，又要使庞大的国家机器能够继续正常运转下去，除了提高支出效益以外没有其他的可选方案，即寻求在既定的总量控制之下的合理公共预算分配方案。基于此，人们不得不重新重视绩效预算，方法论则退居其次。这一阶段的重点由方法论改革转变为制度改革。在第二阶段，有两个方面值得注意：首先是渐进主义的政治改革理论大行其道，即将政府公共预算改革看成是一个具有明确目标的渐进的过程，由此较好地解决了改革目标与策略的关系问题；其次是分别在 1990 年通过了《公共预算强制法》、1993年制定了《政府绩效成果法》，随后又建立了国家绩效评鉴制度，所有这一切在明确作为公共预算改革方向的同时，也为公共预算改革提供了切实的法律保障，而且所有这一切都是前所未有的。《公共预算强制法》的核心是"随收随付"与"回溯"条款。根据"随收随付"条款，国会或政府如果要追加预算支出，必须要以存在新的可靠收入来源为基本前提，除此以外就是在指定的现行经费项目上做文章，即对其进行削减。而"回溯"条款则是指对于政府当年发生的财政赤字，在第二年内必须扣回。《政府绩效成果法》也就是要求政府服务必须贯穿为"顾客"服务的理念。也就是说，部门在编制预算的时候应当考虑可能会达到的效果或者最后的实际产出。除此之外，部门在提交公共预算方案的同时，还要提交一套与其业务相关联，而且是可以对其进行考核的绩效指标。由此可以看出，美国的公共预算改革从此进入了一个以结果导向为特征的预算制度改革阶段。结果导向预算改革的不同以往之处在于，通过对实际的绩效监督，对官员和公务员的考核与评价标准由过去的法律与行政标准，转变为以服务质量占主要部分的业绩标准。所有这一切颠覆了传统的对官员和公务员评判标准，那些照章办事、但求无过的做法不再受到推崇；强调的是创新精神，能够为公众提供更多、更优质的公共服务。从这个角度而言，结果导向的公共预算改革不但节约了财政资金，同时还促进了政风的转变。

二　预算治理的国际经验：政府与民间的互动

美国是世界上经济实力最为强大的国家，也是西方世界中最大的民主国家。美国的公共预算改革实践已经持续了多年，无论在预算理论还是预算实践方面的成就都是最为突出的，美国的公民参与预算在发达国家中是非常具有代表性的。而德国作为欧洲大陆上融传统与现代为一体的一个发达资本主义国家，近些年来在公民预算参与即"网上预算对话"方面的实践走得较远。而巴西、印度都是世界上最大的发展中国家之一，巴西也是世界上最早实行参与式预算的国家。因此，在这里将这四个国家不同的预算改革实践形式列举出来无疑是具有一定的代表性的，这些国家成功的预算改革经验对于中国的预算改革实践而言也可资借鉴。

1. 美国的公民参与和"公民预算"

美国是西方世界中最大的民主国家，美国公民参与公共事务的历史由来已久。实际上，公民参与公共治理的传统是从美国建国时就开始的，公民参与的思想在美国开国元勋华盛顿、杰弗逊、汉密尔顿、麦迪逊、富兰克林等的著作中都有过明确的表述。19 世纪，法国著名的政治思想家托克维尔在对美国民主制度做过系统的考察之后，认为美国的民主可以追溯到一种乡镇自治制度。这就是在历史上比较有名的新英格兰乡镇自治。这种制度其实是在 17 世纪就开始发展了，后来又经过新教自治思想的洗礼，并逐步发展、壮大起来，它对美国的独立运动起到了一定的推动作用，在这一民主思想的影响下，民主参与公共事务的积极性得到了很大的提高。后来美国宪法规定美国采用联邦制的国家形式，实行中央与地方分权，也是在很大程度上受到了其影响。公民参与公共事务可以说是美国人的传统，美国民主信奉人民主权与平等自由思想，也可以说在一定程度上在这里体现了出来。

自 20 世纪以来，公民参与无论是在美国学术界还是政府机关都是一个热门话题，可以说是美国学界与政府关注的一个焦点，美国的公民参与主要与地方政府密切相关。在美国学者看来，公民参与是"自下而上"构建民主社会的基础，是民主政治的希望所在。只有通过公民参与，公民才具有影响政府行为的机会，而这也是保证政府政策合法性的前提条件之一。从本质上而言，公民参与就是处理政府与公民之间的关系。从政府一方而言，应如何对待公民，能否对不同阶层、不同种族，以及弱势群体、社会边缘化的人群一视同仁，倾听他们的呼声，向他们提供满意的公共产品与服务；对于公民一方来说，能否感受到来自政府的尊重与关怀，公民无高低贵贱之分，政府对来自各方的公民意见都应及时回应，公民要在政府决策中发挥作用，而不仅仅是充当"陪衬"。

当代公民参与的理论与实践已经超出了某个社区及某个规划项目的范围，在地方政府政策领域，公共预算是最重要的组成部分，它涉及广泛的公共利益，扩大公民参与最成熟或者说最适合的就是政府的预算过程。公民对于各级政府预算的参与，已经成为当代美国公共治理和公民参与的重要内容。"公民预算"这个词汇在我们听来好像有点陌生，然而，在美国，"公民预算"这一概念却是家喻户晓的。实际上，在国际预算项目对世界各国预算透明度进行调查的时候，通常都会要求把复杂的预算文件进行转化，也就是形成通俗化的"公民预算"的形式，并进而要求直接与人民进行对话。这一做法非常重要，事实上，人们通常都会将其作为衡量一个国家预算透明度程度的重要指标之一。

根据国际预算项目的界定，"公民预算"是指为了让全体公民中尽可能多的人能读得懂预算，而对预算文件进行通俗化处理后的预算概要。这种文件通过把信息处理得更易于理解，促进预算透明度和政府责任的落实。"公民预算"不应取代常规的、详细的政府预算文件，但可以作为正式预算文件的重要补充。公民预算可以采取多种形式，既可以由政府公布，也可以委托学术团体发布。其宗旨就是，尽量对复杂的预算文件做"去神秘化"的处理，使其更加贴近民众，让人民了解预算，从预算中尽可能多地掌握信息。实际上，"公民预算"就是政府"自上而下"地与人民沟通的工具。"公民预算"大致可采取以下四种形式。

第一种是直接对话型。它的主要特点就是简明扼要，开诚布公，诚恳地对公民提出的意见或要求做出回应。第二种是提纲挈领型。其特点是在宣传预算的小册子中，对政府预算的基本内容进行总结归纳，再分成不同的部分和项目予以公布，让市民在很短的时间里即可把握本年度的预算要点。第三种是普及提高型。"公民预算"也是政府重要的政策宣传工具，政府每一项改革举措几乎都涉及预算政策调

整以及制度创新，而每一项调整和创新就能通过"公民预算"及时传
递给人民，政府通常委托学术机构对新的预算政策、概念等做出阐
释，"公民预算"由此就变成了向人民普及预算知识的教材，这有助
于提高公民的财政经济知识素养，从而更有效地参与公共预算过程。
第四种是政策建议型。当经济运行面对临时困难或特殊问题，执政党
和在野党对解决这些问题产生意见分歧，政府政策处在十字路口之
时，"公民预算"正好可以发挥其应有的作用。

　　总的来说，美国的"公民预算"的形式是多样的，包括公众听证
会、公民调查、公民咨询委员会等多种形式，实际采取的形式完全是
根据实际需要而定的，当然，互联网技术的发展普及也为实行"公民
预算"提供了空前的便利。近些年来，也有更多的学术机构和专业人
士投身"公民预算"工作，而"公民预算"的编制也展现了一个共
同的特征，即图文并茂，通俗易懂，尽可能地把枯燥的概念和数据图
形化，让非专业的读者也一目了然。"公民预算"的范围以及广度、
深度也正在一步步地扩大。因此，"公民预算"为政府与人民之间进
行沟通搭建了一个平台，普通公民对政府预算行为的影响力也在进一
步地增大。诚然，"公民预算"固然在很大程度上拓展了美国社会不
同社区、不同种族对公共资源的分配能力，对消除社会不公和种族歧
视起到了极大的推动作用，然而，"公民预算"广泛实施离不开高度
发达的公民社会和强大的财政支撑，由此，"公民预算"对于像中国
这种公民社会不够完善、经济不够发达的国家而言不具有可复制性。

　　2. 德国的"网上预算对话"：行政部门主导下的优化决策模式

　　德国是欧洲大陆上融传统与现代诸元素于一体的国家。法国历史
上著名的政治家和红衣主教黎塞留曾说过："预算是一个国家的神经。
因此，它不应该受到人们过多的干预。"长期以来，多数德国政府官
员都秉持这样一种观念："公民参与预算是政府的对手而不是促成决
策的最佳信息源。"事实上，即便是民众本身也怀疑他们所提出的议
案是否真能影响到政府的决策。之所以会出现这种现象，其原因就在
于德国的文化传统中渗透着等级制的价值观念，德国人不但普遍赞成
个体认同于整体及制度，而且认为公众的参与应该被限制在一个合适

的范围内。不同于英美国家对个人自由和公民价值的推崇，德国根深蒂固的法制传统造成了德国人对司法和行政权威更高的尊重。研究还表明，长期以来，德国民众中存在着相当程度的政治超然，因此，德国社会更多地体现出"臣民文化"的特征，这一点与英美社会占主导地位的"公民文化"传统截然不同。在这样一种文化背景下，德国公民一般很少关心政府预算，他们认为预算编制过程很复杂，政治家和政府官员需要具备专业知识并通过努力地学习才能真正地读懂并理解它，而公民则没有必要了解这些复杂的事务。即使公民真的愿意投入精力去了解一二，他们的参与对预算过程也没有任何影响力。在此种背景之下，长期以来，德国民众缺乏从现实的财政实践中影响政府决策的经验。

然而，17世纪以来被长期分割的历史也给德国留下另一份遗产，即地方自治。19世纪，在启蒙主义思潮影响下，自由派改革者斯泰因于1808年草拟了《普鲁士市政宪章》，他满怀激情地宣传：通过市民的政治参与来释放并拥护公民精神。市政宪章以及它产生的影响也在德国"臣民文化"传统中植入了一定的"公民文化"基因。一旦遇到适宜的环境，"公民文化"的基因自然就会发酵。第二次世界大战后，民主制度在东西德同时得到发展，即使在被认为实行"专制"统治的东德也建立了良好的基层民主制度。例如，当时东德的居民生活委员会（管辖2000—2500个居民）可随时组织辖区内居民参与公共事务决策，如针对社区公共基础设施的修建举行票选等。两德统一后，德国各州纷纷通过了实行（有约束的）地方公决法案，公决的议题涵盖了除财政预算之外几乎所有的"地方事务"。公民还可以通过上街收集签名的办法来确定议会付诸表决的议题。

20世纪80—90年代以来的全球化浪潮特别是巴西的参与式预算经验，对德国"公民文化"基因起到了进一步的培育和催化作用。德国公民开始意识到政府预算的重要性，公民要求预算的编制能够满足他们的需求，政府要将预算的执行情况及预算取得的成果向公民反馈等。总之，公民参与开始触及预算这根政府的"敏感神经"。这种变化最先体现在政府建设规划法规上，《修建法》规定：只要有可能，公民有权知道计划的大体目标以及具体规划，也能够知道计划的不同解决实施方案。这被认为与当地的重新规划计划以及发展计划相关。公民应该得到表达和讨论各自观点的机会。居民的意见可以在一段有限的时间内提出而且需要政府对此高度重视并做出相应处理，而且意见的处理结果需要向公众公布。公民参与预算的另一项重大进展是社会报告制度的实施。这一制度允许每一位公民公开参与调查预算的工作，目前，在德国各地都能见到诸如青少年报告、健康报告、贫困报告以及财富报告等，这些报告不是仅对收入和支出做简单的数据描述，而是向社会传递预算执行结果的信息。2000 年以来，首先从威斯特法伦（Westfalen）等地开始，德国的一些州和城市也开始仿效巴西经验，实行了地方参与式预算，即基于互联网平台的"网上预算对话"。

电子信息技术的飞速发展，不仅给直接民主和公共参与的范围扩大提供了可能性，也给利用互联网实行参与式预算搭建了一个新平台。德国的埃斯林根市（Esslingen）于 2003 年率先进行了基于互联网平台的公民论坛、建筑许可审批程序以及参与式预算实验，2004 年该市的经验被载入欧盟电子政务 30 个最佳典范之列。埃斯林根是一座位于德国南部斯图加特（Stuttgart）东南方的小城市，居民约 90000人。最初，埃斯林根市在联邦政府的一项"Media@Komm"多媒体实施计划的招标中获胜，该计划以全面支持电子政务和电子民主活动为宗旨。为落实这一计划，埃斯林根市制定了利用信息和通信技术转变官僚作风，建立现代服务型政府的实施方案，2001 年开发设计了支持居民网上参政的标准化程序。但很快发现这套系统与其他公共论坛相似，并没有引起公众的特殊兴趣，于是，决策者把目光转向了市政预算，决意把巴西的参与式预算"移植"到德国的互联网上。

"网上预算对话"的程序启动于 2003 年 5 月。首先，是摸清与埃斯林根市政预算编制有关的各种情况。其次，详细分析并确定了向公众咨询的范围与主题。这一阶段工作的主要意图是了解利益相关者对于开展这项活动的意见，评估他们自身利益受到的影响。组织者用了3 周时间，遍访所有的利益相关者和市政代表，同时，向其他团体和公民个人发放了调查问卷。通过这种方式，所有相关者都可以表达自己对于此计划的观点。征询意见的结果是，政治家们认为，围绕"预算"这个复杂问题开展公共参与活动这未免太过冒险，另有人认为危险是来自滥用政治权力和院外游说活动，市政议会担心会丧失预算决策权等。尽管存在政治和管理上的种种顾虑，埃斯林根市的市长还是支持实施这项计划。市民们期待通过这项计划预算决策的透明度更高，专家们希望网上的讨论能激发新思想、新观点，如对平衡预算提出可行的建议等，以促成一个学习的过程，促进政府管理的创新。大家一致同意要建立一个透明、开放、公平和简化的虚拟"预算空间"。

　　"网上预算对话"共分两个阶段，第一阶段主要是上传信息，第二阶段主要是收集信息。第一阶段耗时四周，在埃斯林根市原市政厅召开大会，宣布项目启动。论坛最初讨论与主议题相关的几个分议题，包括关于市政预算的基本参数设定，如埃斯林根市的财政状况和市政交通费用等。在分议题的讨论中，涉及学校的整修、基础项目投资、节约市政预算的建议等。第一阶段的网上讨论共提出了 20 条建议，从社区志愿服务到夜晚关闭路灯以节省能源等建议，覆盖范围十分广泛。第一阶段的"网上预算对话"主要是以"公共预算论坛"的方式进行的。相对于其他形式的"网上预算对话"，"公共预算论坛"模式更能激发参与者的主动性和积极性，考虑到预算问题的复杂性以及公民对预算问题长期表现出的漠不关心，这种积极的参与是非常难能可贵的。当第一阶段的讨论结束后，即在网上公布结果，同时，通过电子邮件向参与者传送调查问卷，由他们给出反馈意见，以减少差错，增强论坛的可用性，并公布"网上预算对话"第二阶段讨论议题。第二阶段的"网上预算对话"主要讨论一些确定的议题。比如该市预算委员会的"节约措施"。与第一阶段类似，网上论坛以在市政厅召开大会拉开序幕，论坛讨论的主题是城市的增收节支项目，如能源、服务、收费和其他收入来源等。

　　两个阶段之间的间歇时间用来分析调查问卷，为了提高对网上参政活动的评估与仲裁能力，技术团队和学术机构还举办了一个网上研讨会，对埃斯林根市的"网上预算对话"项目作出评估，讨论其理论与实践价值。他们认为埃斯林根的实验实现了双重创新，不仅将互联网应用于公众参政，而且用来吸收局外公民参与讨论公共预算这个广大且复杂的问题。严守科学精神的德国学者并不肯定埃斯林根市的"网上预算对话"是一个成功的案例，他们对"网上预算对话"这一创新活动给出的评语是"高内部联系与低外部联系的网上参与计划"。所谓外部联系是指政治家、公民以及管理部门之间的联系，因为这种联系具有政治性质，不可能受短期内的技术手段支配。但从长期来看，技术进步肯定能促进一个现代化和可持续的科学决策过程。"网上预算对话"在促进内部联系方面的成功是不可否认的。但另一方面，一直到现在，德国的"网上预算对话"行政部门主导和控制的色彩非常浓重，"网上预算对话"更像是一个交流的公共空间，是使政府预算合法化的一种工具。诚然，运用互联网这种具有高度参与性和交流性的新型媒介，不仅能提高政府工作的效率，还能扩大公共参与，让公民更多地参与公共预算过程，优化公共预算决策，作为一个面向未来的公共治理创新举措，"网上预算对话"具有广阔的发展前景。

德国埃斯林根市的"网上预算对话"给我国提供了一个利用高科技手段实施参与式预算的经验。"网上预算对话"实际上是对未来科学技术高度发达时代政府预算过程的一种模拟，它是电子政务由低级形态向高级形态发展的远景目标。伴随科技进步和民主进程的推进，各国的电子政务一般要经过"信息发布""双向交流互动"以及"提供服务与资金交易"三个阶段。第一阶段的特点是政府单向地向公众发布信息，第二阶段的特征是公民参与其中，形成政府与公民之间的双向交流。在第三阶段中，政府与公民之间的双向互动不仅范围扩大、频率增加，而且不只限于简单事务的处理，还包括纳税申报、审批手续、交易支付等复杂活动。在各个阶段中，信息技术都对社会不同阶层、组织和文化等发挥着纵向与横向的整合作用。在电子政务发展的高级阶段，公民借助网络信息平台参与公共预算等政府决策过程，顺畅通达的电子访问将打破传统科层制度的樊篱，为建立一种新型的网络民主平道路。

德国埃斯林根市的经验在我国经济技术发达地区可以小范围地直接借鉴，之所以是小范围，因为必须考虑到我国现阶段"数字鸿沟"存在的现实。德国是一个经济发达的国家，其科技发展水平和一般公民的科技文化素质均高于我国。目前在我国的边远落后地区，电信基础设施仍然落后，多数人不掌握计算机技术，即使在发达地区和城市，掌握电子技术的大多数是青年人。这就把中国目前实行"网上预算对话"的可行性限定在一个比较小的范围内，虽然"网上预算对话"会增加年轻人参与的兴趣，但在扩大青年人参与的同时，不意味着把所有不懂计算计和上网技术的人排除在外。现阶段，在我国实行"网上预算对话"模式遭遇障碍，除基础设施、软硬件配套程序之外，还有政府部门及公务员的适应能力等。另外，也需要防范"黑客"攻击、数据被篡改，要确保网络系统的安全可靠等。由此，德国的"网上预算对话"改革在我国不宜在短时间内全面推行，比较可行的做法应该是选取一些比如经济技术开发区、高新技术产业园区等高素质人口聚居的区域先行试点，在总结出一些可行性的经验之后再逐步推广。

3. 巴西的参与式预算

参与式预算实际上就是民主的一种表现形式，指的是民众可以自愿地、直接地讨论公共预算普遍的民主过程。它也是一种特定的民主机制，在这一民主机制之下，民众能够决定部分或全部可支配资金或公共资源的最终去向。作为一种创新的民主决策过程，参与式预算也是参与式民主的一种具体的表现形式。即通过公民直接参与决策过程，讨论、决定公共预算和政策，从而确定资源分配、社会政策以及政府支出的优先性，同时民众还可以对公共支出进行监督。参与式预算的本来目的就是要将弱势群体吸纳到决策过程中来，一方面，通过公平地对公共资源进行分配，从而促进行政改革并对政府官员进行有效的监督。另一方面，促进积极公民权的发展，消除社会中存在的各种排斥现象，从而实现社会公正，并最终达到促进政府管理体制改革的目的。也就是说，"参与式预算是公民就公共资源的分配问题进行协商的决策过程……在提高行政绩效和政治民主方面发挥了重要作用。"① 总的来说，参与式预算实际上就是将直接民主与代议制民主有机地结合起来，是参与式民主的一种具体表现形式。

　　人们一般认为，巴西是施行参与式预算模式的鼻祖，时至今日现在依然被看成是参与式预算实践的典范。实际上，巴西参与式预算的出现有其特定的社会历史与经济背景，也就是在 20 世纪 80 年代，一方面出于解决日益严峻的财政危机的目的，另一方面也是为了改变社会普通民众在资源分配上处于弱势地位这一状况，实现城市资源的再分配，使更多资源向普通民众倾斜，上台执政的左翼政党——劳工党政府开始推行参与式预算。在一定程度上代表民众利益的劳工党试图让普通百姓参与到确定城市资源的优先性以及年度预算的分配这一过程中来，以此达到在对城市资源进行再分配的过程中弱势群体能够得到更多的资源这一目的。参与式预算于 1989 年在阿雷格里市开始推行。当时的做法是让普通市民直接参与到对城市财政预算管理与决策过程中。其核心目的就是要扩大公民参与，减少社会排斥，其本意是要帮助穷人和穷人集中的社区获得更多的公共投资。实际上，早在 1988 年阿雷格里市的大选中，当时处于崛起阶段的工党为了表明自己的执政理念和执政风格不同于其他政党，就提出了"民主参与"和"改变支出的优先顺序"的竞选承诺。其目的就是要改变长期以来公共资源分配权一直被上层社会所把持的状况，从而让穷人在资源分配过程中的不平等地位得到改变，通过推动社会资源的再分配，让资源分配更多地向穷人倾斜。事实上，就阿雷格里市的参与式预算实践来看，"参与"目标多是直指城市投资，公众代表常常会就交通、社会、教育等问题在各种形式的会议上展开激烈的交锋。改革持续到今天，取得的成绩是举世瞩目的，也对其他地区与国家产生了巨大的影响。可以说是世界民主实践历史上一大创举，实际上，巴西的参与式预算从财政政策的角度来看是一场重大变革，而从政治的角度上而言则是

---

　　① 王淑杰、孟金环：《巴西参与式预算经验借鉴及启示》，《地方财政研究》2011 年第 9 期。

具有重大"革命性"的实践。人们对其称谓不尽相同，有人说是
"预算民主"，也有人说是"直接民主"，还有人称其为"本地民
主"①。2004 年劳工党执政 15 年之后在阿雷格里市市长的竞选中落
败，但参与式预算这一制度创新已深入人心并充分融入了行政系统，
以至于无论是哪个政党在阿雷格里市执政都不敢贸然取消这项制度，
而最多只能缩小其使用范围。而从 1999 年开始，参与式预算又在巴
西其他地区得到了推广。截止到今天，巴西已有将近 300 个城市进行
了参与式预算改革。虽然各地具体实行的做法多少有些差异，但也是
大同小异。总的来说，一直到今天，阿雷格里市的参与式预算体制被
认为是最成熟、最成功的模式。自 2000 年以后，巴西以外的许多国
家和地区陆续引进了参与式预算。

就治理的角度而言，参与式预算实际上就是一种财政治理模式，
它是以参与式民主与政府善治作为其基本原则的。对于不同的国家与
地区来说，在实施参与式预算的过程中，应该将参与民主理念转化为
具体的措施，使之能够反映人们的需求以及不同地方的社会、文化背
景。就巴西"参与式预算"而言，其核心精神主要表现在公民直接参
与地方和社区财政资源的分配活动，并可以对财政资源的投向做出决
定。整个参与式预算运作过程可以分为三个阶段：首先是公民广泛参
与阶段，这主要表现在公众对政府上一个年度的财政实施情况作出评
估，并在此基础上对下一个年度财政预算计划以及投资方向提出建
议；其次是在公民提出了预算投资计划之后，社区不同群体的代表与
政府相关部门再对预算投资的优先顺序进行法律与技术方面的论证，
然后制定出一个预算草案；最后是包括公众、不同利益代表以及政府
部门等多方就预算内容以及投资方案进行协商并按照一定的法律予以
表决通过。在参与式预算实施的整个过程中，预算草案的制定是其中
的核心环节，而在整个预算过程中公民参与是贯穿始终的。当然，参
与式预算的实施必须要具备一定的条件，如行政首长及其他决策者推
进改革的政治意志必须要比较明确，要有成熟的公民社会组织，民众

---

① 张梅：《巴西的参与式预算与直接民主》，《国外理论动态》2005 年第 7 期。

与政府官员应具有一定的预算能力等。

　　整体而言，参与式预算主要包括两个循环，在第一个循环中要召开两轮地区级会议，第一轮会议一般在 3—6 月召开，具体事项包括发布预算信息、初步的政策讨论、确定代表人选等，城市相关部门要参与地区性会议，并把信息传达到施政办公室。第二轮地区级会议在6 月召开，此次城市有关部门以提供技术和行政指导为目的。大约在9 月通过市政大会确定预算优先项目的建议，批准预算规划的时间一般在 10 月或 11 月。至此，第一个循环过程结束。第二个循环主要是居民参与预算实施和监督的过程，它开始于第二年（或覆盖更多的年度）。在这个循环中，公民、地方政府以及专门的监督委员会不时地进行互动，从而达到相互制约、相互影响的目的。

　　巴西参与式预算的成功经验，引起世界各国的广泛关注与回应，并在一些发展中国家产生了非常深刻的影响。然而，必须要明确的是，不同国家在推进政府改革、创新预算管理机制过程中，必须要结合自身实际的基础上不断探索，总结出具有自身特色的参与制预算模式。事实上，不同的国家与地区由于历史、文化与体制等诸方面存在比较大的差异，公民文化和公民社会组织的特点也不尽相同，可依靠的资源丰富程度也不一样，同时管理预算的行政文化存在着极大的差异，因此，到目前为止，世界上还没有一个统一的参与式预算模式。就巴西而言，由于城市社会运动的不断发展以及劳工党的存在，参与式预算通常多在城市实施；在南美其他一些国家，参与式预算多数是在中小城市实施，其原因在于这些地区社会运动一直在蓬勃发展而且非政府组织具有相当大的活力；而欧洲的情况则就大不相同了，在实行参与式预算的过程中，考虑得更多的则是与公民参与相关的公共行政的现代化。

　　参与式预算是针对现代民主的缺陷提出来的，既是一个民主协商的过程也是一个资源分配的决策过程。参与式预算在促进了地方治理的同时，也是一个普通公众学习、参与民主的实践过程，更为重要的是它还促进了社会转型。在参与式预算实施的过程中，公众直接参与到预算过程中来，通过讨论可以对公共政策与预算作出决定。也就是说，"公民已经不再是传统政治体系的简单附属物，只是在偶尔的选举中进行偶尔的参与，而是成为公共领域中的永久的主动参与者"①。从操作层面上来看，巴西的参与式预算是一种属于财政预算或公共管理方面的技术问题，由此联合国授予阿雷格里市以"全球公共行政管理的典范"这一特殊的奖项。而从更深层次上看，巴西参与式预算其实就是民主政治发展的问题，只不过它是通过财政预算表现出来的，而不只是一个财政预算方面的问题。

与代议制民主不同的是，在实施参与式预算的过程中，公民通过直接参与，对预算进行决策与控制，而不是由代表间接地执行。然而，需要明确的是，尽管巴西参与式预算是针对现代民主的缺陷而提出来的，但参与式预算"并不排斥现代代议制民主的原则，而是要使之得到完善"②。在这种直接民主政治模式之下，全体公民以自由的和普遍的形式直接参与预算会议。无论是从形式上还是本质上来看，这与其他各种民众协商形式存在着很大差异。从巴西参与式预算的实践经验来看，以参与式预算为中心的直接民主有一个非常明显的长处在于，虽然从本质上而言，它是一种直接民主形式，但实际上它没有排斥代议制民主原则，实际上它是代议制民主的一种补充，并在实践中得到了不断的完善。事实上，通过选举而产生出来的议会仍然拥有宪法所赋予的一般权力，通过参与式预算产生出来的预算决策或预算草案还是要经过议会分析并对其进行表决。基于此，在推行参与式预算的过程中并不需要制定新的法律，只要那些通过代议制民主机制选出的代表们与其进行配合就足够了，事实上，代表们的政治意愿对参与式预算的成功实施所起到的作用还是非同一般的。不过，参与式预算还是有它自己的一定的规则的。这些规则主要包括对资源进行分配的标准以及如何制订计划等方面。这些规则是那些能够完全自治的社区制定的，而其前提条件就是这些社区与地方政府订立了某些特定的社

---

① 许峰：《巴西阿雷格里市参与式预算的基本原则》，《国外理论动态》2006 年第 6 期。

② 同上。

会契约。由此我们可以这样说："巴西参与式预算的成功是对西方
'民主'理念的超越……为探索一种新型治理模式开辟了新的空
间。"① 此外，从地方乃至国家治理实践的角度而言，巴西的参与式预
算有力地推动了地方治理的民主化进程，并对抑制和消除腐败产生了
积极的影响。同时，参与式预算使财政资源公平分配成为可能，并在
很大程度上改善了穷人的生活条件及贫困地区的社会环境。更为重要
的是，通过这种参与式预算这种直接民主的操练，培养并增强了公众
诸如协商、妥协、宽容的公共精神，并促进了政府与公众的双向管理
合作。巴西参与式预算的奇妙之处就在于为财政资源的分配和公共政
策的制定披上了民主的面纱，在这种模式之下，社会上不同的利益团
体，尤其是相对弱势的穷人，可借预算参与表达自身的利益诉求，由
此便形成了一种准谈判的机制，因其是公开进行的，公平、公正便有
可能成为现实，而这与时代的潮流与社会进步是相吻合的。总的来
说，巴西参与式预算既是财政政策上的重大变革，同时也是政治上具
有"革命性"的实践，是对西方"民主"理念的超越，为探索一种
新型治理模式开辟了新的空间，并在一定程度上推动了第三世界国家
的民主进程。

　　然而，巴西参与式预算也有一定的局限性。事实上，由于各国不
同的社会历史及政治经济条件，参与式预算都只能适合某一特定社会
历史条件下的特定地区，同时它不可能解决民主政治发展过程中的所
有问题。但客观地说，作为一种直接民主形式，它一方面可以实现更
广泛的政治包容，另一方面也可以促进更普遍的社会公正。需要明确
的是，参与式预算并不是一个已终结的模式，同样它也不是一种尽善
尽美的构想，而是必须要进行公开的讨论并不断对其运作机理进行验
证。事实上，无论是从国家内部还是外部来看，参与式预算实践在实
现社会关系民主化过程中都起到了不可替代的作用。通过巴西参与式
预算实践我们可以看出，如果能够实现普通民众直接决定的优先事项
与代议民主机制之间的有机结合，那么，就可以建立起一种真正有效

---

① 许峰：《巴西阿雷格里参与式预算的民主意蕴》，《当代世界》2010 年第 8 期。

的民主机制，从而可以确保人民选出的代表能真正代表多数人的利益。巴西"参与式预算"的特色体现在参与的广泛性、公开性、互动性和制度化几个方面。总的来说，巴西"参与式预算"是一种民主实践上的创新，它一方面使人们对政府财政活动与政府行为的监督得到了加强，另一方面它还促进了财政资源分配过程中的民主化、科学化，实现了社会公平，尤其重要的是它促进了地方与基层治理的民主化，由此对地方及基层社会经济的发展起到了推动作用。因此，巴西参与式预算无论是对于我国基层民主建设还是社会经济发展都具有一定的借鉴意义。

4. 印度的"预算跟踪"

印度是世界上四大文明古国之一，在过去半个世纪的发展进程中，印度和中国有着许多相似之处，同样的经济高速增长，同样被誉为 21 世纪中崛起的亚洲大国等。印度的发展道路不同于亚洲国家的传统模式，有其独到之处，如主要依赖国内市场、消费、服务业以及高科技产业。印度的公民社会组织也很活跃，不但是国家层级政策制定的重要参与者，而且是社会经济发展的主要动力。尽管印度社会隐藏着许多深层矛盾，如社会分配不公、贫富差距过大、公共部门效率低下，以致政府债台高筑阻碍了基础设施投资等，但公民社会组织的出色工作，在政府与社会、穷人与富人、不同种姓以及不同宗教信仰之间搭建了一座沟通的桥梁，在一定程度上弥合了社会矛盾，造就了一种和谐宽容的社会氛围，正是这种氛围促进了印度社会经济的平稳发展。

就印度的"预算跟踪"而言，它是预算与政府责任研究中心开展的一项中心工作。所谓"预算跟踪"有三层含义：一是对政府预算文件做"去神秘化"的处理，让非专业的一般民众也能读懂预算；二是从亲穷人的视角，对政府预算中关于社会事业发展、社会保障和福利等部分进行解析，特别要为既缺少发言权也无谈判能力的处于社会边缘的人群讲话；三是把政府预算转化为强化政府责任的一种工具，评估预算支出绩效，追踪政府承诺是否兑现，促进公民社会参与政府预算过程，提高政府执政效率与效能。预算与政府责任研究中心反复强调：他们所从事的"预算跟踪"工作并不受某些狭隘的意识形态及观点的支配；相反，他们的宗旨是在充斥着不同观点和理念的多元社会中建立起和谐沟通的对话机制。

然而，"预算跟踪"并不是专给政府预算"找碴儿""挑刺儿"，与之相反，它以宣传政府承诺的政策主张和目标。"预算跟踪"的特色在于它能够比较准确地确定哪些支出将会给穷人带来积极影响，哪些财政政策、财政原则是错误的，并通过各种媒体将之公布于众。在此基础上，将事实和数据提供给当地立法会，使其能够对支出的效用做出全面、客观的评估，而评估分析的结果必将会影响到来年预算的审批过程。印度政府在"十五"期间共提出十一项政策目标，这些目标主要针对民生主题，如开发扶贫、降低人口贫困比率、增加就业、普及全国义务教育、减少性别歧视、治理环境污染，以及计划生育等。公布政府对公众的承诺，同时也是向政府问责的开端。当这个"五年计划"结束的时候，预算与政府责任研究中心将逐一分析政府的承诺有没有兑现，哪些目标顺利实现，哪些目标仍须努力，是什么原因导致既定目标难以实现等。然后，通过大量的实证研究寻找原因，再向政府提出可行的政策建议，其目的就是要寻求公民参与预算过程的理性方式。公民参与体现着公共预算的民主精神。美国公共管理学者艾米特·雷德福指出，民主的存在依赖三个要素：第一，承认个人是人性价值的基本准绳，判断政治和社会制度理想与否的标准是看个人能否充分发挥潜能；第二，坚信人人生而平等，所有的人有权得到制度的关注，财富和地位的差异不是给予这个或那个群体过多好处的正当理由；第三，所有人参与决策过程能够最好地实现个人利益，参与不是一个有助于达到其他目标的手段性价值观，而是发展民主的实质所在。这位学者还提出了民主参与的几种理想的形式，如让公众公开讨论问题、直接或间接参与讨论决策、以教育、开放的政府、自由交流和公开讨论为基础的占有信息的权利等。公共预算是政府活动的重要组成部分，是公共决策的核心，它与人民的利益息息相关，吸收公民参与预算过程具有正当性和必要性，公民参与的意义不言自明。研究公民参与政府预算的重要学者卡洛尔·艾伯登认为，公民参与被认为是降低公民对于政府不信任程度以及教育公民了解政府活动的一种方式。它的目标是让公民在公共决策中扮演积极的角色，而不仅仅只是政府服务的消极"消费者"。而伯曼（Berman）等人的实证研究同时发现，"那些有着更多参与性的城市公民被发现对于地方政府会少一些愤世嫉俗的态度"。

然而，在公民参与预算过程的具体操作中毕竟面临一些现实问题。首先，公民参与的理性化程度较低。如前所述，不可否认有一部分公民是凭借着冲动与激情，以一种愤世嫉俗的情绪，甚至是超强的自我表现欲来参与公共事务的。其次，对于公共预算来说，大多数公民难以逾越的是"知识障碍"，因为预算过程历来是政治家和技术官僚的领地。再次，还有相当数量的公民通常是沉默和被动的，多数情况下只是"随大溜"而已。再从政府的角度分析，在一个人口众多的大国以及日程安排紧凑的预算过程中，要逐一听取每一位公民的意见，把他们的建议纳入预算决策的考虑，几乎是不可能的。因此，应当寻找一种高效率和理性的公民参与的方式，真正把公共预算过程转变为一种培育"公民精神"与"公民能力"的学校，通过向公民传授预算知识，使他们懂得如何有效地行使公民权利，参与公共治理，和谐地沟通合作、分享与共赢，从而更积极、更有效地促进公共利益。总之，必须寻找公民参与预算过程的高效率和理性的方式，使政府预算免受"噪声干扰"，尤其要避免把低效率的"原子化"民主带入预算决策过程。

接下来要面对的问题就是应该由谁来出面组织公民参与预算过程？对此，印度给出了与巴西完全不同的答案。巴西的参与式预算虽然在基层"遍地开花"，但却是"自上而下"组织的，以一种群众运动的方式展开；反之，印度的"预算追踪"却是"自下而上"推进的，由民间智库作为公民的代表，追踪检查预算支出的绩效，同时担当起传播公共预算知识，培养公民骨干，提高公民社会组织能力的使命。事实上"巴西模式"和"印度模式"的出现并非偶然，其与这两个国家各自的民族特性有一定联系。在盛行狂欢文化、素有"桑巴之乡""足球之乡"美誉的巴西，民众热情奔放，他们乐于选择以大规模的集体行动参与预算过程。而在印度，一方面宗教信仰、种姓制度等传统文化和保守理念依然存在，多数民众恭顺、驯服、被动；另一方面，印度的高等教育发达，学术氛围浓厚，印度学者既擅长逻辑思维也精于数理分析，这就为"预算追踪"等活动开展提供了人才。对比而言，"巴西模式"适用于基层或从总预算中分离出来的某些规划项目。它有可能出现的问题是"激情"过度而"理性"不足，预算参与者为争取本集团的利益，普遍存在"预算宽列"的动机或倾向，各方利益的反复交锋、反复博弈会增加"交易成本"，造成效率损失等。而"印度模式"适用的范围更广泛，在各个层次上都可以开展"预算追踪"，通过各种出版物普及预算知识，提高财政透明度，强化政府责任。但"印度模式"也有其弱点，它致命的"软肋"是：如果从事预算分析的民间"智库"不能坚持学术"中立"及道德规范，甚至被特殊利益集团所收买或操纵，就会出现数据失真、误导公众等问题，对公共预算过程造成困扰。因而，如前所述，公民社会组织也应该接受政府、公众和舆论的监督。

对于公民参与预算过程，政府并不是消极被动的。将公民吸收到政府预算过程中，可以实现两个主要目的：一是将政府的预算决策传递给公众；二是将社会公众纳入政府的决策制定过程之中。而参与政府预算的社会公众，在表达个体需求、实现自我利益的同时，其公民精神与公民能力也会得到很大的提高。我们必须要明确，公共预算与公民生活是密不可分的。如果没有公众的参与，公共预算改革无异于一场无人喝彩的"孤单芭蕾"。作为发展中国家，巴西政府和印度政府对公民参与的态度都是可取的。巴西政府积极组织和推动地方参与式预算，印度政府则直接向公民预算组织拨款，支持他们开展"预算跟踪"工作，体现了政府的开明与自信。这两个国家公民与政府在预算过程中的互动经验值得我国借鉴，我国也应结合本国的国情与民族文化特征，积极探讨中国公民广泛参与预算的理性与高效率的方式。

总的来说，不同国家的多元化的民主预算模式为中国进行财政体制改革提供了宝贵的经验：将预算民主作为政府公共管理的工具运用到公共决策中去，把参与式预算以及公民预算等作为公民政治参与的具体途径，逐步提高公民的公共精神，提高地方政府及自治组织的治理水平。当然，无论是作为发达国家代表的美国、德国，还是作为发展中国家的巴西、印度，公民参与预算都不可避免地带有一定的本国特征，受到本国诸多方面因素的影响，如特定的政治文化传统、经济发展程度、宗教信仰以及特定的民族性格等。由此，中国在引进国外预算民主实践经验时，必须要根据自身特定的政治、经济及文化条件的需要对其作出客观的判断与分析，只有这样才能在我国预算改革实践中更好地促进民主政治的发展。

第二节　西方国家预算制度的基本特点

西方国家的公共预算制度是在市场经济与现代民主制度不断发展的基础上形成的。就其运作机制而言，通常具有很强的法律性、公共性、运作公开、透明、决策机制科学民主等方面的特征。所有这一切都反映了现代公共预算制度形成、发展过程中的一般规律，也为我国当前正在实施的公共预算改革提供了借鉴，从某种意义上而言，西方国家公共预算制度可以说是当前我国预算制度改革的标杆与方向。西方国家的公共预算制度建立的基础是发达的市场经济与现代民主的政治制度。西方国家公共预算制度归结起来具有以下四个方面的特征。

首先，西方国家的公共预算制度是一种典型的以公权力运作为基本中心的预算制度。公权力在公共预算过程中的运作其实就是现代政治制度的本质所在。财政预算权究竟归属于哪一方，是财政预算制度安排首先必须要解决的问题。不论是我国还是西方国家，在封建社会时期，财政预算权力通常都是专职君主个人所有，社会公众只有提供公共资金的义务而并不享有任何的财政预算权力。在社会生产力不断向前发展的过程中，现代民主政治制度一步步地开始建立起来，与此同时，财政预算权也在逐步实现由专制君主个人向提供公共资金的社会公众的回归。就我国当前的情况而言，"一切权力属于人民""人民当家做主"的政治制度明确规定了财政权力由广大人民所享有。在西方国家，不仅从宪法条文上明确了财政预算权力属于社会公众，而且在真正落实公众的财政预算权这一方面探索出了一条非常有效的途径。在西方国家，预算权力的分配是通过特定的政治程序完成的，这样就确保了作为公权力财政预算权的有效实施。在代议民主政治制度之下，作为代表人民行使民主权力的议会，对政府理财权的控制通常都是强有力的。在西方国家，理财权也被称为"钱袋子权力"。只要掌握了"钱袋子权力"，就可以对政府行为进行切实有效的控制与规约。由此，重大的财政事项必须要交由议会审批，议会通常是由来自不同地区，代表着不同阶层利益的议员所组成。议员们通过辩论以及举行预算听证会等方式，将民众的利益诉求加以集中然后再做出某种决定。举例说，在西方国家，开征新的税种都必须要经过议员一致同意并审议通过，任何不经人民同意就征收赋税的行为是违背税收的宪政原则的。而就财政支出项目而言，如果议会认为有必要就应该召开预算听证会以听取民众的意见。总的来说，财政预算资源分配的程序公开、透明，允许公众参与并接受人民的监督，是作为公权力的财政预算权行使的一个重要表现。

其次，西方国家的公共预算制度是以市场的失灵为其存在的根本依据的。这是公共财政预算制度的经济本质。公共预算制度存在并发挥作用的制度基础就是市场经济。因此，发达国家实行的都是市场发挥资源配置基础性作用的经济制度。也就是说，资源配置和有效利用是以竞争要素和产品市场条件为根据的。由于信息不对称、外部性以及垄断等各方面因素的综合作用，市场机制本身也存在"失灵"现象。由此，在市场经济环境之下，公共部门通常都把公共预算制度看成是一种对市场失效进行矫正或采取补救措施的制度。自20世纪30年代大危机发生以来，大多数西方国家都把财政政策看作是宏观经济政策的一个重要手段。那个时候，财政政策目标主要考虑维持高就业率，但对通货膨胀和经济增长能力的关注也开始增加。到20世纪七八十年代，财政政策在经济增长中的作用已受到人们的普遍重视。一直到今天，大多数西方国家在进行财政政策设计的时候，都把维持或实现高就业率、促使物价水平保持稳定并保持一定程度的经济增长率、维持国际收支平衡，作为他们要考虑的主要目标。

再次，就预算制度的目的而言，西方国家的公共预算制度存在的主要目的是向社会提供优质的公共服务。也就是说，现代公共预算制度的重要责任就是为社会提供优质的公共服务。当前西方国家最为突出的制度特征就是实行市场经济，政府职责、功能有限以及实施公共财政制度。此外，政府和财政发挥作用的范围主要集中在满足社会需要的公共服务领域。体现在财政预算制度方面最为突出的特点就是，在财政支出范围方面必须要坚持"取之于民，用之于民"，这也是现代公共财政首要的价值取向，也就是向纳税人提供优质的公共服务。同时，财政活动还必须要维持国家机构运转，并为社会福利、卫生、教育、国防以及城市管理等方面提供资金。根据西方国家的经验我们可以看出，财政预算的公共服务取向通常是与市场经济体制的发展程度以及市场机制完善程度成正比的。

最后，就预算决策机制而言，西方国家的公共预算都实行科学民主的预算决策机制。西方国家比较巧妙地解决了预算管理过程中的决策机制问题，这也是西方国家预算制度进步性的最根本体现。实际上，预算决策机制问题就是一个公权力的决定权问题。作为一种特殊的公权力，财政预算权在决策过程中必须具备两个方面的基本要求。一方面，作为一种稀缺的公共资源，不管是在哪个国家，不管在哪一经济发展阶段以及哪种经济制度下，财政资金的使用效益问题都是财政预算管理必须要解决的首要问题。也就是说，必须科学地实施财政预算决策，只有这样才能做到高效益、高效率地分配、使用财政资金。另一方面，由于财政资金的终极所有权、最终收益权应当属于社会公众，财政预算决策必须要最大限度地体现公众意志并切实反映出公众的真实意愿，而要达到这一目标就必须实行参与、决策以及监督过程的民主化。基于科学、民主的决策目标，西方国家的公共预算制度在其发展过程中逐步形成了与这些国家政治制度相适应的决策机制。尽管我国与西方国家在政治制度方面存在较大的差异，然而这些国家科学、民主的决策机制非常值得我们借鉴。

第三节 西方国家公共预算改革对我国的启示

西方国家公共预算制度所具有的这些特征，并不意味着这是发达国家的制度所独有的；相反，这是人类社会政治、经济发展过程中所积累的宝贵经验与财富，原因就在于这些改革经验揭示了人类社会在走向民主政治制度和市场经济制度过程中公共预算制度的发展经验与必然规律。而就具体的管理方式、方法而论，这些经验和规律是具有鲜明的"超阶级""超意识形态"属性的，可以说是人类文明的共同成果。从这个角度来说，这些基本特征也可以说是我国公共预算制度改革的目标图景。通过对这些制度特征的认识，并借此对当前我国正在进行的公共预算改革进行深刻的反思，无疑会得出很多对我国公共预算制度改革的推进有益的启示，具体归结起来可以分为以下三个方面。

第一，在市场经济体制下推行的公共预算改革，必须朝着公共财政预算制度的方向推进，这是我国预算制度改革的首要任务。

西方国家的现代预算制度是在封建专制主义政治制度解体以及资本主义民主政治制度逐步形成的过程中产生的，同时，由于工业革命导致封建经济实现了向资本主义市场经济的转变，在这种特定的历史条件下，西方国家传统的预算制度主要沿着以下两个方向发展变化，一方面新兴资产阶级通过不断的斗争取得了对预算的控制权，这样就使得预算权实现了由封建君主所掌握的私权向由人民所掌握的公权力的转变；另一方面在政府职能不断发生转变以及政府活动的范围不断扩大的过程中，财政预算由以往纯粹的收支工具转变为提供公共服务为主，其主要作用也在于收入分配、资源配置、稳定经济等方面。而在预算制度向这两个方向不断推进的过程中，现代公共财政制度由此也得以建立。

就我国而言，新中国的成立和社会主义民主政治制度的建立，在政治上把财政权力交给人民，但在财政制度运行方式上由于实行计划经济之下的财政预算制度，这就使得公共财政预算制度长期以来一直无法构建起来。在回顾我国市场经济改革的历史进程的同时展望未来改革的目标，我国预算制度改革的正确定位应该是也必须是在公共财政预算制度的基本规律之上，建立符合中国国情的公共预算制度。市场经济改革为公共预算制度的改革提供了三个可能的条件：

首先，当前我国所推行的市场经济改革并不只是限于经济体制方面的改革，而是政治、经济、社会制度的全方位、根本性创新，尤其是政治制度的不断完善，为公共预算制度的改革提供了首要的基础。就其本质属性而言，财政是政治性的，当然，就其次要属性来说，它也具有一定的经济属性。有财则有政，无财即无政。财是政之基，政是财之本。换句话说，财政制度必须与政治制度相适应，抛开经济上的标准，衡量财政制度的优劣就必须以是否能很好地为政治制度服务为标准。我国历史上几次重大的改革，从春秋战国时期"商鞅变法"，到宋朝的"熙宁新政"（王安石变法），再到明朝张居正的"一条鞭法"改革，都是以财政制度作为改革的重要内容，由此我们可以看出，财政制度对政治制度的影响是非常巨大的。

公共财政的背后是民主财政。提供公共物品的财政行为、预算行为只能求助于政治途径与政治程序，以此来决定公共支出水平，同时通过与之相结合的法律裁决来确保民主政治解决办法的合法性和公益性，从而使个人的需求偏好得到显示和满足。从这个意义来讲，公共财政一定是民主财政。民主机制的首要含义在于显示个人偏好和对少数派的利益加以保护。只有在民主政治的前提之下，财政预算分配才有可能做到了解民情、集中民智、贯彻民意，从而做到财为民所用，利为民所谋。由于我们处在社会主义初级阶段，从政治层面来讲，民主政治制度的发展必然是一个渐进的过程。

其次，市场经济改革引发的是资源配置方式和政府职能转变的一场革命，现代公共预算制度的构建必须为资源配置和政府职能转变服务，这是公共财政预算制度改革的必要基础。我国市场经济改革核心问题是对计划经济的资源配置方式和政府职能进行根本性调整。市场经济改革对于公共预算制度提出了两个方向性的要求，一是对传统的财政收支结构按照公共财政预算的要求进行调整；二是按照公共财政要求健全财政预算职能和改进运行方式，这也是公共财政改革面临的两大任务。

最后，市场经济改革所引发的诸多矛盾相互交织，一些矛盾势必转化为财政压力，化解财政压力的根本出路在于对传统财政制度进行根本性改造。我国预算改革的根本出路在于改革传统的财政预算管理制度。改革的方向也就是要建立科学、民主、公开、透明的公共预算制度。

第二，公共预算改革必须朝着法治财政的目标努力，这是公共预算制度的灵魂。

通过分析西方国家公共预算制度的特点我们不难发现，法治属性是现代财政预算制度最为基本的属性，为其灵魂。没有法治，现代财政预算制度就没有存在和发展的基础。我国的公共预算制度改革，方向是建立公共财政预算制度，前提是要实现依法理财、加快法治化进程。否则，公共财政的目标将难以实现。

西方国家现代公共预算制度用法治实现了对个人理财权的根本制约，这是人类文明的一个伟大创造。我国的公共预算改革最终要靠法治来实现，一切财政预算管理改革措施都要围绕加强法治来展开，我国财政预算管理的现代化程度最终要由财政预算管理的法治化程度来衡量。我国目前财政法律体系中法律层次最高的是《预算法》，但《预算法》的很多内容已经滞后于预算管理的实践。从更深层次上看，《预算法》作为我国的财政基本法，它是政府权力主导型的财政法律，强化的主要是政府在预算管理中的地位和作用，公民预算主权体现得不够突出。我国《预算法》设置的政府主导型的财政管理模式，在改革开放初期，适应了我国财政体制改革的要求。在当前我国社会主义市场经济体制改革不断深入的过程中，以及公共财政改革目标基本确定之后，这种政府主导型的财政管理模式先天存在的弊端日益凸显，主要问题是财政运行缺乏有效的权力制约机制，造成财政资源配置低效率和低效益，增加了财政风险。因此，我国的财政预算管理的法治化建设，应首先从修订《预算法》做起，按照公共财政原则界定财政权力归属，按照权力制约原则设置财政管理职权。在财政预算管理法制化过程中必须注重培养人的法律意识，提高人的法律素养。做到社会公众依法参与财政管理，人大依法监督政府理财，政府依法为人民理财。

第三，市场经济条件下的公共预算制度是公开、透明的财政制度，建立财政信息披露机制是现代公共预算制度的要件之一。

西方国家预算管理制度经验告诉我们，公共预算制度首先是公开、透明的预算制度。没有公开就不可能实现"公共"。为了做到公开透明，我国的财政预算管理改革必须致力于建立一个依法、全面、可靠、规范的财政信息披露机制。原因就在于财政运行公开透明是维护社会公众预算权的基本前提。同时，增加公共预算的透明度还将有助于防止权力腐败。而要增加预算管理的透明度，就必须逐步实现民主政治下的共同治理。

然而，要实现财政公开透明运行，就必须加强人大对政府财政活动的监督。我国人大对政府的制约体现的是立法权对政府理财权的法律制约。在财政预算管理改革现阶段，由于我国财政公开透明运行尚未形成较为完善的制度和机制，政府披露财政信息还存在一定的惰性和阻力，人大监督的一个重要任务就是促进政府理财走向公开、透明。通过人大对政府的制约和督促，对政府披露财政信息行为提出要求和规范，先是在政府对人大的层面上形成规范化的财政信息披露机制，进而逐步实现财政活动面向全社会的公开、透明。

总的来说，西方国家公共预算制度的先进经验不是一个笼统的概念，而是不同国家各有自己国情、各有自己特色。西方国家先进经验也不是一个抽象的概念。因此，我们在借鉴西方国家公共预算管理经验时必须要进行各国之间的综合比较，必须对各国经验进行深入剖析，把握各国财政预算管理经验的灵魂，采撷各国财政预算管理经验的精华，抓住各国财政预算管理经验的细节，以此作为我国公共预算改革的参照，在具体预算改革实践中切实结合我国具体的国情，唯其如此，我国的公共预算改革才有可能取得成功。

第五章　公共预算改革：中国的实践

第一节　中国公共预算改革的实践

一　我国预算管理制度经历的四个历史阶段

20 世纪初叶中国近代史是风云激荡的。实际上，真正现代意义上的预算制度在中国出现的时间是清朝末期。1908 年，清政府颁布《清理财政章程》，1910 年，清政府成立了理财政局，主持预算编制事务。按照计划，此次预算的程序如下：先是各省汇报，接下来由度支部进行整理审核，再由资政院修正，奏请皇帝批准之后执行。但由于辛亥革命的爆发，我国历史上第一部现代意义上的预算，只有预算而没有决算。

新中国成立 60 多年来，我国预算管理制度主要经历了如下几个阶段：

（1）1949—1951 年是我国预算管理制度的产生阶段。在中华人民共和国成立之初就开始编制 1950 年全国财政收支概算，其后又在中央人民政府第四次会议上通过了《关于 1950 年财政收支概算编制的报告》，这可以被看成是我国国家预算的开始。

（2）1951—1992 年是我国预算管理制度的长期相对稳定时期。这个阶段时间跨度比较长，在这一时期我国财政体制经历了统收统支、总额分成、分级包干等多个历史阶段。就其总体趋势而言，20 世纪 50 年代主要实行的是高度集中型的财政预算体制，而在 70 年代实行的是以集中为主、财权适度下放的财政预算体制，到了 80 年代实行的则是以地方分权为主、放权让利的财政预算体制。总的来说，这一时期我国预算管理制度相对而言是比较稳定的，其主要特点就是：就预算形式而言，主要采用的是单一预算形式；在预算编制过程中主要贯彻的原则是促进国民经济实现综合平衡的原则，长期以来一直采用基数法编制预算；就预算编制程序而言，主要采用的是自下而上与自上而下交叉进行以及上下结合、逐级汇总的预算编制方法。从大体上来说，这一时期我国预算管理的特点是粗放型的，预算编制透明度十分不足。其主要原因就在于长期以来中央与地方利益分配关系一直处于不断变动的过程之中，中央与地方政府都将其注意力主要集中在相互之间的利益分割的多重博弈之上。在通过优化预算管理加强内部制度约束方面存在缺失。此外，在降低交易成本并提高资金使用效益的激励机制方面同样也存在缺失，这样一来，预算管理改革与发展长期以来一直是相对滞后。

（3）1992—1998 年是我国市场经济环境下预算管理改革初步取得成效阶段。1992 年，我国开始实施《国家预算管理条例》，因此，我国的预算管理改革与发展进入了起步阶段。根据该条例的规定，我国国家预算采用的方法为复式预算编制方法，主要分为经常性预算与建设性预算两个方面。从 1992 年起，中央政府部门开始采用复式预算编制形式编制年度预算。1994 年颁布了《中华人民共和国预算法》，并于 1995 年开始实施，进一步明确规定中央预算和地方预算主要有公共预算、国有资产经营预算与社会保障预算三个组成部分，在条件成熟之时再根据实际情况增设其他预算。以 1995 年作为起点，我国开始编制复式预算。值得一提的是，正是在这一时期内，一些地方政府，如湖北省、河南省、云南省、安徽省以及深圳市等省市在借鉴国外经验的基础上，结合自身情况，突破传统上采用的"基数法"预算编制框架，推行了零基预算改革。

（4）1999 年至今是我国公共预算制度改革破题和推进阶段。1999 年河北省在全国率先推行了部门预算改革。以此为起点，我国预算改革进入了一个以地方预算管理制度创新与权力中心主导同时存在的阶段。无论是中央部门还是各个省份都陆续推行了一些预算制度方面的改革。1999 年 9 月，财政部颁布了《关于改进 2000 年中央预算编制的意见》，在其中明确提出，将在 2000 年选择部分部门作为编制部门预算的试点单位，并对报送全国人民代表大会预算草案的内容进行细化。与此同时，陕西、安徽、天津等省市也结合本地区的现实情况，相继进行了预算制度改革方面的创新。陕西省是全国第一个推行国库集中支付制度改革的省份；而安徽省自 1999 年起就在全省实行了综合财政预算；天津市则在借鉴市场经济国家先进的预算管理经验的基础上，在 1999 年实行了标准周期预算管理制度。从此以后，其他的一些省市、地区也陆续进行了一些预算管理方面的改革。由此我国的预算改革向着与市场经济相适应的方向不断地推进。

二　当前我国公共预算制度改革的主要内容

公共预算制度是一个涵盖预算编制、执行、监督等诸多方面内容的制度体系。我国从 1999 年启动的这场公共预算改革运动，严格地说，是从编制部门预算开始，而后向预算执行、监督领域拓展延伸，进而演化成一场财政预算管理制度全面创新的革命。而这场改革的主要内容有部门预算制度改革、国库集中收付制度改革、政府采购制度改革以及政府收支分类改革等几个方面。这场改革发展至今，公共预算制度的主要领域与重要环节基本上都已经有所涉及，随着改革的推进，国家开始形成基本的预算能力。然而，这场改革还存在一定的缺陷，在某些方面做得还不够深、还不到位。

1. 部门预算制度改革

在试行部门预算之前，我国政府编制的预算主要是功能预算，也就是按照政府的政策目标或职能来分类编制预算，各部门并没有一本完整的预算。这样编制的预算难免会显得粗糙，而且缺乏科学、合理的定员定额标准；缺乏有效的监督机制；预算资金部门分配权分散，不利于统一管理；预算的机动权力过大，容易造成预算约束软化的局面。2000 年，中央开始推行部门预算改革，所谓的部门预算就是一个部门一本预算。部门预算要求从基层单位逐级编制、逐级汇总，改变了以往由部门代替下属单位按资金性质代编预算的情况，有利于强化预算观念，提高预算管理水平。部门预算的试行，确定了预算不但要按照功能进行分类，而且必须要按照部门对其进行分类，反映部门的所有收入和支出，并且在扩大了预算编制范围的同时，预算编制时间也有所提前，这样就在提高预算的综合性的同时也提高了预算编制的科学性。在编报程序方面，部门预算主要实行"两上两下"的程序。实行"两上两下"的预算编报与审批程序，对提高预算的科学性与准确性产生了积极影响，此外，由于进行了及时、动态的信息交流，也就为预算执行的顺利实施提供了保证。而就部门预算具体的编制流程而言，主要有中央各部门预算的流程与一般部门的预算编报流程两种。

自实施部门预算改革以来，预算权已经逐步从各个不同部门集中到财政部门，权力结构的改变使得财政部门可以从外部对部门的资金申请和使用进行控制，这样就使部门不得不对他们的预算决策行为作出改变。随着部门预算改革的进一步推进，相对而言比较规范的预算过程已经开始运作，由于进行了一系列的改进，正式预算制度的权威性也一步步地确立，不仅是各个部门的预算支出，还包括财政部门的预算决策行为都在一步步地走向规范化。总的来说，部门预算改革的积极作用主要表现在以下几个方面：首先，部门预算改革通过把安排给各个部门的预算在年初就基本上确定下来，而且整个预算数目在政府内部通常是透明的，从而规范了财政部门和支出部门双方的预算决策行为；其次，部门预算改革通过将原来由各个部门控制的预算外资金纳入预算管理，从而使各个职能部门对资金的使用开始趋向于规范化，这就为资金的统筹使用奠定了基础；最后，部门预算改革对于公共支出进行了分类，并对不同类型的支出进行了决策程序与规则的区分，这些程序与规则无论对于财政部门还是支出部门的预算决策行为都构成了约束，从而进一步改变了决策行为。①

2. 国库集中收付制度改革

国库集中收付制度是我国公共预算改革的重要内容之一。国库集

① 马骏：《中国预算改革的政治学：成就与困惑》，《中山大学学报》（社会科学版）2007年第3期。

中收付制度是对财政资金实行集中收缴和支付的制度，其核心是通过国库单一账户对财政资金进行集中管理。实行国库集中收付制度，从收入角度看，全部财政收入都要直接缴入国库（进入国库在指定的代理行开立的账户），征收机关、执法机关设置的各种收入过渡性账户以及各部门、各单位自设的预算外资金账户都要被取消；从支付角度看，财政资金将由财政部门直接向商品和劳务的供应商拨付，各预算单位虽享有财政资金的支配权和使用权，但不再享有支付权。国库集中收付制度可以实现财政资金使用的"中转"变"直达"，以及账户管理的由分散到统一，从而可以提高预算执行的透明度，提高财政资金使用的规范性、安全性和有效性。鉴于目前国库集中收付制度操作起来有一定的难度，所以从 2000 年开始，国家首先推行国库集中支付制度，到 2005 年中央各部门已全面实行国库集中支付，而且这项改革还要逐步向各部门的二、三级预算单位推进。我国传统的国库支付制度是在计划经济体制下形成的，其主要特征是预算单位设立多个账户，同时财政资金通常是分散支付，这种制度主要有两大弊端：一是财政部门很难对预算单位使用财政资金进行实时监控。由于预算单位可以分散在银行开户并自行管理这些账户，同时还拥有对预算资金的实际支付权，所以它们支出行为的随意性很大。在这种情况下，各种挤占、截留、挪用财政资金的现象时有发生，而财政部门只能根据预算单位上报的财务报告进行事后审查监督，并不能及时发现和制止支出过程中的一些违纪和违法行为。二是财政资金分散储备和支付，造成其大量"沉淀"在预算单位的银行账户上，这时，一方面大量的财政资金在银行低息存储，另一方面财政部门因缺乏资金又不得不向民间高息借贷，从而在无形中降低了财政资金的使用效益，加大了政府的运行成本。实行国库集中支付制度以后，上述问题都得到了化解。尽管预算单位仍拥有财政资金的支配权，但它们要使用财政资金时，必须向财政部门报送用款计划，财政部门批准用款计划后才会将款项支付给商品（劳务）的供应商或拨款对象。这样，财政部门就可以对预算单位的用款计划进行实时监控，发现问题可以及时纠正，从而加强了预算执行的严肃性。此外，由于预算单位不能再自己设置存款账户，财政资金无效"沉淀"的问题也得到了解决。预算单位结余的财政资金都保存在国库单一账户和财政预算外资金专户内，这有利于政府加强资金的统一调度和管理，从而使财政资金发挥出最大的效益。此外，在国库集中支付的改革过程中，我国结合具体的国情，没有完全照搬发达国家只保留一个国库单一账户的做法，而是设立了一个含有六类账户的账户群。这对提高预算管理起到了一定的积极作用。

3. 政府采购制度改革

政府采购是指各单位在财政的监督之下，使用财政性资金，以法定的程序、方式与方法，购买服务、货物或工程，其中包括采购政策、采购程序、采购过程及采购管理等。政府采购作为一项公共采购管理制度，主要有以下特点：第一，资金来源的公共性，即政府采购的资金均来源于纳税人的税收和政府公共服务收费。因此，在采购方式和采购程序的选取上，需要尽量做到规范运作，使公共资金得到合理有效的使用。第二，政府采购的主体是政府，主要指依靠国家财政资金运作的公共部门即政府机关、事业单位和公共事业部门等。第三，政府采购不同于一般的营利活动，政府采购的对象内容广泛，包罗万象，主要有货物、工程和服务。第四，政府采购通过政府自身的采购行为，对整个社会经济发展状况、产业结构调整等会产生重大的影响。政府采购的方式多种多样。如根据招标范围，可以分为公开招标采购、选择性采购和限制性采购；根据采购金额是否达到一定的数额，可以分为招标性采购和非招标性采购；等等。公开招标采购是应用最为普遍的一种采购方式，它是通过公开程序，邀请供应商参加投标。集中采购即由财政部门或另一专门部门负责本级政府所有的采购；分散采购即由各支出单位执行采购；半集中半分散采购指财政部门或另一专门部门直接负责部分高价值和一般性商品采购，而其他低价值和特殊商品由各支出单位自行采购。政府采购在西方发达国家已实行200多年之久，无论是观念和制度设计都趋于成熟和规范。政府采购主要由采购实体提出采购需求，由相关财政部门审核通过后，再具体选择采购方式，签订采购合同，并执行采购。在履行完采购合同之后，相关的管理监督部门需要对已经实施的采购项目的运行进行效益评估。政府采购制度改革是财政支出管理改革的重要内容，对社会资源的有效利用和提高财政资金的使用效益具有重要意义。我国的政府采购首先是从上海市开始的。但政府采购制度实施以来，仍然存在许多问题，需要逐步加以解决。

　　总的来说，当前我国的政府采购改革已经实施并全面推行，中央各部门以及各个不同地区都在逐步推行政府采购制度，政府采购的规模也不断地扩大，增长速度也在不断加快（见图 5-1）。到 2015 年全国政府采购规模突破了 2 万亿元，达到 21070.5 亿元，占全国财政支出和 GDP 的比重分别达到 12% 和 3.1% 。与此同时，政府采购的范围也在不断扩大，由以往单纯的货物类扩大到工程类以及服务类。

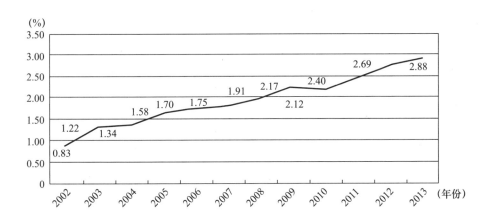

图 5-1　2002—2013 年中国政府采购规模增长情况

资料来源：国家统计局。

4. 政府收支分类改革

　　所谓的收支分类就是"收支两条线"，而"收支两条线"是我国预算外资金管理办法的一项重要改革。执收单位的收费或罚没收入不再与其支出安排挂钩，这些单位应单独编制支出预算，由财政部门审批。"收支两条线"的改革，为实行部门预算和逐渐取消预算外资金创造了有利条件。

自 2007 年 1 月 1 日起，我国开始全面实施政府收支分类改革。将政府收支纳入政府收入分类体系，并进行了编码，形成了一个既可以按一般预算收入、基金预算收入分别编制预算，又可以根据需要统一汇总整个政府收入的统计体系。总的来说，相对于部门预算改革而言，专门针对预算外资金而实施的"收支两条线"改革是一个非常重要的支撑。

三　当前中国进一步推进公共预算改革的必要性

如前所述，公共预算改革是一个政府与公民共同参与的过程，而"一个社会公共预算的水准，不仅可以衡量它的进步程度，也可以衡量它的人文觉醒程度"①。长期以来，我国实行的是计划经济体制之下的预算管理制度。也就是说，各级政府的财政预算通常是由政府安排好的并由其进行支配的，实际上这也是"计划经济"的本质要求所在。然而，在市场经济不断发展的今天，这种预算模式已根本无法适应现阶段我国经济体制改革的现实，反而造成了政府权力失衡并带来了不少问题。而就目前我国的现实情况而言，必须要把预算改革提升到国家治理的层面。实际上，中央政府已经开始越来越多地关注公共预算改革。如果从民主政治的角度来看待公共预算的话，就是要对原来私下的、内部进行的预算过程加以改正，从而使得政府的财政开支能够满足大多数社会公众的利益需要。这些年来，在财政部的领导之下，我国已经开始推行了一些预算的改革，财政预算开始朝着公共预算的方向发展。然而，目前进行的预算改革主要强调的还只是预算计划编制的内容，比如说细化预算内容等方面。改革的内容主要限于经济方面，其主要目的就是要将预算报告从人们以前看不到、看不懂变成一个能让人看得懂、说得清楚的财政报表，并将这个预算报告送交到人大进行审查。也就是说，要将预算细化到即便是非经济背景的人士也能看得懂之后，人大代表才可以对其进行讨论。近些年来深圳市与其他一些地方已经进行了这方面的改革，人大代表可以就一个细化的预算报告提出一些意见，然后政府再对其进行修改。然而，客观地

---

① 黄河：《深圳公民的"公共预算之旅"》，《党员文摘》2009 年第 1 期。

说，诸如此类的改革还不能完全适应中国社会、经济发展的需要。从各地预算改革实践来看，真正意义上的公共预算仍然还没有出现。人大代表对预算过程的参与范围仍然太窄、监督力度严重不够，人大代表对预算的参与仍然停留在形式上，而极度缺乏实质性内容。

从西方发达国家的预算改革经验来看，所谓的公共预算实际上就是要让公众对预算的过程与内容都有所了解，并能在预算审议的过程中提出自己的意见或建议。从美国的预算改革实践来看，在实施预算的过程必须要将所有的预算内容向公众公开，无论是议会还是社会公众都可以参与其中，形成公开、透明预算。预算过程首先是由政府进行编制，然后再提交到国会进行讨论，有必要时还需要举行预算听证会，在经过充分的讨论和听证之后，再由议会对其进行表决。最后由政府具体执行已通过的预算，而在预算执行的过程中国会应该对其进行监督。由于公共预算是一种专业性很强的工作，普通民众要真正参与其中存在不小的难度，这样在美国社会里出现了一些具有非政府背景的专门从事预算研究的智库机构，他们通常会代表社会对公共预算进行专业评估，并在此基础上提出不同的意见，然后再通过媒体或议会，将一定的影响施加到政府的预算行为之中，促使预算的内容产生变化，使其更能符合社会的公共需要。就中国的公共预算改革实践而言，必须要增加预算的透明度、深化公众参与预算的程度，尽管一些地方在增加预算过程的透明度方面取得了一定的进步，但总体上来说还是不够。公众参与政府决策过程的听证活动方面的机会是少之又少，而参与预算听证从某种意义上来说是从来未有过的。一个完全没有公众参与其中的预算，从本质上来说根本就不是现代意义上的公共预算，其原因就在于预算的主导权仍然掌握在政府手中。普通百姓对预算了解甚少，他们既没有发言权，也没有监督权，这对于中国社会、经济的发展来说是十分不利的。此外，需要明确的是，当前我国的公共预算制度改革并不是可有可无的，而是一种历史的必然选择，有着深刻的政治、经济与社会历史背景。

首先，从经济角度来看，我国市场经济改革正在向纵深发展，财政收入与支出之间的矛盾变得越来越严峻。自 1998 年以来，政府推出了许多改革措施，包括政府机构改革、国有企业改革、金融改革、社会保障制度改革、粮食流通体制改革等各个方面，而且各项改革相继进入了"快车道"。在这个过程中产生了不少的问题，概括起来可以分为两个方面：一方面是预算制度改革怎样才能更好地与经济体制改革相适应的问题。在经济体制改革过程中，市场的配置资源功能在逐步增强，这就要求财政也要相应发挥自身的调整职能。其中，最为关键的问题在于，财政必须要实现自身的转变，即从过去支持经济建设角色转向提供公共服务这一角色。另一方面就是财政如何才能更好地为经济体制改革服务的问题。在各项改革不断推进的过程中，经济体制改革所带来的矛盾在财政领域不断地累积、呈现，既有历史上的财政欠账问题也有当前财政支出不断增加的问题，这一切使财政收支矛盾越来越严峻。如何才能解决好严峻的财政收入与支出之间的矛盾，是摆在各级财政面前必须要面对的现实问题，这一切也就是促使政府决心推进财政改革的内在动力。

其次，从政治的角度来看，在民主政治不断向前发展的过程中，必然需要建立一个切实有效的权力制约机制。在我国社会主义市场经济改革不断向纵深推进的历史进程中，社会主义民主政治建设便理所当然地成为政治体制改革的方向，而治国理政的基本方略必然也就是依法治国。只有建立起真正有效的权力制约机制，才能从源头上治理好腐败，从而真正建立起民主、法治、高效、清廉的现代国家。财政预算权力是一种非常重要的公权力，因此，对财政预算制度的体制与机制进行根本性的改革，也是我国政治制度改革的重要内容。

最后，从社会历史的角度来看，要实现社会进步必须要建立起公开、透明的公共预算机制。市场经济改革不但促进了经济的繁荣与发展，同时还使社会文明、进步的程度提升到了一个新的境界。人们正在实现思想观念的彻底解放，民主意识不断加强。尤其是政府职能不断转变，此外还伴随着行政审批制度改革，审计监督力度不断增强，权力制约机制也在不断地得到完善，这一切都给人们的思想观念带来了深刻的影响。此外，中央及地方各级审计部门也发挥了一定的作用，不时发起不同形式的审计风暴。这一切在促进了财政管理规范化的同时，也在一定程度上唤醒了人民的财政意识，民主观念随之也在不断增强。普通百姓对财政问题的关注越来越多。

从以上三个方面的分析中我们可以看出，在市场经济体制改革不断推进的过程中，我国民主法制建设的速度也在逐步加快，社会公众的民主法制意识也在不断增强。我国实现预算制度由传统到现代的转变也就是一种历史的必然。也就是说，在这样一种特定的历史背景下，我国的预算制度必然要朝着公开透明、有效制约的方向推进，基于此，我们可以说公共预算改革就是历史的必然选择。

第二节　我国现阶段公共预算改革面临的挑战及存在的问题

一　当前中国公共预算改革面临的挑战

当前我国的国家治理结构正在经历一场从计划经济范式向市场经济范式的转变。在这一社会转型过程中，我国公共预算改革面临着一系列的挑战，归结起来可以分为以下几个方面：

首先是政府角色的重新定位问题。人们通常把国家定位模式分为三个方面：国家本位、社会本位以及国家社会组合定位。就我国的实际情况来看，中华人民共和国成立 60 多年以来，我国政府行政模式的演变轨迹，从深层次角度来看，大体上经历了"'国家本位'向'社会本位'的过渡"[①]。事实上，无论行政管理改革，还是社会转型，通常都可以采用逐步逼近的渐进模式。但就目标的选择而言，必须是要非常明确的，不可以朝令夕改。由此，必须要对市场与政府的界限有一个明确的区分。然而，按照这个传统的政府观念，人们通常认为政府是万能的，而且由于存在制度变迁的路径依赖，这种想法在许多政府部门中至今还或多或少地存在。同时，由于"政府机构具有

---

① 张勤：《政府定位——行政改革分析的新角度》，《北京行政学院学报》2001 年第 5 期。

追求自身预算最大化追求的内在冲动，也容易导致公共产品或公共服务的供给过剩，以致高于其最佳的产出水平"[①]。基于此，在市场经济环境下，决策者必须要树立起对市场经济的信心，同时也要有足够的信心明确政府自身的目标。而不能过多地强调政府干预，否则必然会给市场经济的发展带来一定的负面影响，一方面会影响市场经济的健康发展，另一方面还会阻碍市场自身稳定、调节机制的最终形成。

其次是政府预算官员角色的转换问题。随着市场经济不断推进，政府部门所具有的职业化特征变得越来越明显。而在这一过程中，包括预算官员在内的政府官员的地位相对下降，实际上，政府官员地位相对跌落是与政府全能角色逐步弱化的趋势相对应的。然而，在目前中国的市场经济仍然还不成熟，政府官员行使权力的空间还非常大，这样一来，"权力与经济之间呈现出一种错综复杂的钩稽关系"[②]。在政府管理活动也还存在着大量的"寻租"现象。尽管在任何一个处于转型期的国家都会或多或少地存在着"寻租"现象，然而，一旦超出一定的限度，就会带来一系列负面效应，甚至导致社会发展长期处于停滞状态。如果出现这种现象，将会造成无法估量的严重后果。由此，不能寄希望于通过渐进改革的方式解决政府预算官员角色转变的问题，而是必须明确政府预算官员在公共预算管理系统中的地位。只有这样才有可能真正实现人民当家理财这一理想与追求。

再次是制度创新问题。在新制度主义者那里，"制度是重要的"。实际上，这也是新制度经济学的核心命题之一。作为新制度经济学的代表人物，道格拉斯·C. 诺思认为，制度在促进经济发展以及实现技术进步的过程中起着关键性作用。客观地说，在中国政府预算管理实施从传统走到现代的转变过程中，制度所起到的作用同样也是关键性的。而预算管理方面的制度创新主要是体现在领导体制、政府运作规则、组织结构以及非人格化管理等各个方面。就当前的现实情况而言，存在的问题是多方面的，主要包括机构臃肿、重叠，体制运作程

---

① 高培勇、崔军：《公共部门经济学》，中国人民大学出版社 2001 年版，第 64 页。

② 竺乾威：《公共行政学》，复旦大学出版社 2000 年版，第 15 页。

序不清，结构与功能的不对应，领导体制中存在二元结构以及组织结构中的法定结构与非法定结构并存等，所有这一切都会对社会转型时期政府预算管理制度创新构成严峻的挑战。

最后是怎样才能建设好法治国家以及民主思想的成熟问题。要建设好民主法治国家，其首要议题就是要依法行政。就政府治理领域而言，当前中国面临的关键问题就是怎样才能去除政府官员的人格化管理理念。作为一个现代国家，就必须实行依法理财，这也是一个现代国家所具有的基本特征的集中体现。无论是要实现公共预算管理的现代化还是政府治理结构的现代化，这都是必由之路，舍此别无他途。一段时间以来，人们将政府治理的希望寄托在某一个管理者的人格魅力或聪明才智之上，却对制度性安排的意义重视程度不够。实际上，相对于良好的法律制度安排而言，行政官员的个人才智的重要性肯定是次要的。只有在人们充分认识到法律制度安排的重要性的时候，才能推进民主治理思想不断向前发展、成熟。同样，只有在民主思想不断发展、成熟与人本文明逐步兴起的时候，才能真正有效地推动中国公共预算向理性化、民主化的方向不断发展。

二　当前中国公共预算管理过程中存在的问题

综观目前我国公共财政预算改革的进展情况，可以说通过财政改革，确立了公共财政预算管理的基本框架，取得了质的飞跃。但总体上看公共预算管理改革还处于初级阶段，面临的深化完善改革的任务还十分艰巨。当前我国预算管理过程中还存在不少的问题，归结起来主要包括以下五个方面。

第一，我国的预算仍带有不少的计划经济色彩，与市场经济条件下的公共财政预算还有比较大的差距。具体而言，这集中表现为公共财政的保障范围不到位。从宏观上看，我国公共支出越位与缺位仍然并存，应由市场配置资源的财政支出负担还不小，如对企业直接投入的资金。还有一些可以由市场配置资源的准公共设施项目，财政也在负担，如城市供水、供热、污水处理都可以市场运作，但不少地方还在吃财政。我国财政体制和管理机制都是从计划经济时代转变过来的，随着社会主义市场化的推进，财政体制、机制都有了很大变化。

但与市场经济相适应的资源配置还有一定距离，支出范围与市场经济不配套。由于我们国家经济体制定位要实行市场经济，财政的支出范围应与之相适应。总而言之，在市场经济条件下，政府该管什么，不该管什么，首先要做一个界定。

第二，由于政府部门职能纵向定位不合理，政府财权不能有效地集中。如此一来，预算支出的效果也就无法在政府收入上全面地得到体现。通常来说，如果要实现公共支出的增长，必须要考虑实际经济资源的增长。实际上，公共支出的增长比率通常应该与实际经济资源的增长率成一定的比例。然而，其前提条件是全部公共支出都必须要在预算管理之内。也就是说，只要实现了经济增长，相应的公共收入也就有了一定的保证。就我国当前的情况来看，公共支出具有一定的外部经济性。也就是说，预算支出通常也会相应地促进经济实现一定的增长，然而，这一切并没有在相应的预算收入中反映出来。这就无形之间刺激了各支出部门对财政资金的过度需求，原因在于每个部门都存在着利益需求最大化的内在动机，同时也就进一步削弱了各个部门控制财政支出的动力。这就使得各个领域控制财政支出的努力变得更为艰难，如此一来，专项预算与整体预算之间的冲突也就不可避免，由此使财政综合平衡面临着持续不断的压力；由于预算外、体制外收入的存在，而这些预算外资金与官僚机构以及官僚自身利益存在着内在的、必然的联系，这就为政府官员"寻租"活动提供了极大的便利，由此也进一步形成了政府"寻租"活动的制度根源。基于此，有必要在对这些问题的实质进行总结的基础上进行一系列的改革。

第三，预算透明度严重不足。这集中表现在预算编制过程不透明，时间太短，预算审批不严格，一方面使资金使用部门随意性过大，另一方面也使得社会其他主体无法有效地对预算执行情况等做出监督。然而，公共财政应该是透明的财政。目前包括财政政策、总预算分配、项目安排、预留资金和超收资金的使用，以及资金运行过程都还不够透明。即便对人大都还做不到完全透明，对公众、对社会的透明差距就更大。财政专家指出，现在的财政预算执行工作透明度不高，导致有关部门和人员在资金分配和使用上的自由裁量权过大，并且失去监督，进而导致大量利用资金支配权"寻租"的腐败行为。特别是预算外资金的使用与监督，由于它的不固定性和不规范性，在现有的审计制度不能有效覆盖的情况下，往往使对其的管理鞭长莫及。而要解决资金使用过程中存在的大量浪费这一问题，就必须要在预算实施过程中切实做到公开、透明，以加强公众以及人大对财政预算的管理、监督与控制。

第四，在预算资金分配的过程中存在大量的自由裁量权。这也可以被看成是我国要建设"阳光财政"过程中的一种制度性障碍。就当前我国现实情况而言，存在一些独立于财政预算部门之外的利益相关主体，这些主体比较特殊，他们拥有资金结构性配给方面的自由裁量权，而且在预算改革实践中，不但没有受到相应的制度约束，目前反而呈现出进一步扩大的趋势。事实上，就我国目前实行的预算模式来看，在各级预算内总资金中，划分出资本性基础设施建设资金，这一部分资金通常由资金使用者提交给同级或上级"发展与改革委员会"决定，而各级财政部门能做的就是确认总体的资金规模。而具体的资金使用情况，如资本性支出项目的优先次序，通常是由各级发改委所决定的。这样一来，形成了这样一种现象，在各级预算中，包括基础设施建设在内的资本性支出预算的预留资金的比例往往过大。事实上，各级发改委成为一个拥有预算资金再次分配权，而且是独立于财政局（部）之外的权限极大的部门（当然，各级发改委的权限绝不止于此），堪称财政部门之外的"财政部"。这一切不但严重地肢解了预算管理的统一性，而且对我国预算改革的严肃性造成了不小的伤害。

第五，预算监督与预算立法不到位。尽管预算编制和集中支付改革是从源头治理财政违纪问题的重要手段，但由于改革不到位，挪用财政资金的违纪违法问题时有发生。尽管审计做了大量的审计监督，但由于人力有限，很多部门只能几年才轮到一次。一个由财政监督、审计监督和人大监督的网络尚未形成，按照监督跟着资金走，资金走到哪里就监督到哪里的要求，财政监督制度设计还有很大差距；此外，财政立法的滞后性表现得更为突出。目前，部门预算、国库集中收付改革已大大突破预算法的范畴，急需对预算法进行修改。同时，按照国际惯例，涉及财政改革必须制定的诸如拨款法、转移支付法、财政监督法等都需要制定。因为没有立法的保障，财政改革就稳定不住，就会出现因人而兴、因人而废的情况。如果立法不到位，就容易产生人治，甚至已取得成效的改革还会倒退回去。因此，必须要进一步完善对财政预算的监督与审查。除了财政部门的监督外，还要强化人大及其常委会在预算编制、监督中的权威作用，把财政真正纳入法治、民主的框架中来，尽可能防止财政资金被那些不良官员所滥用。

　　综上所述，目前我国的财政预算改革虽然已经取得了一定的进展，但总体而言仍然还处于初级阶段，还存在不少的问题，具有一定的不完善性与不稳定性。因此，必须进一步加大预算改革力度，深化公共预算改革内容。

第六章　中国公共预算改革：民主成长

第一节　预算民主及其实现路径

一　民主的起源与发展

"民主"一直是人们孜孜以求的问题。事实上，"民主"或"民主政治"（democracy）是现代社会经常使用的政治词汇之一，但是它的意义与内涵却极为分歧。也就是说，民主的概念从出现之时起，就一直存在严重的分歧，而在时代发展变迁的过程中，人们对"民主"概念的理解更是千差万别。在各种不同文献中对民主的定义也是非常的混乱。"民主"一词最早起源于古希腊，原意就是"人民的统治"。作为古希腊城邦主要的政体形式，它指的是最高权力属于城邦政治共同体的全体成员，而不是某一个人或少数人。

正如美国著名的政治学者哈耶克所指出的那样，民主的最初含义就是："不论存在什么样的最高权力，它都应当由人民之多数或他们的代表来掌控。"[1] 由此，有人认为，民主的首要含义是指一种利益代表机制，或者说是一种决策程序，其基本构成则包括选举、分权制衡、言论自由和法治等基本要素。有学者将这四种要素归结为西方民主的四大支柱。[2]

---

[1] ［英］哈耶克：《政治思想中的语言混淆》，载哈耶克《哈耶克论文集》，邓正来译，首都经济贸易大学出版社2001年版，第36页。

[2] 参见张镇强、陶东升《"西方民主"究竟为何物》，《政府法制》2006年第6期。

必须要明确的一点就是，"作为政治学中的核心概念之一，民主是属于上层建筑范畴之内的。绝对的、抽象的、超阶级的民主是根本不存在的。实际上，民主的发展演变进程总是同一个国家特定的阶级利益、经济基础以及社会历史条件紧密联系在一起的。因此，每个国家的民主发展进程都应该与自己的国情相适合，其原因就在于每个国家历史传统与经济社会发展的实际情况与其他国家相比较而言都是不尽相同的。"① 正如《中国的民主政治建设》白皮书所言："各国的民主是由内部生成的，而不是由外力强加的。"②

马克思说：原始的民主形式最早从原始氏族社会的中晚期就存在了。在那里，氏族有议事会，马克思说它是"管理工具"，"是一个民主的集会"③。古代人类社会在原始共产制基础上，由人们平等劳动自然建立起来的共同管理公共事务的方式，就成为恩格斯所说的"古代自然形成的民主制"。随着社会生产力的发展和私有制的出现，人类社会逐步出现了阶级对立，于是统治阶级就要构建一个国家，这是个本质上"和人民大众分离的公共权力"④，以作为阶级统治的工具来维护其统治。这样，作为"管理工具"的原始民主就逐步发展成作为阶级统治工具的国家形态。总的来说，原始的氏族民主制与雅典民主制一样，都是一种直接民主制。

然而，即便是在古希腊城邦社会中，民主的含义就有多种，概括起来可以分为三个方面：第一种民主含义基本上与目前人们所理解的人民当家做主意义相差不大，这种民主含义从感情色彩的角度上来看是褒义的。伯里克利曾经说道："我们的制度之所以被称为民主政治，其原因就在于政权不是掌握在少数人手中，而是被全体人民所掌握。"⑤ 亚里士多德在《政治学》中提出："由多数的意旨裁决一切政

---

① 《江泽民论建设有中国特色社会主义》（专题摘编），中央文献出版社 2002 年版，第 323 页。

② 参见国务院新闻办公室 2005 年 10 月 19 日发表的《中国的民主政治建设》白皮书。

③ 马克思：《摩尔根（古代社会）一书摘要》，人民出版社 1978 年版，第 85—86 页。

④ 《马克思恩格斯选集》（第 4 卷），人民出版社 1995 年版，第 103 页。

⑤ ［古希腊］修昔底德：《伯罗奔尼撒战争史》，商务印书馆 2004 年版，第 147 页。

事而树立城邦的治权，就必然建成为平民政体。"① 从某种程度上来说，民主的第二种含义带有贬义的感情色彩。柏拉图就是持这种观点的主要代表人物。他在《理想国》中写道："党争结果，如果贫民得到胜利，把敌党一些人处死，一些人流放国外，其余的公民都有同等的公民权及做官的机会——官员通常抽签决定。一个民主制度，我想就是这样产生的。"② 在柏拉图看来，所谓的民主就是一种民粹状态，也就是由底层群众当政所引起的混乱状态，其原因就在于底层群众是无知的、盲动的，不具有智慧、勇敢、节制、正义之类的优良品德。他认为，民主制度是以轻薄的态度践踏所有的社会理想。相对而言，民主的第三种含义是中性的。持这种观点的人以梭伦为代表。他指出，民主所服从的是法律而不是统治者。总的来说，民主制度在希腊的文化脉络里主要指涉"多数人的统治"，相对于君主制度的"一人统治"与贵族制度的"少数人统治"。城邦中的大多数人出身背景既不显赫，财产也相对较少，他们的利益经常与名门望族冲突，所以当他们掌握统治权时，就是寡头贵族担心害怕的时刻。对于这种政治组织形态，有人赞不绝口，也有人深恶痛绝。

由此可见，当时"民主"一词的意义与今天人们通常所理解的"民主"是大相径庭的。实际上，在欧洲国家的历史上，自古希腊城邦社会以后的几个世纪里，"民主"一直是一个带有明显贬义色彩的政治词汇。也就是把民主理解为"群众的力量"。如托马斯·阿奎那将民主界定为"群众的力量"，从词义上来看，"群众的力量"本身就包含有革命、颠覆等极端行为的意思。对民主的这种理解一直持续了好几个世纪，甚至到了1789年法国大革命爆发之后，英国著名的保守主义者埃德蒙·柏克还对人民群众的革命行动表示了极大的反感，他在《法国革命论》中说："完美的民主制是世界上最可耻的东西。因为它是最无耻的，所以它也是最肆无忌惮的。"③

---

① ［古希腊］亚里士多德：《政治学》，商务印书馆1965年版，第190页。
② ［古希腊］柏拉图：《理想国》，商务印书馆1986年版，第331页。
③ ［英］埃德蒙·柏克：《法国革命论》，何兆武、许振洲、彭刚译，商务印书馆1999年版，第125页。

17 世纪的英国革命赋予了民主以新的含义，1647 年，英国革命发生后爆发的内战出现了转折，克伦威尔领导的议会军队取得了胜利。这时，克伦威尔军队中的代表上层军官的"独立派"与以罗伯特·李尔本为首的代表部分士兵和下级军官的"平等派"，就如何组成革命后新的议会发生了分歧，双方共同召开大会进行了著名的"普特尼辩论"。"平等派"第一次明确提出了"人民主权"的思想。在"平等派"看来，人民是国家权力的源泉，因此应当废除王权，取消上议院，取而代之的应是一个由人民选举产生的代表所组成的议会。由此，人们赋予了民主以一种全新的含义，而将这种全新的民主理念具体落实到选举这种制度安排之中，则是在 19 世纪中叶以后的事，也就是说，19 世纪中叶以后民主的含义才逐渐正式转化为"有投票选出代表的权力"①。到这时，民主的词义已经比较接近现代民主概念了，即人民的统治。由此我们可以看出，现代意义上的民主是西方社会政治、经济与社会在不断发展的过程中出现的，也就是对中世纪专制主义进行否定之后才出现的。

现代西方民主经历了从初创到逐渐完善的曲折发展过程，并逐步形成了以"议会、政党、分权、法治、舆论"——"五要素"为核心的西方民主体系。事实上，现代西方民主在其形成过程中又衍生出了两种不尽相同的民主理论：一种是分权制衡理论，这主要以洛克、孟德斯鸠、联邦党人为代表；另一种则是人民主权理论，卢梭是这一派的代表人物。分权制衡理论主要关注的是权力的分配问题，它成为现代西方宪政的基本构架；而人民主权理论主要关注的是国家权力的最后归属问题，也就是合法性问题。这两种不同的民主理论共同构成了近代西方民主理论基石："人民意志"（来源）与"共同幸福"（目的）。与古希腊城邦国家所实行的直接民主不同的是，现代民主制度从形式上看都是一种间接民主制，也就是代议民主制。作为一种间接民主形式，代议制是近代民主的象征。然而，民主有没有一个"公认

① ［英］雷蒙·威廉斯：《关键词——文化与社会的词汇》，刘建基译，生活·读书·新知三联书店 2005 年版，第 112 页。

定义和标准"呢？应当说，目前还没有一个被普遍接受和认可的"公认的定义和标准"，即便是在西方社会的学术界也是众说纷纭。

利普哈特在研究他所选择的 36 个国家的民主政治时，第一次把举行竞争性普选作为每个国家民主政治的起点，选举是他挑选研究对象时第一个也是最重要的标准。选举，即竞争性的普选，实际上不仅是西方学术界关于民主的一条重要标准，也是西方国家官方在国际政治活动中掌握的一条现实的政治标准。在现实的国际政治生活中，美国等西方国家在衡量一个国家是"民主国家"还是"专制国家"时，使用的标准就是看其是否举行了竞争性选举。然而，我们必须要明确的是，竞争性选举是民主政治的一种实现形式，也许是一种重要的形式，但它毕竟还不是民主本身。我们不应混淆民主的形式与民主的实质。无论是过去还是现在，无论在西方还是中国，民主政治要有宽泛得多的内容，决不是仅仅局限于竞争性选举这一种形式。由此看来，把民主政治的实质与形式混为一谈，是当前人们在谈论民主问题时常见的一个问题。在看待民主的问题上以偏概全，必然会形成民主认识上的"简视"，把民主政治狭隘化。要防止这种"简视"现象，就必须要对民主政治的实质有一个彻底的了解。

总而言之，在西方国家，学者们对民主的理解是在西方国家历史的发展过程中不断发生变化的。他们主要是基于西方社会现实来对民主进行解读的，由此不可避免地带有一定的局限性。这在许多第三世界国家的民主实践中可以清楚地看出来，在所谓的第三波世界民主化浪潮之中，许多发展中国家在推行民主制度的过程中都不同程度地出现了"选举泡沫"，也就是"有选举但没有民主"[①]，这一切使人们开始不断对西方"选举是民主的本质"的观点产生了质疑。由此可以看出，如果片面地强调民主是一种手段，并不能从"政治市场"的角度对民主的本质作出具体的说明。人们对民主存在着种种不同的看法，民主是一种赖以实现某种目标的手段？还是本身就是一种值得追求的

---

① Thomas Carothers, "How Democracies Emerge：The 'Sequencing' Fallacy", *Journal of Democracy*, No. 1, January 2007, pp. 20 – 21.

价值取向？在持前一种观点的人看来，政治生活的目的在于追求安全、幸福、自由或公平正义，民主制度只是人们在实践这些价值的过程所采取的一种手段。一旦人们能够找到更加行之有效的手段，民主政治就是多余的了。而在持后一种观点的人看来，民主本身不但具有一种工具性价值以外，更为重要的是它本身就是一种崇高的价值目标或目的。只有在多数人都能感受到沉浸在参与其中的快乐情境中，人类才能实践诸如负责、沟通、妥协、容忍、自我改善等这些重要的特质。①

　　其实，脱离其目的而去谈论民主是没有什么意义的。马克思曾经指出，"民主制独有的特点，就是国家制度无论如何只是人民存在的环节"②，由此，就其目的而言，民主必须有利于人的全面发展和人类的共同利益，这构成了民主价值体系的核心。同样，衡量民主成败得失的标准是："……有利于真正实现人民当家做主，有利于解放和发展生产力、促进经济发展、逐步实现人民的共同富裕，有利于维护国家的统一、民族的团结和社会的稳定……有利于实现社会的全面进步。"③ 由此可知，对于民主的理解，应当体现"一个核心"：权力来源于人民（这是一切政权合法性的基石）；"两个基本点"：对政治权力的限制，对公民基本政治权利的维护。在这里，我们也可以对近代以来西方国家里"民主"一词所包含的三层意义做一个归纳：依法办事、群众的力量与人民的统治。事实上，这三种不同意义反映了不同时期人们对民主一词的理解和使用。基于这样的考虑，我们也许可以这样理解民主，也就是在全体公民广泛地参与并能切实、有效地实施监督这一前提条件之下，以保障与维护公民的根本利益作为目的，通过公平竞争、公正选举等方式建立起一套政权运作规则以及管理制度。由此，我们可以看出，判断一个国家是否民主的标准大致可以分为以下两个方面：首先，在一个真正的民主国家里，国家的权力机构

---

① 参见江宜桦《自由民主的理路》，新星出版社 2006 年版，第 30 页。
② 马克思：《黑格尔法哲学批判》，载《马克思恩格斯全集》（第 1 卷），人民出版社 1995 年版，第 281 页。
③ 李铁映：《论民主》，中国社会科学出版社 2001 年版，第 21 页。

（政府）必须是由选民通过公开、公正、自由的选举而产生的，同时还必须受到选民切实、有效的监督；其次，公民的基本人权，主要包括生存和发展的权利，以及他们平等参与政治的权利必须要得到切实、有效的保护。

二　预算中的民主：对权力的结构化安排

众所周知，民主的概念中本身就蕴含着权力的因素，离开权力谈论民主，我们将无法真正理解民主的真实含义，从一般意义而言，民主本来就是对权力的一种结构化的安排，同时这种安排通常是有益于多数人利益和价值的实现的。也就是说，对于民主的理解可以不再是以权力的归属为中心，而是要以权力的结构化安排是否有益于实现多数人利益和价值为中心。而从西方国家政治发展的角度而言，代议民主制度与三权分立制度事实上正是在预算权力不断实现民主化这样一个特定的历史过程中逐步建立并完善起来的。当然，我们要明确的是，民主从来就不是"真空"中的抽象事物，作为一种国家制度或政治制度，它需要在一种特定的政治土壤中发育成长。如前所述，预算的本质是政治性的，权力与民主是考察预算的关键性变量。预算中的民主本来也就必然包含着对权力的结构化安排。"作为公共权力对资源进行配置的一种规则，公共预算可以说是公共财政运作的控制与组织系统，也是代议民主政治得以产生的基础，同时，民主财政是其内在的核心价值。"① 民主实际上是作为现代社会中集体选择的基本方式出现的，而预算是实现民主的重要手段。预算本身必须要通过民主化改造才能产生民主载体的功效，而在现代社会中预算民主的核心是预算审批权。也就是说，代议机关有权审查批准预算。预算审批权是代议机关的一项特殊职权，应包括有限制的预算修正权。预算审批权的效力，既表现为授权，同时也具有一定的约束力，同时还要受到一些制约。预算审批机构与程序的再造是代议机关预算审批权实质化的关键。

就我国目前的情况而言，要加快推进公共预算的民主化进程，就

---

① 焦建国：《民主财政论：财政制度变迁分析》，《社会科学辑刊》2002 年第 3 期。

是要加强立法机构对公共预算的监督，其目标是要建立对政府成本的强有力的权力约束机制，实现权利对权力的约束。就此而言，公共预算的实质也就是保证政府官员对国家委托他们管理使用的资金的支出负责的一个会计工具。也就是说，预算民主本身就包含了两个方面的价值："从国家的角度看，尽管预算民主会对国家的预算权力形成一些制约，但总体上它也会给国家带来一些非常重要的政治和财政收益。"①

由此看来，从经济与技术层面来看，公共预算是政府收支对比的计划表，是现代社会对经济资源进行的一种运作机制。实际上，预算的实施必须要经过一定的政治程序。首先必须要对整个社会资源在不同部门之间配置的比例与结构作出一个规定，由此确定财政资源配置的规模与方向。如果要对其本质进行探究的话，预算事实上就是纳税人及其代议机构对政府财政活动进行控制的一种制度化安排，在这一过程中，作为配置资源的公共权力必然要在不同的主体之间进行分配。也就是说，预算本身既是一个制衡机制又是一种民主的政治程序。就此而言，公共预算也是对权力，尤其是公共权力的一种结构化安排。

三　预算民主的实现路径

我们通常所理解的民主制度指的是这样一种机制，必须要有多个不同的机构，他们可以相互之间进行约束、制衡，也可以相互之间进行监督，一旦某一个机构发生了问题，其他机构可以采取补救措施，把损失降低到最低限度。而从世界上不同国家实施公共财政活动的实践来看，在政府的财政活动与投资实践过程中，要真正做到向人民公开、透明，让百姓全程监督，实行预算民主是唯一的一条路径。在这种情况下实行的预算民主实际上就是政府的财政收入和支出活动都必须要遵循民主原则。另外，在一个真正的社会主义国家里，预算民主必然是社会主义民主的一个非常重要的组成部分，实行预算民主是实

---

① 马骏：《预算民主：中国预算改革的政治基础》，载马骏《中国公共预算改革：理性化与民主化》，中央编译出版社 2005 年版，第 32 页。

现社会公平、正义的必然选择。而从公共财政的角度来看，社会主义民主政治主要体现在人民代表大会在接受人民的委托的情况下，能够真正把政府的收钱、花钱活动管得住、管得好。实际上，以公共预算作为改革的切入口，相对来说是一个比较中庸性的策略，一方面可以很容易得到民众的支持，另一方面政府也会比较认可。政府、民众与代议机构都参与的局面能够在很大程度上促进中国的国家治理与改革进程。也就是说，从预算民主的角度来看，要真正实现公共预算，不能光停留在字面上或口头上，而是必须要在实际的财政预算实践中从外部强化对政府预算活动的监督和控制，切实将预算活动纳入一个政治控制程序，对财政预算活动进行民主化的改造。在实际的预算活动中，实施预算的民主化有很多方面，但其中最为关键的只有两点：一是人大要能够对政府预算编制、执行进行实质性审查与批准。二是整个预算过程要真正做到公开、透明。除了确实是涉及国家安全或军事机密那部分内容，整个预算，无论是程序还是具体的内容都必须要真正做到向公众公开。

通常来说，制约政府预算行为的主体有两个：一个是代议机构，在我国就是人大；另一个就是社会公众。因此，预算民主也就可以分为两种：一种是以人大为主体的预算民主；另一种就是以社会为主体的预算民主。这样一来，就我国而言，预算民主的实现路径也大体上可以分为两个方面：

（1）预算民主实现的第一条路径就是切实加强以人大为主体的预算民主，建构人大主导型预算模式。在现代社会，预算民主是社会民主的核心组成部分。比如在税收权限上，政府不能无限制地征税，即便是征了税，钱要花到纳税人身上，这应该是现代社会中人们要达成的共识。而如果从预算民主上对政府的征税权进行限制，那么就必须要有个机构对政府的预算审议以及制衡。在当前的中国能够行使这种职权的机构应该是而且也只能是人大。也就是说，就现实情况而言，人大代表选举制度没有完善起来，预算民主就只能沦为空谈。同时，就算推行了人大代表的普选制度，而人大的运作机制不健全、人大不是由人们真实地选举出来的，人大代表也就无法真正地代表人民，同样也不会有真实的预算民主。就选举民主与预算民主的关系而言，从政治的角度而言事实上确实有着千丝万缕的联系。总体而言，代议机构的代表是实践代议制民主的细胞与主体，假如没有能够真正代表人民的人大，奢谈所谓预算民主最多也只能是缘木求鱼。基于此，对于当前的中国而言，我们要解决的首要问题是怎样才能"做实人大"，因此，加强人大职能的工作刻不容缓。人大代表不应只是表决机器，人大代表的工作不能像以往那样一味地投赞成票，成为名不副实的"橡皮图章"。诚然，如果我们要想预算民主真正运作起来，民主选举必定是要跨过去的一道坎，假如人大代表不能代表人民，民主预算只能是空中楼阁。基于此，对于当下的中国而言，现实而且可行的做法就是实行选举民主，舍此别无他途。从这个角度而言，必须要对人大代表的选举制度进行切实有效的改革，只有人大代表的选举制度真正完善起来，预算民主才会有建成的机会。从这个角度而言，我们可以把预算民主建设看成是未来中国政治体制改革的一个逻辑起点和突破口。然而，只有当一种良善的选举制度建立起来之后，才能出现预算民主这样一种结果或实行效果。换句话说，预算民主只是一种功能，要受到选举规则、程序等诸多结构性要素的制约。因此，如果我们要想推动预算民主实质性的发展，使其符合现代民主的标准，无论如何也绕不开人大代表选举制度改革这一环节。总体上而言，如同实现中国社会的转型以及实现经济增长方式的转变一样，预算民主的实现从根本上取决于政治资源在多大程度上由公权力组织垄断和按计划分配，多大程度上在政治市场上通过自由平等的竞争来配置。

从国外预算民主实践经验来看，预算是政府行为的真实写照，预算的编制、审议与执行主要是通过代议制民主机制以及权力制衡的运作过程而得到实现的。根据宪政民主的基本原理，即在获得某一种权力的同时，必须要设计出另一种权力对它进行制约。而这一理念又决定了财政预算的运作绝对不能完全排除公众的参与与监督，缺少监督、制约的权力的存在从制度设计角度来看必然是不科学、不正义、违背宪政民主的基本原则的。美国前总统小布什曾跟人调侃说："我是站在笼子里跟你们说话！"它的蕴意就在于作为国家行政首脑的总统，他的权力也不是无限的，其权力的行使要受到来自代表人民的国会（议会）的种种制约，这在预算权的行使方面表现得更为明显。即代表政府的总统，即便其权力再大，也必须要形成一种好的习惯（事实上是一种规则）：花钱必须要同别人商量，要求得到议会的谅解与批准。这从人类文明的发展史上来看，实在是一个相当了不起的进步。通过由预算法案编织而成的一个笼子，使把统治者（利维坦）"关进笼子里"成为可能，也确实变成了现实。从理论上来看，国家财政预算的组织制度前提就是议会制度，而议会（国会）实际上就是一种制约专制权力泛滥的政治组织。在西方国家政治制度设计架构中，赋予议会以监督、审议预算的权力，比较妥善地解决了国家与国民之间财产关系问题。正是由于财产、财政关系这一问题得到了妥善解决，使得西方国家整个政治体系的良性运作成为可能，也变成了现实。事实上，预算在经议会的批准之后，就成为一种具有明显的法律效力的强制性命令。政府必须要按照一定程序严格履行其职责，同时，预算也是对议会及人民的一种庄严承诺，必须要按照特定的程序对其实施极为严格的、认真的贯彻执行。

而具体到中国的预算改革的实践，预算民主的切实实现，人大制度的改革是关键。围绕发挥人大的作用，利用人大的重大事项决定权、审查权、监督权，并根据国家预算法的规定和地方相关法规的规定而进行。总的来说，无论是预算改革还是预算民主建设都不仅仅是一个技术的问题，而是必须要与政治体制的改革，尤其是人大制度建设紧密地结合起来，因此，预算民主建设必须要以人大制度建设作为突破口。当然，就中国目前的现实情况来看，要真正实现和建成预算民主制度，必须要允许地方政府先行一步进行政治体制改革的试验，目前最起码要鼓励公共预算信息公开、透明与民主预算的试验。也就是说，中国的公共预算改革只能一点点推进，不可能一蹴而就，搞"大爆炸式"的整体改革。

（2）预算民主实现的第二条路径就是积极发展以社会为主体的预算民主，这其实也可以说是一种直接民主形式。这就意味着要扩大公民的预算参与。在现代社会，代议制民主是民主的主要表现形式，但也不能排除直接民主形式。一般而言，公民参与的程度如何也是衡量一个社会民主程度的重要标志。就预算来说，普通公众也是相关的利益主体，他们当然有权利参与到预算过程中来。整个预算过程的开放性如何，公民参与的积极性高不高，其实就是一个社会是否真正民主，是否具有包容性的重要表现。作为一种直接民主形式，参与式预算已经在许多国家开始推行，我国一些地方也已开始试点，并取得了一些宝贵的经验。而正是这种生长于制度之外的民主形式，为现行制度内的民主成长提供了土壤与养分，为激活人大制度奠定了坚实的基础。

另外，推进财政预算民主不只是政府部门的责任，也是每一位公民的分内之事。然而，从目前的情况来看，我国公民的政治意识还不够成熟，多数人还主要是从关心自己的切身利益出发考虑问题，缺乏真正的政治参与热情以及公共预算方面的专业知识。在我国现行预算体制下，很多时候公民只是被动地等候政府提供的服务，缺少权利意识。根本没有意识到参与预算也是他们应该享有的权利。从这个角度而言，许多还只是缴税者，还不是真正意义上的公民。我们还应该认识到，持续的公民参与是预算改革的最大动力。2008 年《中国青年报》《南方日报》有一篇文章题为"为实现预算公开，我们一起来拱卒"，倡导每个公民积极主张自己的权利，尤其是预算权利，包括预算知情权、参与权、监督权等。这其实也是公共精神勃发的一种表现。如果在我们的社会里每个公民都具有这样一种公共精神，充分行使自己在预算方面的权利，那么我国预算民主的发展必将很快迈上一个新的台阶。同样，我国社会的文明程度也将大大提高。因此，我国当前的预算改革及其立法需要强化公民的参与意识，这一方面有助于提高传统"行政预算"体制的运行效率，另一方面也能促进民主法治在"公共预算"中的落实。

然而，令人感到欣慰的是，作为直接民主的实现方式的参与式预算，在中国已经开始崭露头角。有观察家指出，目前中国正涌现出两种不同模式的"参与式预算"试点。一种是河南焦作模式倡导的在预算编制层面引入公众直接参与，同时江苏的无锡、黑龙江的哈尔滨等地也在推动类似改革；另一种就是从人大监管的层面吸纳公众参与，促使人大更好发挥监督作用。焦作的参与式预算探索是中国推进公共财政建设的基层缩影。如当地财政局官员描述的那样，由于政府的钱花在了"众目睽睽"之下，很多政府部门已经由过去"拼命向财政要钱"转而意识到"花钱就是责任"。由此看来，公众参与预算的探索正成为中国基层民主进程的推助器，从而构成了中国预算民主实现的第二条路径。

第二节　民主成长的中国实践

一　预算制度改革与民主成长

随着部门预算在中央及地方政府试点改革的不断推进，有关中国预算制度改革的方向问题逐步成为人们讨论的重要话题。而十六届三中全会明确提出要"健全公共财政体制……深化部门预算，建立预算绩效评价体系"。然而，所有这些改革实际上都只是属于公共预算的"技术性"改革。也就是说，"当前的中国公共预算管理过于侧重规则与程序层面的操作性改革"[①]。

公共预算并不单纯是一个技术性问题。每个国家在其发展过程中，在财政预算方面同样也要经历一个特定的阶段。也就是说，就预算方面而言，要成为一个真正意义上的现代国家，都要经历从税收国家到预算国家这样一个特定的历史进程。而一个国家要成为真正的预算国家，就必须要经过财政统一与预算监督这两个必不可少的阶段。就中国的现实情况而言，预算改革是中国改革的一个非常好的突破口，而且是一个非常关键的突破口。[②]

当然，预算制度改革是一个"牵一发而动全身"的问题，要建立

---

① 马蔡琛：《中国公共预算管理改革的制度演化与路径选择》，《中央财经大学学报》2007 年第 7 期。

② 王绍光：《从税收国家到预算国家》，《读书》2007 年第 10 期。

真正现代意义上的公共财政就必须对现行制度的某些方面进行较为彻底的改革。然而，目前我国正在进行的预算改革，无论是部门预算改革还是国库集中收付制度改革，抑或政府采购制度改革，都只是从政府内部着手的关于预算管理制度方面的改革。改革所侧重的仍然只是在政府内部建立起一种行政控制，对政府预算进行真正的政治控制实际上并没有被提上改革日程。就目前的情况来看，这些改革虽然取得了一定的成绩，但其局限性也是显而易见的，这主要集中在以下几个方面：首先，这些改革都只是属于技术操作层面的试验，改革的重点主要是从政府内部加强行政控制，而不是人民代议机构从外部对公共预算实行政治控制。其次，缺乏对利益相关主体的互动影响的考量，缺乏社会公众的关注、参与及监督，政府与民间在预算过程中的合作伙伴关系几乎完全被忽略，因而很难实现构建利益相关方共同治理的目标。再次，在财政预算问题上，仍然是政府自己说了算，人大在预算制定、审议期间的作用几乎是微不足道。由于政府的公共管理缺乏制约与透明度，政府预算部门资金结构性配给的自由裁量权不仅没有被压缩，反而在继续增强。由于各级政府有追求"超收目标"的强大动力而又得不到有效制约，预决算执行的偏离度越来越大。最后，《预算法》修订迟缓，某些法律环节没有摆脱旧体制、旧模式的影响，法制不健全，缺乏配套立法，许多改革计划找不到相应的法律依据，预算管理仍然带有较强烈的计划经济色彩，等等。从西方国家预算制度发展的经验来看，现代公共预算体制的主要特点是议会对预算实行外部性的政治控制，然而，我国实行改革开放已经有四十年了，虽然在发展经济方面取得了一定的突破，但在预算改革方面还存在着明显的不足，甚至可以说是大大落后于改革开放进程。西方国家在19世纪就已经形成的现代公共预算体制，我国至今也还没有建立起来。

其中的原因可能部分在于占据着强势地位的行政机构缺乏推行预算改革的动力与压力。由于人大无法从外部对预算进行监督，政府也没有改进资源配置效率的压力，中国的预算制度的改革就一直没有实质性的进展。其结果是显而易见的，中国预算出现了非常严重的财政机会主义行为，包括财政腐败、违规、低效率、浪费与缺乏透明度，大量预算外政府收支、制度外政府收支游离于预算之外。这样人们就不难理解，为什么会出现审计风暴年年"刮"，违法乱纪行为照旧的局面。由于缺乏外部控制，政府内部财经纪律已经混乱到了极点，非正式制度盛行，财政机会主义行为不胜枚举。很显然，如果不能在预算领域建立一种真正能够发挥效力约束机制的话，那么，不管采取哪一种预算模式都是不可能成功的，不可能改进资源的配置效率，不可能有效地控制支出，不可能改进财政管理效率，不可能杜绝浪费与腐败，政府的预算活动也就不可能真正地体现出公共责任。

通常来说，推行预算改革的一个重要环节就在于如何才能让代表人民的立法机关充分行使预算权力，西方国家称为"钱袋子权力"。实际上，从理论而言，我国的人民代表大会并不缺乏预算方面的权力，无论是预算立法权还是预算监督权。事实上，我国宪法、法律对人大的预算权力规定得非常明确。问题就在于我国人大在实践过程中缺乏实际的预算能力。通常来说，要建立起一种现代意义上的公共预算可以从两个方面着手，即技术层面与政治程序。政治程序是指公共预算的制定、实施必须要经过一系列严密的政治程序：首先由行政机关提出预算，立法机关对其进行认真的、实质性审查之后再予以批准，然后交由行政机关执行，而行政机关执行预算的过程同样要受到立法机关以及社会公众切实、有效的监督。基于当前中国的现实情况，我国公共预算改革应从技术层面入手。技术方面的改革进入一定的层次之后，能够引起、促使政治层面的改革得以开始。在一个现代民主国家里，必须要由代议机构控制预算。

正如马骏所指出的那样，预算改革之前的中国缺乏完整意义上的现代预算制度体系，处于凯顿所说的"前预算时代"，凯顿从收入汲取、公共责任和行政控制三个变量分析了预算制度和预算模式的变迁，并将其区分为三种模式：①前预算时代，特征是缺乏公共责任和行政控制的高税收汲取能力；②预算时代，特征是强化对政府预算的行政控制及公共责任性；③超预算时代，特征是收入汲取能力高且公共责任性高，但放松了对预算的行政控制。① 不仅缺乏针对政府预算收入和支出的政治监控机制以确保其"公共责任"，也由于预算体系的碎片化而缺乏对政府预算过程的行政控制。由于既缺乏内部的行政控制也缺乏外部的政治控制，中国的财经纪律比较混乱。实际上，在预算领域充斥着形形色色的非正式安排以及非法治原则，腐败、浪费现象层出不穷。对于中国公共财政体制而言，最重要的任务显然是对无序的财政纪律进行改造，重建有序的财经纪律，以确保公共支出的合法性和合理性。因此，当前中国政府在预算领域要做的就是重新确立财经纪律的约束，并在预算领域落实法治原则。如果不这样做的话，无论采用哪种预算模式，都无法达到预算过程中资源配置高效并有效控制支出的目的，也无法消除浪费与贪腐行为，同样，要让政府真正履行公共责任也只能是天方夜谭。②

在建立现代预算体制的过程中，西方国家最初都将注意力主要放在构建有效的外部控制体系之上，通常的做法就是由财政部门对各个部门实施外部控制，而且主要是控制其支出行为。而在预算体制发展到一个比较高级的阶段之后，出于改进管理效率的目的，一些国家的政府开始转向内部控制直至强调政府的管理责任。西方国家现代预算制度发展演变过程告诉我们，为了保险起见，在能够安全地转向内部控制之前，政府应当首先建立起外部控制。而且只有在建立了健全的内部控制体系之后，才能将处理资源与产出的责任交给管理者。美国预算专家艾伦·希克认为，"要建立有效的控制制度必须要有具体可行的程序、规则，与此同时，支出机构的管理者通常会将这些程序与规则看成是合法行为。由此，外部控制通常来说是要先于内部控制而出现的，而内部控制可以说是落实管理责任的前提"，鉴于许多发展中国家不顾本国的实际情况而盲目模仿发达国家，引入绩效预算模式这一现实，希克提出了忠告："发展中国家在进行预算改革时千万不

---

① 马骏：《重新思考公共预算原则：理解中国预算改革的控制取向》，载马骏《中国公共预算改革：理性化与民主化》，中央编译出版社 2005 年版，第 89—92 页。

② 参见马骏、赵早早《中国预算改革的目标选择》，《华中师范大学学报》（人文社会科学版）2005 年第 4 期。

可'舍本逐末'，改革者应当首先对预算制度中的基本问题给予更多的关注，而不是一开始就进行具体的技术性改造。"①

　　因此，就中国而言，预算制度改革的首要目标应当是重新构建基于"公共责任"的"遵从性"的现代公共预算制度框架，而不是追求强调分权化和管理者运用资金自主性的绩效预算制度。此外，科学有效的政府支出绩效指标的建立需要以充分的政府财务信息为前提条件，且要求财政部门具备非常强的财政信息分析和预测能力，而这些显然都不为我国目前的财政体制所具备。在中国的预算实践中，长期以来财政部门并不能对各个部门的收支行为进行有效的控制。实际上，不管是财政部门还是各个具体的支出部门，既没有动机，也没有能力做诸如此类的工作：收集、分析各个部门所提供的公共服务的具体信息。当然，这些部门同样也就无法形成良好的预算分析能力。自新中国成立以来一直到今天，还没有一届政府能够提供出一份真正能够称得上完整的政府财务报告。事实上，甚至连财政部门都没有弄清楚各个部门拥有资产的具体数目。在这样一种情况下，即便是简单的预算管理实施起来都难度很大，要引入更高级的理性预算模式实施起来也就是比登天还难。②

　　而从宏观上来说，中国公共预算的改革主要包括政治与经济两个方面。就经济方面而言，实际上就是要使预算编制变得更为合理，与经济发展的实际情况相符合，让人很容易能够看得懂、看得清，同时操作起来比较容易、顺手，执行起来比较方便。在这种情况下预算改革主要侧重的是经济技术方面。事实上，技术层面的改革对于公共预算的改革来说确实是必不可少的，我们可以说在经济层面所进行的技术改革是现代公共预算形成的基础。就政治方面而言，实际上是要实现公共预算透明化与参与化。如同经济层面的预算改革一样，政治层

---

　　①　［美］艾伦·希克：《现代公共支出管理方法》，王卫星译，经济科学出版社 2000 年版，第 113—200 页。

　　②　Public Expenditure Management Handbook, Washington, D. C.: The World Bank, 1998, p. 8. 参见马骏、赵早早《中国预算改革的目标选择》，《华中师范大学学报》（人文社会科学版）2005 年第 4 期。

面的预算改革同样是建立现代公共预算的基础。只不过政治层面的改革要求在政治体制内部有代议机构对政府形成一种约束、制衡关系。当然，这就需要有功能比较强大的媒体以及比较完善的公民社会。由此看来，"当前中国的公共预算改革，必须注重推进预算决策过程中的民主，尤其要发挥在公共预算决策过程中人民代表大会的实质性控制作用，切实转变立法机构对政府预算'软约束'的被动局面，为建设'预算国家'、实现国家治理转型寻求突破口"①。从这个角度来看，在建立一种现代意义上的公共预算制度的道路上，目前我国还处于起步阶段。实际上，建立现代公共预算体制的过程就是一个实现国家治理的理性化与民主化的过程。尽管我国目前离实现国家治理的理性化与民主化这一理想还存在很大的差距，这一道路还有很长的一段路要走，但这毕竟是我国构建现代国家的必由之路。一个真正的现代国家必须而且应当是一个民主国家，而一个国家是否民主首先应当从预算过程是否民主中体现出来。

总的来说，我们可以把我国推行公共预算改革的过程看成是一个实行社会变革的过程，这是推动国家治理的理性化与民主化这一理想非常重要的一个方面。而就具体预算改革实践而言，实行预算民主是非常重要而且又是十分必要的。实际上，真正现代意义上公共预算制度的形成，必须要以一个民主的政治过程和政治结构的建立为前提条件。基于此，我国目前的预算改革必须要以推动政治体制改革、实行预算民主为方向。

二 当前中国公共预算民主性的不足

当前中国公共预算过程中的民主性严重不足，这主要表现在两个方面：首先，我国预算长期以来一直被政府部门视作所谓的"国家机密"，不向公众开放，透明度很低，普通公民无法真正了解公共预算的详情，既谈不上有效的监督，更谈不上真正的预算民主。其次，在实际的运作过程中，我国人大的预算权长期以来被虚置，预算的监督机制也很不到位。

---

① 高静：《多中心体制下的公共预算决策及预算民主》，《学海》2010 年第 5 期。

1. 预算不公开，透明度严重不足

长期以来，我国预算一直被当成国家机密，是不向社会、公众公开的。2008 年 7 月，沈阳市民温洪祥提出申请，要求政府有关部门公开招待费、差旅费等，遭到了拒绝，理由是"极其敏感，难度极大"。还有一个叫王清的青年，有一次向南阳市政府提出申请，要求公开行政部门信息，竟一度被当作"间谍"。而政府部门拒绝信息公开的理由是什么呢？可谓是五花八门，诸如国家安全、保密需要、国家机密、不属于对外公开范围等，都可以成为不公开预算的理由。另外，预算信息"缩水型公开""过滤性公开""选择性公开"也是很常见的事。在当今世界上很多国家，政府信息公开是很自然的事，这也是现代政府的起码要求，通常来说应是"公开是原则，保密是例外"，但在我国，公开却竟然成了例外。如此，服务型政府从哪里得以体现出来呢？对于我国预算不公开这一现实状况，众多的学者提出了批评。如中央财经大学财经研究院院长王雍君指出，"预算改革核心是透明，预算保密等同偷盗"[1]。另有学者说："没有公开性来谈民主是很可笑的。"[2] 中国政法大学教授蔡定剑也说："把预算作为国家机密，对现代文明国家来说是非常荒唐的。"[3] 他进一步指出问题的实质：预算不公开的原因在于一些政府官员最担心在公开预算后，领导支配预算的灵活性就相对较小了，公务消费开支太大，公开了会很不好看；另外，官员的实际收入太高，与市民的差距太大，公开出来会引起老百姓的不满，影响社会稳定。由此我们可以看出，在所谓"国家机密"的"挡箭牌"下，掩盖的是一些官员的一己私利与既得利益，真正原因在于他们希望权力的滥用能够得到继续。

实际上，实行预算信息向普通百姓公开应该是很自然的事，是政府本身的职责所在。从当今世界各国的通行做法来看，实行预算公开是一种常态。如果一个政府是真正民主的，那么，预算公开是其应有

---

① 搜狐财经（http://business.sohu.com/s2010/economistforum18/）。
② 苗连营：《论立法过程中的程序公开》，《人大研究》1999 年第 7 期。
③ 蔡定剑：《把预算作为"国家机密"真荒唐》，《中国新闻周刊》2010 年第 1 期。

之义。就我国的政治制度设计而言，政府向人民征收税负要获得一定的合法性，就必须将税收方案提交到通过民选的人大代表那里进行讨论，并必须要经过人大批准。基于此，预算信息当然应该要向民众公布，让人民知晓其中的具体条框、细节，同时还必须要接受人民的监督。事实上，要对政府官员手中的权力进行有效的约束，实行预算公开是一种必然选择。因此，我们可以这样说，公开透明，进而让公众参与到预算中来，是预算管理改革的题中应有之义。纳税人是财政资源的创造者，政府作为财政资源的分配者，公众和政府的目标与诉求通过预算公开达成了一致，随之带来的经济和社会效益，将远远超出狭义的财政范畴。而在美国著名的预算改革先驱克利夫兰看来，如果说效率是政府的最高美德，那么，实行预算公开是政府效率的保证。政府的钱归根结底是来自于人民，依据"人民当家做主"这一宪法原则，只有人民才真正有权力决定该怎么花这些钱。一个美国学者曾经指出："国会所有唱名表决60%都是有关预算的问题……预算就是最典型的政治步骤。"① 从这句话中我们可以非常清楚地了解到预算与政治以及民众究竟是怎样的一种关系。全国人大财经委副主任吴晓灵指出："预算公开改革不是技术问题，而是政治决心问题，是敢不敢公开的问题。"② 就当前中国的现实情况来看，实行预算公开包含非常特别的民主价值。当前中国正在进行民主政治建设，要想真正实现民主这一目标，对各种可行的实现民主的技术手段进行探索是必要的，如果能够探索出一种切实可行的技术性手段，将会大大促进民主政治的发展进程。事实上，预算信息公开，让人民参与到预算过程中来并让人民对预算实行切实有效的监督，这一方面可以说是民众参与政治的一个实际步骤，另一方面也是实现人民民主的具体形式之一。事实上，预算公开包括两个层次：一是向代议机关公开，接受代表的审查和监督；二是向公众公开，以保障公众的知情权、参与权与监督权。

---

① ［美］尼古拉斯·亨利：《公共行政与公共事务》，张昕译，中国人民大学出版社2002年第八版，第207页。

② 吴晓灵：《预算公开改革不是技术问题》，《瞭望东方周刊》2010年4月12日。

　　而从法理上而言，国家的一切权力来自人民，政府只有征得全体公民的同意才能课税和使用税款，以及从事其他公共财政活动。公共预算相当于公民与政府之间的合同。既然是公民和政府之间签订的合同，公开是很自然的事。在一个民主国家里，公民作为国家财政资金的提供者，有权全面了解自己的钱是如何被政府花掉的，即了解财政资金的使用情况，这本来是无可厚非的。知情权是现代社会公民的一项基本权利。预算信息公开是公众对财政问题进行讨论的前提条件。在现代复杂多变的经济里，对社会经济问题包括财政问题的公开讨论是保持经济、社会稳定发展不可缺少的程序，是民主财政的题中之义。因此，我们可以归结起来这样说，预算是公民与政府的契约，预算公开是现代社会的基本要求，也是公共权利得以实现的条件。

　　然而，光做到预算公开还是不够的。推行预算改革的目的是要建立一种真正的公共预算。也就是说，就预算而言，公众不但要有知情权，公众知情只是一个前提条件，在知情的基础上，公众还必须要有参与、监督预算的权利。也就是说，预算公开只是手段，不是目标。预算透明，就是要使公众参与和监督带来的良性互动成功地得以实现。通过实现预算公开透明，让公众真正参与到预算活动中来，是预算管理改革的题中应有之义。另外，公共预算向社会公开，是国际惯例，也是实现民主政治的基本条件。也就是说，公共预算本来就应该是透明、民主的预算。所谓的透明就是应该将所有的预算项目都公布出来，不仅要让公众能看得到，还要让他们能看得懂，让公众监督整个预算的全过程。事实上，预算资金本来就是公共资金，应该是"取之于民，用之于民"。群众应该知道，按照法律规定我应该尽哪些纳税的义务，更应该知道，政府按照有关法律法规的规定筹集的资金用于哪些方面。

　　我们必须要明确的是，预算公开不等于预算透明。预算公开实际上开启的是我国政治改革的大门，权力问题是核心，所以在后面难度还会一步步地加大。也就是说，在公开之后要做到透明，仍然还有很长的路要走。而在预算透明度这一领域，我国与许多国家相比还存在很大差距。王雍君在将中国财政预算透明度与 IMF 最低标准要求进行了比较后，得出以下结论："目前中国的财政预算透明度在主要指标上都与国际货币基金组织的最低标准存在差距。"[①] 根据普华永道2001年1月发布的关于"不透明指数"的调查报告中，就腐败、实务、政府管制、法律、财经政策、会计准则等方面对"不透明指数"进行评分与排序，中国在被调查的35个国家中是透明度最低的国家："不透明指数"高达87，远高于透明度指数最高的新加坡（29）和美国（36）。[②]

从公共管理的角度，经济合作与发展组织（OECD）对透明度做出解释，指出透明度一词对于不同的组织（监管者）具有不同的含义，从简单地告知公众调控的决策，到对管理裁量权以及腐败行为进行控制，从健全法典编撰和中心注册制度并借此优化法律组织体系，到运用公共咨询、监管影响分析以及决策中积极的公众参与。预算透明度的意义在于获得公众的理解和参与，因此，经济合作与发展组织国家特别强调透明度是在政府与利益相关者之间的双向互动（见表6-1）。

表6-1　　　　　　　　一些国际组织对透明度问题的关注

机构名称	包含透明度内容的文件
国际货币基金组织	财政透明度最佳做法和金融市场透明度最佳做法守则
国际会计师联合会	公共部门的会计标准
国际最高审计机构	公共部门的审计标准
巴塞尔银行监管委员会	国际银行业透明度原则
经济合作与发展组织	①预算透明度的最佳做法；②国际投资与多国企业宣言；③反贿赂条约；④美洲国家间反腐败条约；⑤多边投资协定
亚太经合组织	贸易、投资自由化及便利措施中的透明度标准

---

① 王雍君：《全球视野中的中国财政透明度——中国的差距与努力方向》，《国际经济评论》2003年第4期。

② 同上。

续表

机构名称	包含透明度内容的文件
世界贸易组织	政府采购协议中的透明度标准
联合国	反腐败国际公约等

资料来源：Ana Bellver and Daniel Kaufmann，"Transparenting Transparency"，*Initial Empirics and Policy Applications*，2005，World Bank.

总的来说，我国预算过程中严重缺乏透明度是一个不争的事实，而影响中国财政透明度的制度性因素主要包括以下几个方面：首先，中国传统的政治制度使我国缺乏公共信息公开的基因，其影响一直到今天也还不能完全消除；其次，我国至今也还没有建立起真正意义上的公共财政；最后，政府机构具有隐瞒预算信息的强烈动机。[①] 然而，预算公开、透明无论从哪个角度而言都有着一定的积极意义："预算透明度的增加确实加强了政治家的责任感，使他们更加努力地工作，绩效显著。选民因此对政治家更具有信心，愿意将更多的资源交给政治家掌握使用，从而导致政府规模的扩大。"[②] 一个开放、透明的预算制定过程，将会促进一个国家朝民主制度迈进。相对于通过街头政治、示威、动乱来追求民主而言，预算民主化是一个更加稳健更加可取的民主化进程。

2. 人大的预算权虚置、监督机制不到位

在西方国家里，作为代议机构的议会（国会）有一项古老的传统权力，即财政权。这一项权力在西方国家是至关重要的。政府每年的财政收入与支出必须要经议会（国会）审议通过，政府收入和开支的细目同样也要经过议会同意。也就是说，政府的每项开支只能局限在议会（国会）同意的范围之内。同时，还要求政府每年要对上一个财政年度内财政收入与支出的数额作出总结，并向议会报告。这项权力

[①] 参见蒋洪《公共财政决策与监督制度研究》，中国财政经济出版社 2008 年版，第 24—27 页。

[②] James E. Altand David Dreyer Lassen，"Fiscal Transparency，Gubernatovial Popularity. And the Scale of Government：Evidence from the States"．

通常被形象地称为"管理国库的权力"或"钱袋权"。这是西方国家国会对政府进行制约和监督的至关重要的手段。我们可以举一个典型的例证：1994 年，以共和党代表占多数的美国国会与代表民主党执政的克林顿政府在预算问题上发生了分歧，以至于拖到新的财政年度实行时还不能通过财政预算，结果导致政府机构无钱可用，非常尴尬，最后出现被迫三度关门的现象。

而目前我国的现实情况是，相对于行政机关的强势地位而言，代表民意的立法机关（人民代表大会）的功能非常弱小。"人民代表大会的这一权力是薄弱的，应当引起重视和加强"①。对于这一现状，天津财经大学李炜光教授说得恰如其分：财政部相当于一个出纳，而发改委则经常充当会计的角色，人大则被撇在了一边。这就导致了我国人大的预算权虚置，监督机制不到位，预算的民主性自然也就严重不足。

其中的原因固然在于负责预算审查工作的立法部门工作人员素质跟不上以及信息化程度较低等这些客观因素，但更多的原因可能在于我国"强行政"的政府体制。如就我国追加预算工作的实践来看，追加预算本来是不属于应对突发事件与国家重大政策项目之内的，但为了落实地方主要领导人的施政计划，而且这些计划通常是在预算之外的，这个时候就必须要新增一些项目，而且新增项目在多数情况下是自上而下。这样，在追加预算的具体操作过程中，立法部门所能发挥的作用是非常有限的，多数地区通常的做法就是采用备案制。具体而言，就是在追加项目时只需要政府主要领导同意便可以立即开始实施，并不需要事先通知立法部门，只需要事后告知一下就可以了。这样一来，对于那些新增项目比较多、新增财政所占比重比较大的地区，就意味着有很大一部分财政资金一点也没有受到立法部门的监控，是完全游离在人大的监控之外的，部门预算之外的"行政预算"就这样形成了。那么，应该由哪个机构实施对行政机关的监督呢？当

---

① 徐育苗：《论中西"代议制度"的主要差异及其相关性》，《政治学研究》2001 年第 4 期。

然，这个时候我们根本不能寄希望于行政机关的自我革命，希望他们能健全自身内部的监控机制；我们应当做的就是在理顺监控程序、建立切实有效的运作机制的基础上，进一步提升立法部门的预算监督、管理能力，进一步发挥人大在预算决策与执行中的作用。这样做一方面可以更进一步地规范好政府行为，另一方面还可以有效地推进预算民主化进程。我国学者蔡定剑认为："对政府行为的监督可以分为对计划和预算的监督、对政府责任的监督。"① 而我们在这里讲的是对政府预算的监督，实际上，作为代议机构的人大，在预算方面的权力主要包括预算审批权与预算监督权。而代议机关的监督权本身就是一种强制性权力，人大的预算监督权也应该是一种强制性权力，基于当前我国立法机构相对于行政机关的弱势地位这一现实状况，这一权力必须要得到进一步的强化，原因就在于预算是"反映政府活动的一面镜子"②。同时，人大的预算审批权同样也应得到强化，通过对预算进行审批，人大一方面可以对政府权力运作的细节进行监控，另一方面也可以有效地遏制政府官员的贪腐行为。通常情况下，预算监督、审批权是联系在一起的，是同一过程中的两个方面。事实上，一些学者甚至直接将预算审批权归入监督权。如美国学者肯尼思·F. 沃伦认为，"创设与组织的权力、控制行政部门预算的权力及调查行政部门活动的权力是国会的传统三项监督权"③。

　　总而言之，当前我国公共预算的民主性严重不足，而要提高预算的民主性，必须要做好两个方面的工作。首先就是要形成一种有效的预算分权与制衡机制；其次就是要加大促进公众参与预算的力度。从预算分权与制衡的角度来看，作为公共权力的核心环节，预算权不仅仅只对与之相关的部门意义重大，实际上，一个国家许多的利益矛盾都集中到这里了。对预算权力重新进行分配的过程其实就是国家权力

---

① 蔡定剑：《中国人民代表大会制度》，法律出版社 2003 年第四版，第 372—382 页。

② 王传纶、高培勇：《当代西方财政经济理论》，商务印书馆 1995 年版，第 314 页。

③ ［美］肯尼思·F. 沃伦：《政治体制中的行政法》，王丛虎等译，中国人民大学出版社 2005 年第三版，第 164 页。

的重新分配、控制与运用的过程。预算分权牵涉到的部门有立法机关、政府、政府财政职能部门甚至还有独立审计机关等。要将权力在这些部门之间进行合理的分配，并形成一个各部门之间相互制约的运作体系，这并非易事。因为这从表面上看是政治制度设计的问题，但对于我国而言，更主要的可能还是具体实践的问题。而就加大促进公众参与预算的力度这个方面而言，同样也是有一定的现实意义的。如果能够实现公众对预算的参与，尤其是普通公民对预算决策过程的参与，既是包括预算制度在内的政治制度的内在价值得以体现的重要保障，也是现代社会民主、进步的显著标志。然而，无论是预算的分权与制衡还是促进公民的预算参与，对我国而言都必须要有一个过程，因为，这不仅是政治制度设计的问题，更多的可能还是与我国传统的集权、强行政的政治文化有一定的关系，毕竟要改变行政官员传统的执政理念并非一朝一夕的事；除此之外，无论预算分权、制衡还是促进公众参与预算都必然要影响到他们手中的权力及自身利益，因此他们也缺少进行改革的动力。

三 当前中国发展预算民主的必要性

西方学者在对公民参与预算进行了系统、深入的研究之后发现预算并不只是纯粹的技术问题，也不是纯粹的管理问题。事实上，预算事关一个社会的公平、正义程度，同样，预算也与公民自治以及民主权利等方面紧密相连。要让公民权利得到落实，并真正实现民主治理，必须要以其作为手段。[1] 而如果要扩大公民的参与，最成熟、稳妥的做法就是实行制度预算。对地方政府而言，如果能在预算过程中建立起有效的公民参与机制，那么就可以大大地降低公民对政府的不信任，同时，也可以更好地实施对公民的民主教育，促使他们更多地了解政府。[2] 实际上，所谓的公共预算改革，就是要将原来私下和内部进行的预算过程变成让公众知道，是需要公众进行参与，并提出不

---

[1] Jonathan Kahn, *Budgeting Democracy*: *State Building and Citizenship in America* 1890 – 1928, Cornell University Press, 1997.

[2] Maureen Berner, "Citizen Participation in Local Government Budgeting", *Popular Government*, Spring, 2001.

同意见，从而对预算进行修改，使政府的财政开支能够符合社会全体公众的利益需要。

从我国现实的状况来看，目前我国的各级预算离民主预算还有很长的一段距离，这使我国在预算编制过程中随意性太强，同时预算执行起来刚性不强。因此，如果不对公共预算进行彻底的变革，不实行真正的"民主预算"，就不能从根本上解决当前我国预算过程中的种种问题。当前我国政府间财政关系改革与财政支出管理体制改革都已经发展到了一个需要深化、攻坚和突围的阶段。在这样的状况下，要使这两个阶段的改革不断深入，并取得更多的改革成果，就需要预算民主这个外力来推进改革。同时，公共预算改革也是我国民主政治进程中非常重要的一个组成部分，增强对公共预算的监督，是实现社会公平正义的途径之一。因此，在现阶段，如何凝聚所有可能的制衡力量，如何让公众及舆论力量与体制内力量对接，以哪种策略与行政部门互动、对话，最终实现预算形成及审议过程的民主，完成推动预算民主的使命，这些问题都是我们必须要面对的。而现阶段我国实行预算民主的必要性具体表现在以下三个方面。

首先，实行预算民主是进一步深化公共预算改革的必然要求。这可以从两个方面体现出来。其一，就分税制改革与预算民主的关系来看，我国在1994年推行分税制的主要原因就是当时中央面临着日益严重的财政压力，就其制度设计而言，必然会或多或少地包含有旧体制的一些元素。同时，由于政治体制改革进程明显偏慢，分税制只在税收收入上做了区分，而在事权上划分并不清楚。也就是说，中央只将财政收上去了，事权却仍然留给了地方。这样，分税制一点也没有体现出"分权"的精神，只能说是一个半拉子改革。更为糟糕的是，推行分税制改革之后，到目前为止，仍然还没有就与其相关的税收与转移支付制度进行立法。这也就意味着分税制财政体制至今也没有通过宪法或立法程序，而是直接以行政程序取而代之，这样就不仅使得我国分税制缺少法律依据，也为财政体制以后的运行埋下了定时炸弹。随着民主政治的不断发展，其合法性越来越受到人们的质疑：在没有经过人民及其代议机构的审查同意的情况下，中央政府凭什么对国家的财政资源分配擅自进行划分呢？事实上，无论民众还是地方政府，对此都有一定程度的不满。如果这种没有经过人民同意甚至是没有经过任何立法程序的财政制度长期实行下去，就必然会导致社会矛盾的进一步激化。财政税收政策事关重大，因此，在分税制的政策制定、调整的过程中，必须要实行预算民主，让公众和地方政府能够找到一个渠道来表达自己的利益诉求，从而影响到中央的决策，只有这样，才能为建立良好的财政体制系统网络奠定坚实的基础，从而促进社会稳定，真正实现民主、平等、公平、正义的价值追求。

其二，就财政支出管理体制而言，尽管这些年来我国财政支出管理的发展速度较快，但还存在不少的问题：支出的安排不科学、不合理，随意性太强；支出结果的真实有效性同样也值得怀疑。事实上，我国的财政支出的监督只是依靠所谓的"审计风暴"，其有效性是值得怀疑的。如果不经过财政改革，难以从根本上解决问题。事实上，我国预算实施过程中行政权力对预算的干预太多，预算编制的技术手段落后，预算决策的随意性太强，很多时候都是主要领导头脑发热、拍脑袋的结果，预算执行过程中的变数也很多。而且在很大程度上，预算是不同机关、部门进行"寻租"活动的工具，各个利益主体都在谋求自身利益的最大化。而一旦财政支出出现了问题，往往无法找到一个明晰的问责主体。正如马骏所指出的那样，在没有选举制的情况，如何进行财政问责是一个令人感到困惑的问题。[①] 事实上，我国的财政预算活动，尽管有党政机关这样那样的利益主体代表参与到预算过程中，却偏偏没有民众及其代表参与其中。这也就意味着，我国公共预算实际上是远远偏离了民众的需要，成为不同政治利益团体进行资源分配的工具了。基于此，在财政支出管理体制改革中，最大的困难就在于保证财政支出的合理安排并发挥其效益，而实现这个目标必须要推行预算民主。

其次，实行预算民主是顺利实现财政国家转型的必然要求。自改

---

① 参见马骏《没有选举的财政问责的困惑：中国预算改革研究》，载马骏《治国与理财：公共预算与国家建设》，生活·读书·新知三联书店 2011 年版，第 160—189 页。

革开放以来，我国市场经济不断深入发展，国家财政收入的支柱逐步由国有企业利润转变为税收收入，而且私人部门的税收所占比例越来越高。这一切都表明中国正在逐步由自产国家转变为税收国家。而在这一过程中，伴随着私人财富的增多、产权观念的发展、纳税人意识的不断增强，公众要求实行预算民主的呼声也必将随之不断提高。公众必然会要求政府采取符合纳税人利益的预算政策，并使预算民主从需求转变为制度。但从目前我国的财政体制的运行状况来看，存在问题很多。一方面政府征了很多的税，政府非常有钱，但真正用在民生上的却很少，财政收入很大一部分是被政府机构自身所消耗掉了。另一方面，从政府的项目投资而言，我国目前还只能说是一种发展财政或建设财政，而不是公共财政。多数政府官员并不具备公共财政的思维。那种希望单靠官员的道德觉醒或思想进步来解决我国财政体制中的问题是不太现实的。因此，要实现财政国家转型，必须要实行预算民主。

最后，实行预算民主是巩固中国共产党的执政地位、提高其执政能力的必然要求。根据马骏的观点，自 1978 年以来，中国共产党一方面继续巩固传统的政治合法性基础，也就是历史所赋予的合法性；另一方面也寻求一种新的政治合法性，即亨廷顿所称的"政绩合法性"，即大力促进经济发展，改善人民的生活质量，由此获取人民的信任与支持。这一将执政的合法性建立在经济发展基础之上的做法，在实行改革开放之后的 20 年里获得了很大的成功。但是好景不长，到了 20 世纪 90 年代后期，共产党又面临着"政绩合法性困境"①。因此，共产党又不得不寻求新的合法性基础。在新形势下推进社会主义民主政治便成为共产党提升自身执政能力建设的必然选择。这也就是所谓的"民主合法性"。公共预算是政府实施其政策的重要内容。这就意味着，如果政府能够真正做到将自己置于人民及其代议机构的监督之下，有效地防止贪腐及浪费行为，将财政收入真正有效地配置到

---

① 马骏：《预算改革：中国预算改革的政治学基础》，载马骏《中国公共预算改革：理性化与民主化》，中央编译出版社 2005 年版，第 48—56 页。

公共服务上，满足公众的需求，人民对执政党的支持将会得到大幅度的提高。因此，执政党所面临的政权的合法性问题也就可以完全得到解决。在这样一种情况下，扩大公民的预算参与，实行民主预算，建立起一个民主的预算管理体系，是共产党当前加强自身的执政地位、提高执政能力的必然要求。

四 公民参与预算：从西方话语到中国语境

如前所述，公共预算从经济与技术层面来看就是政府收支对比的计划表，预算本身就是通过一定的政治程序确定的，而预算又决定了财政配置资源的规模与方向。而就预算的本质而言，它其实就是纳税人及其代议机构对政府行为实施控制的一种工具，是实现公共决策民主化的制衡机制。我国要构建公共财政预算制度中的治理机制，就必须打破计划经济时代遗留下来的以国家为单一治理主体的模式，要把被动的、潜在的治理主体激发起来，鼓励公民以及其他社会团体积极参与到预算过程中来，以建立民主财政制度框架之下的预算治理模式，让蕴含在公共预算中的治理机制运转起来。事实上，自1998年我国提出建立公共财政框架体系，1999年九届人大常委会颁布《关于加强中央预算审查的决定》以来，我国公共治理改革的目标已经明确，即要构建财政治理结构与治理机制。近些年来，"自上而下"的改革牵引力逐渐与"自下而上"的改革推动力汇合在一起，形成一股比较壮观的改革潮流，在很大程度上也激发了普通公民参与预算的积极性，预算民主的发展也由此进入了从无到有并不断深化的新的阶段。我们可以这样说，公民参与预算，既是民主财政预算治理机制方面的创新，也是民主政治不断向前发展的具体表现。这可以从以下几个地区的预算改革实践中得到验证。

1. 浙江温岭的"预算民主恳谈"

温岭位于浙江省东南沿海，作为一个县级市，它是我国农村股份合作制的发祥地，也是一个民营经济比较发达的地方，在2007年的中国县域经济百强县中温岭排在第14位。1999年，以开展"农业、农村现代化教育论坛"为发端的温岭民主恳谈会徐徐拉开了序幕，一场数万人参与的基层民主政治实践开始了，温岭市新河镇由此开创了

"预算民主恳谈"这一中国特色的基层公共预算模式。在这一模式下，人大代表与民众通过民主恳谈的方式参与到预算过程中来，对政府制定的预算方案进行讨论与审议，然后由人大代表提出议案对预算进行修改，最后按照法定的程序，以表决的方式决定是否通过镇政府的财政预算报告。从预算民主恳谈实施的整个过程以及最后的结果来看，基层财政预算改革在一定程度上达到了预期的效果，总体而言确实具有一定的创新价值。

在1999年的初始阶段，民主恳谈制度实质上是一种当地党委、政府与群众进行对话的一种机制。也就是在市场经济不断发展的新形势下，温岭市开展施政工作的一种新载体，其目的在于以民主的方法促进农村的思想政治工作。后来，温岭市委又在总结前期实践经验的基础上，对民主恳谈做了更为深入的分析、探讨，并将之应用到实践之中，最后终于成功地将其拓展为一种新型的基层民主形式。总的来说，预算民主恳谈是一种崭新的基层民主运作机制。

就其发展过程而言，温岭预算民主恳谈会大致可以分为以下三个阶段：第一个阶段是基层民主实践阶段，在这一阶段，民主恳谈会作为一个新生事物出现在农村的政治思想工作中。第二阶段是与基层人大无缝结合阶段。这一阶段的民主恳谈充分利用了现有的政治资源，与我国的基层政治制度相结合，为预算民主恳谈奠定了基础。第三个阶段是预算民主恳谈实施阶段。在这一阶段选取公众感兴趣的公共决策中最重要的预算为主题，将民主恳谈的方式融入预算起草和审查、监督中。

实际上，民主恳谈本来是一种官民对话机制，即政府官员就公共事务与公众进行自由、公开、平等的对话与交流。官员是在吸收公众意见的基础上做出最后的决策的。民主恳谈的积极意义主要表现在它一方面为公民参与地方治理提供了渠道，另一方面也增强了公共事务决策的透明度。但从这个角度来看，"民主恳谈"至多也还只是一个政府官员就公共事务与公众进行对话的制度性平台。而温岭市的创举就在于以民主恳谈作为制度平台，在结合基层人大制度的基础上，选择公共预算作为改革的突破口，创造性地实现了公民政治参与从体制外向体制内的转移。由此看来，温岭的预算民主恳谈可以说是中国对基层财政实施有效治理的一种创新模式。它成功地将民主恳谈这一体制外的制度创新与现行制度实现了有机融合。也就是将民主恳谈引入乡镇人代会的预算审查、监督过程中来，并以推行预算民主作为切入口，通过民主恳谈的方式"激活"基层人大，使基层人大和人大代表能够依法履行自己的权力，使人民代表大会制度成功地回归到了人民民主的本来意义。温岭的预算民主恳谈由于激活了人大制度，促进了代议机构对预算的审查与监督，使预算民主得到了充分发挥；同时，预算民主恳谈通过广泛吸收社会成员参加预算的讨论，在一定程度上弥补了现代代议制民主的缺陷，使作为一种直接民主形式的预算民主在间接民主社会中得到了进一步的拓展。由此，温岭的预算民主恳谈以及中国其他地区的参与式预算改革正在为基层民主政治拓展新的生长空间，而基层的民主财政模式也应沿着"自下而上"的路径向上推延，对高层次上的预算改革和公共支出管理发生重要影响，温岭的预算民主恳谈及中国其他地区的参与式预算实验将成为我国社会主义民主化进程的一个新的起点。由此，李凡教授认为，浙江温岭的预算改革是中国地方政府在实施公共预算改革过程中所取得的重大突破。实际上，尽管温岭预算民主恳谈存在不少的问题，它的进一步推进也面临着不小的挑战，但是它坚持的预算民主毕竟是中国预算改革的大方向。通观温岭预算民主改革的全过程，我们可以发现预算民主其实是政府民主治理的一个环节，它的推进得益于政治民主改革，与中国整个民主进程是息息相关的，单兵突进没有基础也无法继续快步前行。然而，温岭预算民主改革的意义就在于，它大大推动了基层预算民主的进程，也向中国政治民主迈出了有力的一步，同时也使中国的民主政治有了进一步推进的基础。

2. 重庆市、上海市闵行区的预算听证制度

所谓的听证，就是听取意见、证明是否合理合法的会议。听证制度最早源于英美法中的自然公正原则。这一原则后来被逐步引入立法与行政活动领域，于是便有了所谓的立法听证制度与行政听证制度。就我国的政治实践而言，听证制度目前已经成为我国一项非常重要的

法律制度。听证制度的确立及其实施对于我国实现依法治国方略、建设社会主义法治国家具有非常重大的现实意义。实际上，在一个真正民主国家的社会、政治、经济生活中，所有和人民群众有关的公共事项都应该事先听取群众的意见，向群众证明所提出的意见和措施是正确的。立法和群众利益密切相关，有关商品的价格变化同样也与群众利益相关，当然要开听证会，而预算特别是大型项目的预算更是应该如此。

为了使财政资源分配能够真正公开、透明，消除预算追加过程中存在的随意性，确保整个预算追加过程真正做到公开、透明与公正、公平，探索规范的内部控制约束机制，促进廉政建设，重庆市2003年在全国率先实行预算追加听证会制度，对预算单位申请追加财政资金采用预算听证的方式，在很大程度上消除了多年来在预算追加过程一直存在的"暗箱操作"问题。按照以往的做法，一个单位或部门需要追加预算，先是由其提出申请，然后由联系该单位的处室对预算追加申请进行审核并给出处理意见，再按相关程序审批。这种传统的预算追加方式在整个操作过程中几乎没有多少公开性和透明性可言，预算决策既不民主也不科学，经常会出现财政资源分配不平衡的问题。在这种情况下，重庆市财政局首先对传统预算追加模式进行了大量的调查研究，而后又对预算追加制度进行了一些可行性论证，并在2003年制定了《重庆市财政局预算追加听证会制度》。主要目的就是要对追加预算的审议与确定程序进行规范，建立了预算追加听证制度。

重庆市实行预算追加听证会制度的主要目的就是让追加预算实现"阳光作业"，杜绝"暗箱操作"，因而从源头上根治腐败。在预算追加过程中引入听证制度，是重庆市实施财政管理制度改革方面的一次尝试，也是一种创新，这在全国也是首举。在追加预算的过程中实行听证制度将可以在很大程度上提高预算管理水平，事实上，实行预算听证也促进了政府财政更好地接受社会的监督，促使政府切实实践执政为民理念。实行预算听证制度可以被看成是财政部门科学理财、民主理财与依法理财的具体表现。在实行预算听证制度的过程中，由于引入了科学、民主的决策机制，从而可以更合理地分配财政资源，节

约了公共财政资源。此外，预算追听证制度在促进预算管理的法制
化、制度化与规范化的同时，还促进了预算管理的公开、透明并提高
了预算管理效率。

重庆市的预算听证制度创新，在全国起到了很好的示范作用。河
南、上海等地也进行了预算听证会的改革尝试。其中，上海闵行区的
预算听证制度更是在重庆预算听证制度的基础上做了进一步的探索与
拓展。2008 年年底，上海闵行区也迈出了关键性的一步，主动从区级
财政预算中拿出两个项目，向人大代表和社会公众征询修改意见。而
在这之前重庆市和焦作市进行了预算听证方面的尝试，但预算听证会
还只是由财政局组织的，只是政府内部的自我监督。而闵行区的预算
听证会是由人大主持的，突出强化了人大在政府预算编制之前的审查
监督，并与政府的绩效预算改革结合起来。相对于我国其他一些地
区的从村级财政预算到镇级财政预算的改革路径，闵行区这种自上而下
的改革显得更加规范，改革力度也明显更大。2008 年，上海市闵行区
人大常委会组织了首次预算听证会，次年，又举办了第二次。经过后
来不断的摸索、探讨，预算听证逐渐演变为一种制度平台，使公众有
效、有序地参与预算成为可能。由此，预算听证也就成了人大常委会
进行预算初审必不可少的一个环节，这一切都为人民代表大会对预算
进行实质性的审查并在此基础上批准预算奠定了基础。上海市闵行区
实行人大组织的财政预算初审听证会，将公共预算过程公开，让公众
论证其分配合理性，其实就是在实践和打造民主制度，这对于保障民
众的知情权、参与权与监督权无疑是具有直接的现实意义的。参与权
是政治民主化、行政民主化发展的需要。像闵行区这样将两个与民生
问题相关的财政预算，以组织听证会的形式让社会公众、人大代表、
政府机构参与到讨论中来，以此实现了预算编制的科学性以及人大预
算审查的有效性，这种坚守公共财政的民主程序的公共预算改革，一
方面提高了政府财政预算的透明度，另一方面也利于保障来自于纳税
人的政府财政支出实现效益最优化。实际上，如何才能落实好民主监
督财政预算问题不光是一个财政问题，它涉及公民与政府、纳税人与
公共产品的提供者之间的内在关系等方方面面的问题。

诚然，由于还处于探索阶段，无论是重庆市还是上海闵行区的预算听证会所体现的预算公开还有待进一步改进，存在诸如"线条粗""约束软"等问题，这些问题需要通过深化政府预算改革，包括扩大公众对政府预算的参与和监督等方式逐步进行解决。通常来说，公共预算就是政府把纳税人的钱用来办国计民生之事，从这个角度而言，以听证会的形式让公众参与到制定公共预算的过程中来，有利于公共预算的科学化与民主化，有利于推动传统预算模式走向现代预算法治。

3. 河南省焦作市的参与式预算

所谓的参与式预算就是指通过一系列民主讨论会形式，吸纳公众参与公共资金的分配、公共政策的制定过程。① 河南省焦作市是我国较早推行参与式预算改革的城市。

焦作市是位于河南省西北部的一个以煤炭为主要经济支撑的城市。然而，从 20 世纪 90 年代开始，由于以煤炭为经济支撑的焦作市遭遇到环保政策调整，生产总值和财政收入均出现负增长，捉襟见肘的财政危机促成了财政改革。同时，由于财政体制存在大量的问题，这主要表现在资金分配过程中存在大量的"暗箱操作"，资金分配程序也极不规范，一些单位大量挤占、挪用财政资金等，这一切都严重地影响着财政资金使用的整体效益，财政改革刻不容缓。焦作市委、市政府领导决议推行一场财政综合改革，以彻底改变人们的思想观念，进行深刻的利益调整，尤其强调必须要进行制度创新。在焦作市市委书记路国贤看来，财政改革是化解矛盾、让百姓满意的一个很有效的"抓手"。公共财政改革是在 1998 年开始推行的，起初是以会计监管与会计委派作为改革的突破口。从 1999 年开始，焦作市委市政府收回各部门财权，推行会计委派制，由市财政局统一派驻会计管理各单位财务，并进行预算公开、政府采购公开、社会听证、绩效管理等一系列改革。2007 年，焦作市财政局推出了一种四权分离制衡的财

① 苏永通：《五万亿财政收入怎么花出去——四学者呼吁公共预算改革》，《南方周末》2008 年 4 月 17 日第 5 版。

政管理模式，所谓的四权指的是"预算编制、预算执行、预算监督和绩效评价"这四个方面，由此财政绩效评价成为财政管理的基本机制之一。在此基础上，焦作市还研发、推出了"财经沙盘"，以此作为财政管理与决策的技术平台。到了 2008 年焦作市组建"财政绩效评价委员会"，这一机构专门负责财政绩效管理改革。也就是在 2008年，焦作市开始采用复式预算编制形式，对政府财政收入与支出进行严格的、规范化的管理。通过会计委派制、非税收入管理办法、政府采购制度等一系列措施，焦作市真正做到"让单位花钱不见钱、财政管钱不花钱"。

归结起来，焦作市参与式预算的经验主要包括两个方面：一是建立了公众广泛参与的财政民主决策机制，二是建立了"四权分离"的权力制衡机制。焦作市参与式预算改革有力地推动了民主进程。首先，参与式预算为公民参与预算提供了一种新的渠道，这一切使得公众直接、自由、平等、切实有效地参与社会公共事务决策、管理与监督成为可能。其次，参与式预算还体现了政府对公众权利的充分尊重并切实保障了公民权利的实现。最后，参与式预算还扩大了公民有序的政治参与，并赋予了人大代表与民众充分的知情权、参与权与监督权。归结起来说，参与式预算是推进基层民主政治建设过程中的一次有益的、大胆的尝试。具体而言，参与式预算在程序方面主要包括项目公示、民意测评、社会听证、人大质询等方面，这就使公众全程参与了政府资金预算编制与项目实施过程，使公众的权利得到了切实有效的保障；同时还拉近了政府与公众之间的距离，并使公众可以以一种新的方式行使监督政府预算的权力，并使得民意的表达更为顺畅，使公众在决策过程中的影响力得到了扩大，最后还增强了公众参与的"效能感"。从整个预算编制的过程来看，至关重要的两个环节就是专家论证和社会听证，有学者指出，"听证会是百姓参与财政预算的主要方式，而参与式预算则是推动公共财政改革的突破口"。

作为现代民主的一种实践形式，参与式预算过程中的参与者在整个预算制定过程中的作用是不言而喻的。一般来说，参与者的建议如果是合理的话，就会对预算项目和资金产生实质性的影响。比如，焦作市的做法就是在预算听证会产生的听证报告，按规定必须要在政府门户网站上公布，通过这种形式让预算接受来自社会的监督，从而在一定程度上增强了公众参与政府预算的积极性。按照我国目前的财政制度通行的做法，给政府职能部门拨款的数量多少，基本上是由市长或主管市长所掌控。不同的职能部门在申报预算资金的时候，相互之间通常都会进行攀比，最后的结果就是资金往往会超过原来预期的数目。财政部门预算权力较大，在进行预算编制的时候可以对拨款数额进行大幅度的修改。这样一来，通行做法就是一到申报预算的时候，各个职能部门的负责人都在为预算资金奔走，找市或财政局的相关领导，都希望能在有限的资源中多分得一杯羹，同时还经常出现各个部门直接跟财政部门讨价还价的现象。为了避免这种现象的不断出现，当时焦作市的财政局局长、党组书记申相臣提出一个解决方案：要真正管好财政资金，不能仅限于管住会计、管住账本，必须要进行制度上的创新，就是通过国库集中支付、项目评审、专家论证、社会听证、人大公审等一系列公开透明的管理制度，加强对财政资源的硬性约束。而且这一系列制度与会计委派制度结合在一起，确保了财政资源的安全。参与式预算也在改变资金管理乱局方面发挥了巨大的作用。当时有反贪局的官员指出：通过一系列制度创新，使以往那样贪污、挪用、截留财政资金现象层出不穷的局面在很大程度得到了彻底的根治。以至于出现了所谓"想贪污都不容易"的效果。正如当时有官员所描述的那样，公共财政改革在很大程度上改变以往那种个别领导人可以随心所欲地支配财政资金的局面，这使公民的民主权利得到了切实有效的保障，同时也大大促进了政府向服务型政府的转变。

基于焦作市参与式预算改革的实践，我们也归结出以下经验：改革要取得成功，就必须要对各个机构之间的利益关系做好平衡。焦作市参与式预算改革本来是要防止财政局"一局独大"，其初衷是要对各个部门之间的利益关系进行平衡。不曾预料到利益根本无法平衡，最后只好选择公开预算与引进社会听证等方式。这可能是完全出乎当初的制度设计者预料的。然而，这也从某种程度上表明了一点：通常情况下改革不可能是单兵突进，需要不同部门之间的权力牵制，必要时应当作出妥协。而公共财政的实施，要求所有财政资金必须经过政府预算，公众的参与又使这些资金的分配和流向透明化、科学化，减少了资金分配的随意性。参与式预算也提高了预算过程中的透明度。上海财经大学教授蒋洪的团队也评价称，焦作是中国财政透明度最高的地方。基于此，财政部财政科学研究所所长贾康对焦作参与式预算改革作出了评价："1998 年我国提出建设公共财政，中央层面的探索还在进行，地方层面却积极活跃。焦作在这方面走在了全国的前列，在诸多制度创新方面'敢为天下先'，堪称中国公共预算改革的标杆。"由此也可以看出，焦作的财政史也可以说是一场彻底的自我革命。

总而言之，焦作参与式预算改革的基本经验在于：对于那些与公众自身利益密切相关的公共项目，必须要让公众参与到决策过程中来，让公众对财政资金的使用进行全程的监督与管理。这一方面可以提高财政资源分配及公共服务过程中的透明度，消除公共预算投资过程中存在的"暗箱操作"；另一方面也可以为公众的"知情权""参与权"与"监督权"及其他合法权益提供切实有效的保障，确保有限的资金能真正用在那些公众最关心、得到实惠最多的项目之上，使公共资源"优先权"的排序在多方博弈中达到有效均衡。归结起来说，焦作市的参与式预算改革是一场涉及政治、经济、社会、文化等各个领域的全方位的改革，而焦作模式从制度、体制与技术创新等方面着手，有力地推动了政治经济体制改革，为当前我国正在进行的公共预算改革探路，并为之积累了宝贵的经验，它可能成为中国民主政治建设的又一个新的起点。

五　我国预算民主还存在进一步发展的空间

民主是现代社会中集体选择的基本方式，预算作为民主工具价值的发挥取决于预算本身的民主化。从预算的本质来看，它实际上就是纳税人及其代议机构对政府财政活动进行控制的机制，是一个作为配置资源的公共权力在不同主体之间进行分配的过程，同时它也是一个制衡结构与民主政治程序。公共预算的进化很大程度上得益于技术上的创新。要推行民主，可以把预算作为实现其目的的主要手段。当

然，要让预算成为现代民主的载体，必须首先对其进行民主化的改
造，此外，通过预算民主制约公共权力是实现社会主义公平正义的重
要途径之一。预算民主就是政府为履行公众托付的财政责任，把全部
的理财行为自觉置于公众及其代议机构监督之下的政府预算制度。预
算民主应是民主政治在公共预算全过程中所表现出来的一种状态，其
特点是由民众提出预算动议，由民众决定预算项目与编制方法，而且
民众必须要对预算执行与结果进行全面而广泛的监督与评估。预算民
主是公共预算的本质属性，是民主政治的重要组成部分，也是社会公
众的基本利益之所在。因此，我们可以说，预算民主是公共预算改革
的重要目标之一，是促进政府更好地提供公共服务的必然要求。而预
算民主的主要形式是代议制民主，但也不排除公众参与这样一种直接
民主形式，实际上，衡量预算过程是否民主以及民主程度如何必须要
以公众参与的广度和深度作为其重要指标。离开了充分的、实质性的
公民参与而谈论预算民主是不可理喻的，参与式预算正是预算民主的
基本形式。

　　中国当前的预算民主实践还存在许多问题：如在推行参与式预算
改革的一系列试点中，基本上都是由政治精英推动并由其起主导作用
的，总体上还是属于政府主导之下的公众参与，不可避免地存在一定
的局限性与缺陷：首先，政府的介入过于挤压了公众参与的空间，甚
至很多时候出现了公众被迫接受政府提出的条件与意见的情况，而不
是由公众自主地做出选择。其次，政府主导型的公众参与会在很大程
度上削弱公众参与的主动精神，甚至会让公众变成了被动的参与者，
这肯定是与改革者的初衷背道而驰的。再次，目前存在的几种预算民
主形式，无论是预算民主恳谈、参与式预算还是预算听证形式，都存
在一个是否可持续的问题。原因就在于目前包括参与式预算在内的这
几种预算民主形式仍然还游离于我国的制度框架之外，没有一定的法
律地位，缺乏法律保障与政策支持，事实上，它们只是地方政府进行
改革的试验结果，是典型的体制外的自然生长。因此，确实存在"人
走政息"这一危险，没有人能够确切地预知改革试点是否可以持续下
去。最后，由于改革试点是由个别领导人或政府所主导的，缺乏制度

性的规范，所以改革过程中不可避免地会带有一定的主观性、随意性。更甚的是，试点的"任务型"取向比较突出，特别是在试点范围扩大之后，如何解决"形式化"与"政绩攀比"是人们必须要面对的问题。

中国目前的预算改革，实际上就是通过政府内部的行政控制和人大的外部监督使得公共资金用于公共目的而不是私人目的。不足的是，"控制取向"的重点是在政府内部建立行政控制，而人大的政治控制没有真正进入改革议程。就我国现实的情况来看，代表民意的立法机关的功能还十分弱小，人大作为民意的代表机关，法定的预算监督功能发挥效用还有很大局限，由此，推行公共预算改革，在中国现行的政治制度架构之下，就必然要调整现有的政治结构，首先必须要加强人大的作用，围绕着加强人大作用这个核心，对当前中国的治理模式作出一定的调整。这也就意味着，在推行公共预算改革的过程中，必须要将人大激活，使其从"橡皮图章"转变为一个能够对政府机构进行切实有效监督的、有实际约束力的人大，必须真正从制度上加强人大的政治控制，当然，正如马骏所言："一个好的制度设计，并不意味着把绝对的权力交给人大。"而当前中国面临的问题是：预算改革在慢慢改变预算决策者做决策的方式，但是依然受到各种干扰，人大的预算监督还面临着很多约束，因此，从预算民主的角度而言，还存在进一步发展的空间。在中国建立一个公共预算的体制和过程，目前还处在起步阶段。事实上，从某种角度来看，建立一个现代公共预算体制的过程实际上也就是一个实现民主化的过程，而且这个过程既是一个预算民主化的过程又是一个国家治理的民主化过程。这也意味着，公共预算应该而且最终必须要建立在一个民主的政治制度架构之上，才可以被称为现代公共预算。因此，必须要进一步明确人大的预算权，同时，人大要加强能力建设。就当前中国预算改革现实而言，社会公众与地方政府反倒成了改革的先锋。而且当前中国的几个地方预算改革试点既没有法律的支持也没有体制的支持，通常情况下主要依靠几个开明的地方官员的推动作用，这样的改革的可持续性是值得怀疑的。如就当前中国主要的预算民主实践形式参与式预算来说，参与式预算至今还不在体制之中，没有法律制度的保障。事实上，如果没有法律制度的保护并与国家的财政体制及时地连接起来，单纯孤立的地方试验是很难持续下去的。由此看来，要真正实现"民主预算"，从目前的现实情况来看，必须要做好以下三个方面的工作：首先，要让公众真正参与到整个预算过程之中；其次，要形成三位一体的预算监督机制；最后，要建立起一种"结果导向型"的考核机制。

总而言之，以预算民主恳谈、预算听证制度以及参与式预算为主要表现形式的公共预算改革推动了我国政治体制改革的实践，实际上，公共预算改革的深入也在很大程度上有赖于政治体制改革的广度和深度。然而，由于预算民主出现，我国民主政治的发展进一步走向了多样化的发展趋势。当前，我国正在建设社会主义民主国家，预算民主也就为之提供了一个新的增长点。此外，通过在现有的制度框架之下的改进与创新，我国民主政治也有了新的生长空间，预算民主由此也成为我国一种新的民主实践形式。但另一方面，当前我国的预算民主发展确实还存在进一步发展的空间。

第七章　从权力走向权利：中国预算改革的政治学分析

第一节　预算中的权力与权利：一种政治学的研究范式

一　权力与权利：政治学的核心概念

就政治学的学科理论而言，权力、权利和利益都是政治学中的基本概念，而权力与权利历来就是政治生活赖以运转的两个轴心，其最终目标都指向利益。对于权力的概念，学术界虽有不同的理解，但多数学者都认为"权力是它的保持者在任何基础上强使其他个人屈从或者服从自己的意愿的能力"①。实际上，所谓的权力就是指公共权力，也即国家（政府）权力。而权利是指"法律规定法律关系主体或享有权利的人，具有这样行为或不这样行为或要求他人这样行为或不这样行为的能力或资格"②。实际上也就是个人权利或公民权利。由此，在政治世界中，权力与权利构成了公与私之间的根本对立。但长期以来，政治学似乎给予权力更多的关注，把权力当作了政治学的核心概念。如马克斯·韦伯认为："政治是指分享权力或力求影响权力的分

---

① ［英］A. 布洛克、枫丹娜：《现代思潮词典》，社会科学文献出版社 1988 年版，第453 页。

② 沈宗灵：《比较宪法研究——对八国宪法的比较研究》，北京大学出版社 2002 年版，第 52 页。

配。"① 拉斯韦尔也说："政治涉及的是权力的形成和分配。"② 而罗伯特·古丁等认为政治是"权力的有限制的运用"③。因此，当代美国著名的政治学者罗伯特·达尔总结道："权力概念是政治分析的中心。"④ 无疑，权力是一种最为重要的政治现象，权力的起源、权力的目标、如何规范政治权力、政治权力的制度安排理应成为政治学研究的对象。然而我们必须要明白，政治学在研究权力的同时不能忽视对权利的关注。离开对权利的关注，必将使政治学对权力的研究失去道德支撑和规范的基础。

事实上，从历史的角度来看，（公民）权利的存在及其实现程度是人类政治文明程度的一个重要标志，人类政治文明的历史就是一部扩张个人权利的历史。权力与权利构成政治生活世界的两个支柱，共同支撑政治生活世界。而权力与权利自古以来就被看成是政治活动赖以运转的两个轴心，两者都是以利益为最终的价值追求。但长期以来，人们似乎更偏爱权力，热衷于追求权力，而很少有人会认真对待权利。事实上，"权力政治"是贯穿于人类历史的一种普遍现象。然而，就权力与权利的关系而言，权利是本源，是根本，权力来源于权利，人们在关注权力的同时不能漠视权利。权利的实现更应成为人们政治生活的根本出发点，离开对权利的关注，政治学上的"善"和对美好生活的追求将无从谈起，那么，对权力的关注和追求必将失去道德支撑与规范的基础。作为一个人民当家做主的大国，关注、保护人民的权利是我国社会主义国家的本质要求。在现代社会，如果不重视对公民权利尤其是财产权利的保护，整个社会积极性的调动将无从谈起，更不会有所谓的"企业家精神"。因此，对权利的尊重和保护是

---

① ［美］艾伦·C. 艾萨克：《政治学：范围与方法》，郑永年等译，浙江人民出版社1987年版，第21页。

② ［美］哈罗德·D. 拉斯韦尔：《政治学：谁得到什么，什么时候得到以及如何得到？》，杨昌裕译，商务印书馆1999年版，第3页。

③ ［美］罗伯特·古丁、汉斯·克林格曼：《政治科学新手册》（上册），钟开斌等译，生活·读书·新知三联书店2006年版，第8页。

④ ［美］罗伯特·达尔、斯泰恩·布里克纳：《现代政治分析》，王沪宁、陈锋译，上海译文出版社1987年版，第31页。

发展社会主义市场经济的必然要求。如科斯所言："正是权利的界定和保护促进了中国市场经济的发展。"[①] 同时，权力与权利绝非完全对立，而是呈现出一种相辅相成的关系。权力与权利的完美结合就实现了民主政治。政治学上的善就是正义，正义以公共利益为依归，正义的前提是权利的存在，在没有权利的地方，就没有正义与非正义。纵观历史，有权利的时代，往往就是民主盛行的时代，也是权力合理运行的时代，权力的存在离不开民主，权力的合理运用也离不开民主。然而，就当前我国的现实情况而言，社会矛盾冲突不断加剧，群体性维权抗争事件数量逐年上升，是一个不争的事实。究其原因，正如郑永年所言："我国社会失序的一个重要原因在于公民权的缺位"[②]，包括分税制在内的财政体制的不合理导致了"权力和财富向上集中"。而包括吴敬琏在内的许多学者多年来一直在呼吁："我国需要警惕和防止权贵资本主义。"基于此，政府公权力与公民权利之间的内在紧张关系已经成了我国当下必须要面对和亟待解决的现实问题。也就是说，当前我国财政预算改革的重点就是要在保障人民作为纳税人的权利的同时明确政府的责任。这一过程也就是制度变迁的过程，而科斯说："逐利是制度变迁的重要推动力。"[③] 逐利、追求自身的幸福本来就是人们的天性。1978 年，安徽小岗村 18 位农民之所以冒着巨大的政治风险，甚至是坐牢、杀头的生命危险，在土地承包到户协议上签字，其实就是源于人生来就有的那种追求幸福生活的本性的驱使。然而，如果没有国家（政府）对权利的尊重和保护，那么，逐利与对幸福生活的追寻就会失去法律上的依据。而在当今的中国，我们正处于一个权利爆炸的时代，我们的政治、社会和经济生活在更大程度上为权利话语所支配，当代中国政治学研究到了必须"认真对待权利"的时候了。

---

① ［英］罗纳德·哈里·科斯、王宁：《变革中国：市场经济的中国之路》，徐尧、李哲民译，中信出版社 2013 年版，第 228 页。

② 郑永年：《重建中国社会》，东方出版社 2016 年版，第 176—178 页。

③ ［英］罗纳德·哈里·科斯、王宁：《变革中国：市场经济的中国之路》，徐尧、李哲民译，中信出版社 2013 年版，第 133 页。

二　预算中的权力与权利：一种政治学的研究范式

自 19 世纪以来，现代公共预算就已成为现代国家治理的基本制度。事实上，预算反映着政府介入社会经济生活的范围、规模和程度。如美国经济学家阿图·埃克斯坦所言："要了解联邦政府将要做些什么或已经做了什么，看一看联邦政府预算就足够了。"[①] 对于公共预算的政治本质，美国著名学者、预算政治学的奠基人阿伦·威尔达夫斯基有着很深刻的认识："预算就是政治……在财政资源稀缺的条件下，财政预算过程中的利益冲突进而转化为政治冲突，预算过程充满了公共政策方面的权力斗争。预算的制定过程是政治权力发挥作用的过程，而不是以预算代替政治权力的过程。"[②] 而爱伦·鲁宾指出：公共预算的实质在于"配置稀缺资源"[③]，由此看来，公共预算从本质上而言是政治性的，而权力与权利乃至利益的获取历来就是政治学研究的基本问题，那么，预算过程也必然就是权力与权利博弈的一个过程乃至最终谁获取利益的问题。由于权利相对于权力天然地比较弱小，现代预算必须给权利以更多的关注和保护。就我国而言，离开对权利的关注和保护，我国社会主义市场经济的发展必将受到影响。公共预算本质上是政治性的，我们对预算的关注不能仅限于预算过程中财政资源的分配与配置，也不能只限于财政权力的分配、运用与控制，现代预算的根本在于权利的实现。

第二节　代议民主、公共预算与现代法治国家的建立

一　权利、代议民主与现代公共预算制度的发展

现代预算的确立与发展，是英国社会公众与君主之间经济利益争

---

① ［美］阿图·埃克斯坦：《公共财政学》，张愚山译，中国财经经济出版社 1983 年版，第 31 页。

② ［美］阿伦·威尔达夫斯基、内奥米·凯顿：《预算过程中的新政治学》，邓淑莲、魏陆译，上海财经大学出版社 2006 年版，第 135 页。

③ ［美］爱伦·鲁宾：《公共预算中的政治：收入与支出、借贷与平衡》（第四版），叶娟丽等译，中国人民大学出版社 2001 年版，第 3 页。

夺的产物，它体现出市场因素在其发展壮大的过程中，各相关利益主体维护自身利益的现实要求。实际上，议会发端于英国，是社会公众为了维护自身权利，限制国王征税的权力，从而实现自身利益的一种工具。这以 1215 年《自由大宪章》的签订为开端，《自由大宪章》的签署是人类历史具有划时代意义的事件，其具体作用表现在它将人类历史一分为二，在这之前是统治者的权力高于人民的自由，在此之后则意味着权力必须在人民自由之下。而承载《自由大宪章》划时代意义的标志就在于它确定了"非赞同毋纳税"的原则。17 世纪 40 年代英国之所以爆发资产阶级革命，其原因就在于英王查理一世违背人民的意志随意征税，践踏了"非赞同毋纳税"的原则。查理一世由此被看成是"人民公敌"被处死，正如马克思所言："使查理一世上了断头台的英国革命，就是从拒绝纳税开始的。"① 而 1688 年的光荣革命"开启了议会至高无上的时代，议会在国家的金融事务中获得了一个中心角色，把政府开支置于议会的监督之下"②。

1789 年法国大革命前夕，实行代议民主制的英国，其财政收入无论是总量还是人均税负都远远高于法国，但英国国民的"被剥削感"却并不怎么重，反观实行封建专制旧制度的法国，虽然税负相对较低，但国民却有很强的"被剥削感"，并由此引发了激进的革命。而18 世纪美国的独立战争同样是缘于殖民地人民税负的痛苦感，"美国革命的理由一直是过分夸张的简单：不受限制的权力永远都是个人自由的威胁，而不列颠帝国政府却一直在故意地甚至还费了点儿力气地解除那加诸权力之上的束缚"③。由此，1776 年北美殖民地的 13 个州一致通过《独立宣言》指责英国"未经我们同意便向我们强行征税"④，指出纳税而无代表权是暴政。由此我们可以看出："以宣布北

———————

① 《马克思恩格斯全集》第 6 卷，人民出版社 1979 年版，第 304 页.

② ［美］道格拉斯·C. 诺思、巴里·温格斯特：《宪法与承诺：17 世纪英格兰治理公共选择制度的演进》，载［美］道格拉斯·C. 诺思等著《制度变革的经验研究》，罗仲伟译，经济科学出版社 2003 年版，第 174 页。

③ ［英］约翰·邓恩：《让人民自由——民主的历史》，尹钛译，新星出版社 2010 年版，第 80 页。

④ ［美］特伦斯·汉弗莱：《美洲史》，民主与建设出版社 2004 年版，第 93—106 页。

美脱离英国而独立告终的北美革命也是从拒绝纳税开始的。"①

由此可以看出，"在当前的情况下，拒绝纳税正是社会对于威胁其基础的政府所采取的一种自卫手段"②。而代议民主制度是在民众实现对（国王）政府的财政活动进行监督和控制的过程中逐步发展起来的，预算制度本身是民众对（国王）政府的财政活动进行监督和控制的法律规范。作为现代宪政国家的财政体系的核心制度，公共预算与生俱来就具有追求民主、法治等基本价值的天性，其目的就是保障和实现公众的权利与利益。代议民主制是在现代意义的公共预算产生、发展的过程中逐步发展、完善起来的，而代议机构本身就是民众控制政府财政收入乃至支出行为的工具。正是预算制度孕育、造就了现代意义上的公共财政。也就是说，代议民主制度是民众出于对政府的财政活动进行监督、控制的需要而逐步发展起来的。当然，相对于集权专制而言，民主运转起来确实比较麻烦，因为无论是在决策、执行环节还是在监督、评价等环节都免不了会相互扯皮，这必然会降低政府工作的效率。然而，"为了避免'人亡政息'的短期行为，必须依靠规则来产生稳定的预期"③。基于此，在预算的过程中实行民主是人类政治生活中一种理性的制度安排，或者至少是"最不坏"的一种制度安排。事实上，预算与代议民主制度两者均系现代民主政治制度的滥觞，而且两者互为表里，共同维护社会公众的权利和利益。如果我们将代议民主制度看成是现代民主政治制度的基石，那么预算则是其奠基的肇因。实际上，现代预算制度就是西方政治学者乃至政治家们在思考、探寻国家的本质以及如何来控制政府（国家）的过程中逐步发展、完善起来的。基于此，当代西方资本主义国家在立宪的过程中都把财政制度作为权力分立的关键内容写进宪法，并将此权力赋予代议机构，其根本目的就是要限制政府的权力，从而有效地保护公民权利。

---

① 《马克思恩格斯全集》第 6 卷，人民出版社 1979 年版，第 304 页。
② 同上书，第 305 页。
③ 肖巍：《民主实践是权利与权力的"博弈"》，《社会科学报》2010 年 1 月 7 日第 3 版。

　　由此我们可以看出：预算对于一个现代民主国家的国计民生而言具有实质性意义。首先，自从有了代议民主制，预算的内容就不再是单向、消极的租税税额的分摊，财政预算的重心已不仅仅是税收收入，更多的是政府的支出，因此，预算将会给社会公众的权利的实现、福利的保障、国民经济的繁荣乃至整个国家的福祉带来极为深远的影响。在一个现代民主国家，一个人从出生、成家立业直至死亡都与政府预算密切相关。其次，由于代议民主制度的建立与完善，在民主政体之下，单纯的统治与被统治这种权力关系已不复存在，预算也不再是单向的财政资源缴纳与索取，也不再是单纯的租税的分摊的问题，而更多应该表现为一种"取之于民、用之于民"的双向关系。然而，我们必须要明确的是，在民主政体之下的预算审议，其实远非纯粹的代议机构与政府之间的政治博弈，更多地表现为不同的政治党派、不同的利益集体乃至各种社会团体之间争夺有限的、相对稀缺的财政资源从而实现自身利益的竞技场。从这种意义上而言，民意代表对预算进行审议，并不完全如通常所描述的那样是为"为人民看紧荷包"，更确切地说为各自所代表的所谓"民意"谋取福利。

二　制约政府财政权力与权利话语在西方的兴起

　　长期以来，西方政治学者乃至政治家们一直在思考、探寻国家的本质是什么？什么样的政府才是好的政府？什么样的政府体制才是良善的、最好的政府体制？对于这些问题，不同国度、不同时期的政治学者们可能会给出种种不同的答案，但多数学者都能认同这一答案："好的政府体制就是'一套能够监督权力，特别是要监督君主或行政部门的权力'的体制。"[①] 事实上，基于"人性本恶"的认知，西方人对政府（国家）的认识同样也是出人意料的一致：政府（国家）就其本性而言是恶的，是"利维坦"。那么，如何来控制政府（国家）呢？

　　对这一问题，美国的开国元勋们有着尤其深刻的认识，并在政治

---

　　① ［美］史蒂芬·B. 斯密什：《政治哲学》，贺晴川译，北京联合出版公司2015年版，第207页。

制度设计上有着相对比较完善的规定。建国以后，美国的革命先驱们——无论是联邦党人还是反联邦党人，对权力的本质都有着非常深刻的认识："权力有一种自我扩张的天性，所以就应该通过一定的措施，对其进行有效限制。"① "任何一个权力部门都要受到其他部门的有效监督和限制，而不能任意僭越自己的权力范围。"② 基于此，联邦党人在立宪之初便指出："事实上，掌握国库的权力可以被认为是最完善和最有效的武器，任何宪法利用这种武器，就能把人民的直接代表武装起来，纠正一切偏差，实行一切正当有益的措施。" 在此同时，在对"建立国家的本质目的是什么？"这一问题上，反联邦党人的认识尤为深刻："一个国家的自由并非取决于有关政府架构的设计……而是取决于对这些权力规定的限制，并在正义基础上来建立这些限制。"③ 在此同时，"国家的目的是实现公民的权利和自由，而不是追求国家的光荣与伟大"④。因此，"保护个人权利是合法政府的目标所在"⑤。而要限制政府，保护公民权利，首先且必须要从限制政府的财政权力开始。正如布坎南所指出的那样："对统治者的控制，一直是通过对征税权的约束来实现的。"⑥ "一个在资金上独立于立法机关的行政机构必是以权代法，并最终导致专制。"⑦

　　基于此，当代西方资本主义宪政国家的宪法几乎无一例外地把财政制度作为权力分立的关键内容写进宪法，并将此权力仅仅赋予给代议机构。而之所以要这样做的关键原因就是要限制政府的权力从而有效地保护公民权利。实际上，在西方国家的包括宪法在内的各种法律

---

　　① ［美］亚历山大·汉密尔顿、詹姆斯·麦迪逊、约翰·盖伊：《联邦党人文集》，杨颖玥、张尧然译，中国青年出版社 2014 年版，第 272 页。

　　② 同上书，第 274 页。

　　③ ［美］赫伯特·J. 斯托林：《反联邦党人赞成什么——宪法反对者的政治思想》，汪庆华译，北京大学出版社 2006 年版，第 126 页。

　　④ 同上书，第 3 页。

　　⑤ 同上书，第 25 页。

　　⑥ ［澳］布伦南、［美］布坎南著：《宪政经济学》，中国社会科学出版社 2003 年版，第 10 页。

　　⑦ ［美］阿伦·威尔达夫斯基，内奥米·凯顿：《预算过程中的新政治学》，邓淑莲、魏陆译，上海财经大学出版社 2006 年版，第 25 页。

中，我们随处可见"权利"的影子。看似自由、散漫的西方人基于"人性本恶"根本就不相信政府或国家能很好地行使权力，同时，他们还认识到，相对于强大无比的政府（国家）权力，公民权利天然地就比较弱势，并由此认为要么由民众行使权利来制约政府的权力，要么将权力分属于不同的政府部门，以权力制约权力，只有这样才能保证权力不被滥用。实际上，在西方三权分立国家，以权力制约权力或是以权利制约权力，不仅是西方近代启蒙法学家的一种预见，而且为西方主要法治国家所实践。但无论是以权力制约权力还是以权利制约权力，其根本目的都是要保障社会公众的权利。由此可见，权利话语自西方现代资本主义国家建立之初就在国家政治生活中占据着重要地位并发挥着重要的影响力，而在后来西方国家的政治实践中，随着代议民主制的发展，现代民主体制的建构，现代公共财政预算制度的不断建设与完善，对权利的保护机制也不断地得以完善。

三　权利概念的兴起与现代法治国家的构建

我国的改革开放进程已经持续了30多年了，相对于政治领域的改革而言，在经济领域的改革无论是广度还是深度上都已取得了重大的突破。对我国经济改革性质的更好概括应该是"从权力时代走向权利时代"①。而经济方面的变革必然会引起社会及政治方面的深刻变化。事实上，相对于经济学意义上的帕累托最优而言，权利本位之说更能深刻揭示了我国经济、政治、社会变革的内容和走向。"在我们这个时代，让更多的人享受更多的权利"是"人类共同的理想"和"信念"，但它远不只是一种理想、信念，而更"是一种社会事实"②。当前我国经济、社会正处于转型的关键时期，在这一转型的关键时期，要保证和谐有序的社会秩序，核心内容就是要实现在社会中占支配地位的力量从权力转变为权利。而就当前的现实而言，"社会经济失序风险的主要根源是政府权力不断膨胀和不受约束与政府职能严重

① 王淑芳：《从权力时代走向权利时代》，《中国改革》2000年第3期。
② 夏勇：《走向权利的时代——中国公民权利发展研究》，中国政法大学出版社1995年版，第1页。

错位，其原因主要是政府的征税权没有受到立法制度的约束。另一个根源是权利失范"①。事实上，当前我国政府尤其是一些地方政府官员的观念仍未能发生根本性的转变，传统的管理观念还根深蒂固地存在着，突出表现在还继续延续家长式的管理方式与手段，地方政府与民争利现象比较突出，如在征地拆迁过程中"'哪个地方拆迁不死几个人哪?'甚至成了某些官员的价值观或口头禅"②，其根源就在于现行财政税收体制迫使地方政府，特别是基层政府不仅充当经济建设型政府，同时也是"掠夺型"政府。

由此看来，要实现政府谨慎并正确地运用自身权力的目标，寄希望于政府的自我革命与自我约束肯定是不现实的。要把政府关进笼子里，预算就是现成的而且是非常有效的笼子，具有法律权威的公共预算将能对政府的活动进行直接的规范、约束与控制，从而将政府行为和财政行为彻底纳入法治化的轨道，推进预算法治化，建设现代法治国家是实现财政行为法治化的基本途径，同时也是公共财政赖以存在的基本形式。在现代市场经济中，可以循着政府行为法治化——财政行为法治化——政府预算法治化的思路，推动依法治国的历史进程。在此背景下，以徐显明教授为代表的法学学者提出现代法学应该是权利之学，现代法治应该以权利为本位。美国人在建国之初就提出："对法律的尊重应该是国家的政治宗教。"③ 那么，对财政预算法律的尊重同样应该成为一个国家的政治宗教。就当前我国的现实而言，财政预算相关方面的立法相对还比较滞后，尤其是公民权利的保护方面，无论是宪法还是其他基本法律，都相对比较欠缺，远远不能满足社会、经济发展的需要，因此，必须加大公民权利保护的财政立法力度，促进公民权利观念的形成与发展。当然，这也是一项持续不断的任务，必须要有坚持不懈的态度，通过循序渐进的方式，对法律加以

---

① 周冰：《从权力走向权利：转型经济和谐发展的枢纽》，《学术月刊》2013 年第 2 期。

② 熊培云：《重新发现社会》，新星出版社 2010 年版，第 134 页。

③ ［美］赫伯特·J. 斯托林：《反联邦党人赞成什么——宪法反对者的政治思想》，汪庆华译，北京大学出版社 2006 年版，第 138 页。

改进，使之能适应形势发展的需要。

第三节　认真对待权力与权利：
公共预算的法律要义

　　要让人民分享到改革开放带来的红利，过上有尊严的幸福生活，就必须要处理好权力与权利的关系问题。作为一种公权力，政府财政权力实际上就是对社会财政资源进行分配、配置的利器。在"普天之下，莫非王土；率土之滨，莫非王臣"的王权专制时代，财政收入和支出是不会考虑人民的福祉的，而是以统治者利益最大化为其根本目标。而近现代以来，随着民主理论的逐步发展，人民权利的保障被一再提出，财政才开始恢复其应用的功能，"取之于民，用之于民"才逐步成为财政活动的最终价值取向，"权利政治"也就成为近现代国家的历史体验。在此背景下，如果政府的财政权力是没有边界限制的，即便授权的过程是多么庄严肃穆，权力载体的道德是多么高尚，这种不受制约的权力必然会践踏人民的权利，而这种"权力主导的财政必将不可能成为现代意义上的公共财政"[1]。公共预算的法律要义就是要通过规范和约束政府的财政权力，从而达到监督和控制政府的财政行为的目的。因此，政府需要以谦卑的心理对待自己手中的权力。

　　然而，就当前的中国而言，社会矛盾冲突不断加剧，群体性维权抗争事件数量逐年上升，是一个不争的事实，基于此，政府公权力与公民权利之间的内在紧张关系已经成了中国当下必须面对和亟待解决的现实问题。推进和深化我国财政预算制度改革的呼声很高，在中国社会已形成一种共识，而且在这方面的改革已实施多年了，然而，财政预算改革发展到今天，人们越来越清醒地认识到，改革的困难和问题日益集中到具体的政治制度改革上来了。政治体制改革严重滞后于市场化和公共化改革，是众所周知的事实。如前所述，现代西方国家

---

① 熊伟：《法治、财税与国家治理》，法律出版社 2015 年版，第 32 页。

的民主政体就是由公共预算制度的生成以及财政制度的改革催生的。作为政治过程的核心以及政治体制改革的切入口，当前中国预算改革同样离不开对公民权利的尊重和保护，当然，如何进行制度设计才更符合公共选择的"理性"原则实际上构成了迈向预算民主与政治民主的最大难题。

一　制约权力：中国国家治理现代化的必然要求

实现国家治理体系与治理能力的现代化是当前中国所面临的现实任务，然而，实现国家治理的现代化的核心问题是什么呢？"要思考国家治理的核心问题，就必须回到一个根本原点问题，或者说是'元问题'，即如何实现对公共权力的有效制约，以及对公民权利的有效维护这'一体两面'的问题。"[①] 也就是说，怎样才能在对公共权力进行有效制约的同时有效地维护公民权利是当前中国必须解决的问题，而且这也是创新国家治理理论的根本出发点和落脚点，由此，必须切实实现科学执政、民主执政、依法执政，真正树立起"权为民所赋、权为民所用、权为民所控"的权力观。与此同时，"在现代国家建构过程中，需要通过作为权利'集装箱'的公民身份来确定自由的内容与范围，以此获取政治合法性，加强国家的基础性权力。"[②] "常态的国家治理需要收缩政府权能的边界，需要尊重公民正当的利益表达和民主参与要求，更需要基于协商、对话、互补的多中心合作。"[③] 美国学者沃伦说，"预算乃行政机构的生命之源"[④]，然而，预算的意义不仅如此，从历史的角度来看，财政问题历来就被看成是治国安邦的大事。财政治理的水平，从基础层面决定了国家治理的水平。中国历史上的几次重大变法都肇始于财政问题，财政方面的变革同样也是

---

① 唐亚林：《国家治理在中国的登场及其方法论价值》，《复旦学报》（社会科学版）2014 年第 2 期。

② 王家峰：《在权力与权利之间：现代国家建构的历史逻辑》，《天津社会科学》2010 年第 6 期。

③ 张凤阳：《科学认识国家治理现代化问题的几点方法论思考》，《政治学研究》2014 年第 2 期。

④ ［美］肯尼思·F. 沃伦：《政治体制中的行政法》（第三版），王丛虎等译，中国人民大学出版社 2005 年版，第 172 页。

变法的重要内容。正如熊彼特所指出的那样，财政是分析社会问题的最佳出发点。事实上，"财政制度安排体现并承载着国家与纳税人、政府与社会、政府与市场等基本关系"①。"从公共政策角度看，公共预算和支出实际上是一种政府制定与实施公共政策的过程……公共财政就是促使社会财富的分配趋于合理，实现社会公平的重要途径。"②同时，作为一种公平与效率的融合机制，"财政在国家治理中发挥基础性作用"③。而预算正是通过改变一个国家筹集、分配以及使用资金的方式，改变着整个国家的治理结构，并进而塑造出一种崭新的国家与人民、国家与社会的关系。

然而，就当前中国的现实情况而言，权力的失范尤其是政府权力的失范是制约国家治理能力现代化的深层原因。因此，制约权力——尤其是政府过大的财政权力是当前中国政治体制改革必须要面对的问题。正如李炜光教授所言："在国家所有权力当中，支配财政资源的权力是核心和实质的权力，所以只有法律和基本制度规则才有可能对国家行为构成硬性约束，约束了这部分权力也就约束住了包括国家职权和行动范围内的所有权力。"④ 改革开放以后，我国的社会、经济结构发生了很大的变化，税收收入占整个国家财政收入的比例已远远超过50%，从财政国家的角度来看，中国已经是一个典型的税收国家。那么，要控制政府，就必须主要从限制政府的征税权与财政支出权两方面入手。

1. 控制政府首先是要限制政府的征税权

美国联邦最高法院前任首席大法官约翰·马歇尔曾经说过："征税的权力是事关毁灭的权力"，这实际上是预示，如果政府拥有无限的征税权，那么，不但纳税人的权利将难以得到保障，而且随着这种权力的不断扩张，整个社会很可能会陷入混乱和腐败的泥潭。正如托克维尔所言："征税一定要事先征得纳税人的同意……不遵守它就等

---

① 楼继伟：《深化财税体制改革　建立现代财政制度》，《求是》2014 年第 20 期。
② 王乐夫：《公共管理：政治学的视阈》，《政治学研究》2004 年第 3 期。
③ 刘尚希：《财政改革、财政治理与国家治理》，《理论视野》2014 年第 1 期。
④ 李炜光：《权力的边界：税、革命与改革》，九州出版社 2015 年版，第 2 页。

于实施暴政，严格遵守它就等于服从法律。"① 事实上，"财税是社会文明的'晴雨表'，是隐藏在大部分重大历史事件——国家的繁荣与贫穷、起义与革命、自由与奴役，以及大部分战争——背后的自明之理。"② 依照大宪章的经验，一个现代国家在设置它的"元"规则时，首先要在税收和预算上着力，用立宪的方式，给政府财政权力预设法律边界。因此，"我们需要发现那些握有权柄的人要做什么，以及他们是如何获得权力的，在什么情况下这些人会愿意使用权力去促进生产和社会合作？何时他们会利用权力攫取来自生产和贸易中的大部分收益？为什么他们要攫取？"③ 实际上，"发达国家的宪政历程在很大程度上均是围绕着国家权力和公民纳税——公权与私权之间的张力——这一主轴而展开的。人类社会的政治史其实就是一个不断与权力进行斗争的产物。"④

然而，在中国的语境中，税收却更多地被看成是政府筹集财政收入的工具。现代国家所谓现代性的重要特质之一，就是税收的非随意性，而且是法定的。反观中国，长期以来，我国一直在强调税收的"三性"，即强制性、无偿性和固定性。税务部门常常宣扬："纳税是公民的一项基本义务，交税是为国家做贡献！"片面强调公民纳税义务人角色，而对公民作为纳税人应享有哪些权利却语焉不详。除此之外，由于人大对政府的财政授权过多、过于宽泛，税务部门在征税的过程中较少受到约束，以至于财政超收成为一种常态，即便是在近些年经济增长放缓的情况下，也难以遏制政府超收的冲动。在中国似乎很多部门都可以增加税种、调高税率。与此同时，我国政府一直在强调"要推进更加积极的财政税收政策"。政府想在哪方面征税，征多

---

① ［法］托克维尔：《旧制度与大革命》，傅国强译，中国国际出版集团 2013 年版，第 105 页。

② ［美］查尔斯·亚当斯：《善与恶——税收在文明进程中的影响》，翟继光译，中国政法大学出版社 2013 年版，第 9 页。

③ ［美］曼瑟·奥尔森：《权力与繁荣》，苏长和、嵇飞译，上海人民出版社 2005 年版，第 3—4 页。

④ 傅军：《国富之道——国家治理体系现代化的实证研究》，北京大学出版社 2014 年版，第 388 页。

少通常情况下都能做到。事实上，政府的财政收入在 20 年中一直以高于 GDP 的增长速度在超高速增长，到 2016 年政府财政收入已高达 15.95 万亿元。然而，正如李炜光所指出的那样，税收的功能不能仅限于征收数额的最大化，有效率的税制不一定就是合理的税制，其合理性更多地在于它是否能够体现公平正义的原则。实际上，这些年来，无论是普通百姓还是企业，普遍都感觉税负较重，中共中央党校周天勇教授曾指出：如果不偷税漏税的话，我国 90% 以上的企业将会倒闭。然而，我们都知道，税收的功能应主要体现在其能否实现公平正义上，而不应是效率。此外，在我国，要征哪种税，征多少，向谁征，通常情况下都是由政府主导。长期以来，我国实行的是增值税、消费税与营业税等间接税为主体的税收体系。在这种税收体制之下，普通民众成为纳税主体，而富有或特权阶层税收贡献率相对较小，这就造成了"富者更富，穷者更穷"的现象，形成了所谓的"累退效应"[①]。总的来说，当前我国的财税体制还是一种权力主导型财税体制，离真正意义上的税收民主化、法治化还有一定的距离。然而，"如果税收不以民主、法治为基础，那么，人民作为纳税人的权益将无法得到保障，财税最终将会沦为政府统治人民的工具"[②]。这与我国社会主义国家的本质是相背离的。因此，政府必须要以一种谦卑的心态对待征税权力，而就目前的情势而言，财税体制改革首先且必须要做的就是重塑人大的权力中心地位，让征税权回归人大。

客观地说，当前中国的财政税收体制还是一种典型的权力主导型财税体制，在这样的财税体制之下，即便财权或许偶尔会在上下级的利益博弈中发生些微转移，但始终不会回到纳税人手中。这应该是中国财税改革的关键所在，也是改革的难点。不可否认的是，中国财税

---

① 这里所说的"累退效应"是指本应成为纳税主体的富人税收贡献率相对较小，而本应享受财政补贴的穷人反而成为纳税的主体，公共财政不但没有起到缩小收入差距的功能，反而进一步扩大了贫富差距，由此违背了税收公平的基本原理。

② 熊伟：《法治、财税与国家治理》，法律出版社 2015 年版，第 32 页；谢庆奎：《公共预算与政治学学科建设》，载马骏等《呼吁公共预算：来自政治学、公共行政学的声音》，中央编译出版社 2008 年版，第 15 页。

体制改革已经到了必须实施战略调整的节点，小修小补已经不能适应中国经济和政治的发展现实，然而必须要承认的是，如同政治体制改革本身一样，财政体制改革同样也进入到了"深水期"，相对比较容易的都已经改得差不多了，剩下的都是"难啃的硬骨头"。在此背景下，进一步推进和深化财政体制改革不仅需要政治智慧，同样也需要政治魄力，更需要政治责任心。就当前中国的现实而言，财税体制改革首先必须要做的就是实现征税权向人大的回归。也就是说，推出新税种与提高税率的权力只能由全国人大拥有，而不能如现在这样，不仅是中央政府、中央各部委如财政部、税务总局，甚至是地方的行政部门都有征税的权力。实际上，在这方面，人民的呼声近些年来越来越高。在2013年的全国"两会"上，全国人大代表赵冬苓联合31位代表正式提交《关于终止授权国务院制定税收暂行规定或者条例的议案》，引起代表们的普遍关注，同样在社会上也引起了强烈的共鸣，这一议案在网络上被誉为"2013年全国人大的第一议案"，也是"最有含金量的一项议案"。

2. 控制政府其次是要限制政府的财政支出权

我国宪法第2条明确规定："中华人民共和国的一切权力属于人民"，然而，在现实生活中，当人们在谈论财政主体时，通常情况下只强调国家或政府是财政的主体，将注意力主要集中于如何在政府之间划分财权，常常忽视了人民的主体地位。在实践中，财政资金的支配权通常是由行政事业单位的一把手和分管财政资金的领导掌握着。领导是否批准成为财政支出与否的基本依据。在这样一种财政支出权集中在少数人手中的管理体制之下，"一切权力属于人民"的规定就变得空泛而缺乏实质性内容。有这样一个真实的故事：国内一家电视台做了一个现场直播节目，请中国的一位市长与一名美国市长通过电视进行对话。中国市长盛情邀请美国市长来中国访问。美国市长给予的答复是，由于年度预算在年初就已经由市议会确定，而年度预算中并没有出访中国的经费，因此无法成行。而我们的这位中国市长却信心十足地表示："你来吧，我们可以为你支付访问经费！"从这样一句在中国看似再寻常不过的话中折射出了中国政府在公共财政预算支出过程中比较普遍地存在的一个问题就是政府官员在财政支出上的任性，"权力财政"的影子还不时地显现出来。然而，在"权力财政"之下，该由谁来为保障纳税人的权利负责，又该由谁来向纳税人给个说法呢？

20 世纪 80 年代初，邓小平在会见美国国会众议院议长 Tip O' Neill 时，向他提出一个问题："总统也得找你们要他的钱？"这一提问实际上揭示了以下几个方面的问题：首先，在一个民主法治国家，管理"钱袋子"的权力，应该由代表人民的议会来执掌；其次，政府在法定的期限内可以支配的财政资源的数额必须是有限的，而且是要为事先确定的目标服务的；最后，财政预算的整个过程，无论是收入还是支出，都要受到议会以及整个社会的严格控制与监督。"税收是连接政府与人民的纽带"，然而，就中国的现实而言，仍然还有一些学者乃至官员还在利用自己的地位、名望专门为政府的变相攫取公共财政资源的行为进行辩护，如此一来，连接政府与人民的纽带变得很脆弱也就不足为奇了。

现代意义上的公共财政不仅表现在税收民主、法治上，财政支出同样也应体现民主、法治的原则。然而，现阶段我国政府财政支出权往往是由各个部门的主要领导所掌握，财政支出通常是以一把手和分管财政资金的领导的签字为依据。在这样一种财政支出体制之下，财政资源支出不规范、不理性的现象比较普遍地存在着，各级党政首长"拍脑袋"决策的现象时有发生，"形象工程""政绩工程"甚至是"半拉子工程"屡见不鲜，"跑步钱进"成为各级地方政府获取财政资源至关重要的一种手段，而"年底突击花钱"更是屡禁不止。之所以会出现如此种种非理性的财政支出行为，其根源一方面在于预算制度本身亟待完善，另一方面在于预算的"刚性"不足，财政支出不民主，没有实现真正意义上的财政支出法治化。

事实上，就政府而言，在公共开支方面天然地具有两个弱点：其一，资金使用效率低下。对于此，美国学者弗里德曼有着比较深刻的认识，他在《自由选择》一书中，建立了一个分析使用资金效率的制度分析模型，如表 7 - 1 所示。

表 7 - 1　　　　　　　　　政府资金效率的制度分析模型

花谁的钱 为谁办事	自己的	别人的
为自己	Ⅰ	Ⅱ
为别人	Ⅲ	Ⅳ

资料来源：［美］米尔顿·弗里德曼、罗斯·弗里德曼：《自由选择》，商务印书馆 1982 年版，第 51 页。

从Ⅰ—Ⅳ各自分别揭示了花自己的钱办自己的事，效率最高；花自己的钱办别人的事，效率其次；花别人的钱办自己的事，效率再次；花别人的钱办别人的事，效率最为低下。这四种各自不同的资金使用效率情况，从Ⅰ—Ⅳ资金使用效率是递减的，第Ⅰ种情况效率最高，而第Ⅳ种情况效率最低，而政府运用财政恰好属于第Ⅳ种情况，这实际上就鲜明地揭示了政府花钱天然地具有效率极小化倾向这一基本事实。

其二，政府具有使预算规模最大化的趋向。在传统社会里，社会结构相对简单，社会的自然性极强，政府规模以及其承担的职能非常有限。而在现代社会里，社会结构日趋复杂，政府事务不断增多，政府活动呈现出无限扩张的趋势。政府机构在现实的政治实践中基于自身特殊利益的需要，必然会努力追求预算规模的最大化，从而使政府开支急剧膨胀并导致公共产品的过剩供给，造成社会资源的极大浪费，并由此影响到了政府预算效率。正如美国学者尼斯坎南所指出的那样，"诸如工资、办公室津贴、公众声誉、权力、奖金、官僚机构的输出、变革的难易度、管理官僚机构的难易度等变量与官僚机构预算最大化是正相关函数或其他密切联系"[1]。

此外，从财政资源的分配、配置上来看，各级政府更多地关注宏观经济的发展，投资占财政支出的比例较高。这从历年政府财政支出

————————

[1]　［美］威廉姆·A. 尼斯坎南：《官僚制与公共经济学》，王浦劬译，中国青年出版社 2004 年版，第 37 页。

的构成上鲜明地反映出来：用于投资的费用比较多，而用于诸如医疗、养老、就业与教育等民生项目方面的费用所占比例较低。已故著名宪政学者、中国政法大学蔡定剑教授曾对世界上税负最重的两个国家——中法两国的预算支出做过比较，发现我国政府用于投资以及政府自身方面的费用占整个国家财政支出的比例远远高于法国，而医疗、养老、就业与教育等民生项目方面的支出比例又远远低于法国。与此同时，我国现阶段面临的地区差异、城乡差异、贫富分化加剧等社会问题与财政资源的不合理配置同样也有着一定的关联。自改革开放以来，我国在坚持"让一部分人、一部分地区先富起来"的口号之下，无论是政策方面还是财政拨款方面都更多地向东部地区或中心城市倾斜，而广大的中西部农村地区却相对关注较少，尤其是像甘肃、贵州、云南、新疆等地区，坐拥丰富的自然资源却又极端地贫困，事实上，这些年来一些大的群体性事件，尤其是一些大的民族性暴乱，都与不合理的财政政策有着千丝万缕的联系。与此同时，长期以来我国城乡社会资源分配不均现象更为突出，除此之外，权力的拥有者与无权无势者之间的差异更引人关注。与此同时，我国现阶段面临的地区差异、城乡差异、贫富分化加剧等社会问题与财政资源的不合理配置同样也有着一定的关联。2016 年 1 月，北京大学中国社会科学调查中心公布了《中国民生发展报告 2015 年》，该报告明确指出：目前我国的贫富差距以及收入和财产不平等现象正变得越来越突出。最富有、处于社会顶端的 1% 的家庭占有了整个国家 1/3 的财富，而最贫穷、处于社会底端的 25% 的家庭却只占有总财富 1% 的份额。当然，贫富差距的扩大在一定程度上与市场本身的"马太效应"有一定的关联，但更主要的原因在于分配制度本身不合理，即财政资源的歧视性分配与财政特权的存在。公共财政本来的目的就是要矫正市场在财富及资源分配、配置上的不平等、不合理现象。然而，由于歧视性分配与财政特权的存在，这种现象不但没有得到扭转，反而得到了强化，公共财政实际上起到了"逆向"调整的作用。这些年来，很多人在谈论所谓的"国富民穷""国进民退"以及所谓的"劫贫济富""穷人补贴富人"。虽然国家经济在发展、社会在进步，但在农村还有大面积的极度贫困人员，在城市还有大群体的"蜗居""蚁族""房奴"以及对生活、对未来看不到多少希望的所谓的"漂一族"。由此看来，经济发展并没有真正增加人民的幸福感。但如果经济发展不能普遍提高人民的生活水平，不能增加他们的幸福感，那么发展肯定是不可持续的，也是没有意义的。实际上，当前我国已出现了令人感到困惑的现象：国家富有了、强大了，人们的生活相对于改革开放以前有明显的提高，但另一方面，整个社会贫富差距在不断扩大，普通百姓的生活压力普遍增大，生活焦虑感在增强，幸福感在下降，民众对政府和官员的不信任感在增加。十八届三中全会强调要"解决好人民最关心最直接最现实的利益问题，更好满足人民需求"。而以上种种问题正是"人民最关心最直接最现实的利益问题"。而这些问题的出现都与我国财政预算体制尤其是财政资源的分配制度有着必然的联系，这无论是从政治道德还是社会稳定的角度来看都是非正义的，也是不合理的。

二　认真对待权利：从西方话语到中国语境

认真对待权利以及如何认真地对待权利在西方国家的政治生活中一直占据着重要的地位。如前所述，西方国家代议民主制度就是在如何限制政府（国王）的财政权力和保护人民财权的过程中逐步完善和发展起来的。时至今日，权利话语在西方民主国家的政治生活中仍占据着举足轻重的地位。美国学者路易·亨金就明确指出："我们的时代是权利的时代。"[1] 耶林也说："为权利而斗争是一种权利人对自己的义务。"[2] "主张受侵害的权利是一种自我维护人格的行为，因此，是权利者对自己的义务，同时，主张权利同时也是一种对集体的义务。"[3] 而当代美国著名的法学家德沃金更是直截了当地说："在承认一个理性的政治道德的社会里，权利是必要的，它给予公民这样的信

---

① ［美］L. 亨金：《权利的时代》，信春鹰等译，知识出版社1997年版，第1页。
② ［德］鲁道夫·冯·耶林：《为权利而斗争》，郑永流译，法律出版社2012年版，第12页。
③ 同上书，第25页。

心，即法律值得享有特别的权威。"① "权利是使法律成为法律的东西。"② "权利是法律的道德权威所在，是人们对法律有信心的理由"。权利 "可以防止政府和政府官员将制定、实施和运用法律用于自私或者不正当的目的"③。"如果政府不认真对待权利，那么它也不能够认真地对待法律"④。长期以来，我国宪法以及其他基本法律在对权力缺少制约的同时，对公民权利却有过多的干预与限制，以至于形成了本末倒置的局面。改革开放 30 多年来，虽然人民已经成为事实上的纳税人，但人民作为纳税人的权利却因过分、过多地强调 "国家利益至上" 而一直被湮没，以至于蜷缩于政府征税权力之脚。基于此，李炜光教授指出："在一个不尊重纳税人权利的社会里，不可能造就自觉守法的纳税人来。"⑤ 而北京大学教授王建国 2013 年 3 月在首届诺贝尔奖中国经济学家峰会演讲中更是一针见血地指出：中国经济模式的制度基础是建立在剥夺民权的基础之上。投资依靠的是高税收，政府拥有不经民众同意而征税的权力，出口依靠的是廉价劳动力，城镇化是建立在对产权侵犯的基础上。中国的工资总额只占 GDP 总额的 8%，远远低于 25% 的平均水平。然而，随着市场经济不断发展，民主法治进程的逐步推进，这种局面必将发生改变，正如学者鲁楠指出的那样："中国一定会走进权利社会，无论是普通公民还是政府都需要有这个心理准备。"⑥ "这是一个走向权利的时代。20 世纪末的改革开放重新开启了中国一度中断的社会转型，这为权利在中国的发展提供了一个现实的社会基础。"⑦ "在我们这个时代，让更多的人获享受多的权利" 是 "人类共同的理想" 和 "信念"，但它不只是一种理

① ［美］罗纳德·德沃金：《认真对待权利》，信春鹰、吴玉章译，上海三联书店 2008 年版，第 21 页。

② 同上。

③ 同上书，第 31 页。

④ 同上书，第 273 页。

⑤ 李炜光：《权力的边界：税、革命与改革》，九州出版社 2015 年版，第 281 页。

⑥ 林衍、张莹：《认真对待权利因为它关乎人的尊严》，《中国青年报》2013 年 2 月 27 日第 5 版。

⑦ 李文凯：《在走向权利的时代找回迷失的侵权责任》，《南方都市报》2009 年 12 月 28 日第 A02 版。

想、信念，而更"是一种社会事实"①。由此看来，物质上的中国逐渐富裕起来，精神上、权利上的中国不能贫困下去。而权力能否及时、充分、真诚地与权利对话是其中的关键，它决定着中国人的命运和中国社会的前途。而要切实保护公民的权利尤其是财政预算权利，应着重从以下两个方面入手：

1. 加强相关法律的制订、修改工作，完善对纳税人权利的保护机制

我们都知道：宪政的精神就是"权利至上"。而从公民社会的视角分析，权力敬畏权利，理应成为法治社会的准则和政府行为的规范。然而，长期以来，"我国立法侧重于对政府的政策指引，而不是公民权利的确认与保障"②。就我国现行宪法和基本法律而言，对于纳税人及纳税人权利等概念都欠个说法，对公民（纳税人）权利的保护存在缺失。

从现代国家的现实与发展趋势来看，作为国家的根本大法的宪法所要调整的核心法权关系是社会、公民权利与国家（政府）权力之间的关系。美国宪法学家特雷索里尼曾说："宪法有双重功能，即授予权力并限制权力。"③ 而英国的宪法学家戴雪指出，宪法"不是个人权利的渊源，而是个人权利的表现"④。然而，就我国宪法而言，正如有学者指出的那样："中国宪法有国家权力本位倾向，因而不利于保护公民权利，结果是有宪法而无宪政。"⑤ 而且"宪法拥有权威的关键不在于公民是否服从它，恰恰在于政府自身是否服从它"⑥。客观地

① 夏勇：《走向权利的时代——中国公民权利发展研究》，中国政法大学出版社 2000 年版，第 1 页。

② 闫海：《公共预算过程、机构与权力——一个法政治学研究范式》，法律出版社 2012 年版，第 120 页。

③ Rocco J. Tresolini, *American Constitutional Law*, New York, The Macmillian Company, 1959, p. 9.

④ 朱国斌：《中国宪法与政治制度》，法律出版社 1997 年版，第 23 页。

⑤ 冯崇义、朱学勤：《宪政与中国》，香港社会科学出版社有限公司 2004 年版，第 57 页；季卫东：《宪政新论》，北京大学出版社 2002 年版，第 126 页。

⑥ 龚祥瑞：《论宪法的权威性》，载王焱《市场逻辑与国家观念》，生活·读书·新知三联书店 1995 年版，第 190 页。

说，宪法与宪政的功能并不在于偏向张扬公民权利与自由，或者过度支持国家权力，而在于明确公正地界定二者之间的关系，为二者提供公平博弈的根本法则。"在中国政治的现实中，国家权力过于强大，公民权利存在一定程度的缺失为批评者提供了论据。……宪政的目标是建立一个有效的、负责的、公正的、保护个人基本权利的政治和法律体系。"[①] "在我国，一个公认的事实是，国家实际拥有的权力太大，而其承担的责任又有待加强，特别是在保护公民权利方面所体现的国家权力的公共性不足。与这种状态相对应，在实践中'义务优先'的做法，导致了公民权利与义务的不对称。"[②] 事实上，在我国现行宪法里，对于公民作为纳税人应当享有哪些权利并没有明确的规定。只有第56条提到了"中华人民共和国公民有依照法律纳税的义务"。这实际上是表明国家（政府）向纳税人征税有了法理上的依据，这也就明确了纳税人向国家纳税是一种义务，然而对于公民作为纳税人应享有哪些权利却没有明确规定。

同样，作为我国经济宪法的预算法，长期以来，其宗旨一直是强调要在财政预算法律关系中突出行政主体的主导性、支配性地位，而公民作为纳税人应有的预算主体地位却常常被忽略了。而预算的主要目的并不是要控制政府权力，并有效地维护纳税人权利，其主要目标就是确保国民经济和社会发展计划。然而，"在民主与人权成为宪法重要价值的今天，个人绝对不得成为国家任务和目标的牺牲品，而应是国家一切活动的目的"。[③] 此次预算法的修改历经10年，经过了多轮博弈，虽然2014年新修订的预算法在预算宗旨方面有了比较大的进步，不再过多地强调预算的工具性价值，但在公民作为纳税人应有预算主体地位方面的规定仍然存在很大的缺失。日本著名的财政学家北野弘久认为："纳税人基本权理论应当成为全部立法（包括预算）

---

① 杨光斌：《当代中国政治制度导论》，中国人民大学出版社2015年版，第23页。

② 同上书，第35页。

③ 陈征：《国家权力与公民权利的宪法界限》，清华大学出版社2015年版，第213页。

上的指导性法理。"① 此外，我国税收相关法律即《中华人民共和国税收征收管理法》虽历经多次修订，却一直只是强调税收的征收管理工具性价值，对公民（纳税人）权利却只字不提。如果我们从现代税法所体现出来的人权理念而言，税法不应该被看成是纯粹的税务机关行使税收的征收、管理权的根据，也就是所谓的"征税之法"，从其本质意义上来说，"税法应该是保障纳税者基本权利的，旨在对抗征税权滥用的'权利之法'"。② 而德国著名税法学家海扎尔同样也指出："税法是纳税者的权利之法。"而就当前我国税法，即《中华人民共和国税收征收管理法》（2015 年修订）来看，仍然只是纳税人的"义务之法"与征税机关的"权力之法"，这显然是与税法本意背道而驰的。2009 年 11 月 16 日，国家税务总局发布了《国家税务总局关于纳税人权利与义务的公告》虽然明确规定了公民在履行纳税义务的过程中所享有的权利，但还是存在很大的缺陷，即只注重纳税人实体权利和程序权利，却未能像西方国家一样把税收支出阶段的权利纳入其中，即没有明确纳税人在税收的使用上应享有哪些权利，由此就不能保证税收真正"用之于民"。就此而言，这肯定就不是一个完整的权利体系。而克洛克指出："租税倘非出于公共福利需要者，即不得征收，如果征收，则不能认为是正当的租税。"③ "政权只在它能够保障社会福利的时候才是合法的。"④ 国家征税的正当性在于"用之于民"，也就是为公众提供福利，"如果税收不能'用之于民'，国家则无权'取之于民'。"⑤ 税收从本质上来说是公民与政府就财产分割所签订的一个契约，政府之所以能够剥夺公民的一部分财产权，其前提是要为公民提供公共产品与服务。公民之所以同意纳税，其原因并不在于政府天然就具有课税的权力，而在于公民保护自身利益的需要。

---

① 〔日〕北野弘久：《税法学原论》，陈刚、杨建广等译，中国检察出版社 2001 年版，第 58 页。
② 同上书，第 122 页。
③ 〔日〕小川乡太郎：《租税总论》，萨孟武译，商务印书馆 1934 年版，第 57 页。
④ 〔法〕霍尔巴赫：《自然政治论》，陈太先、眭茂译，商务印书馆 2002 年版，第 45 页。
⑤ 刘剑文、熊伟：《税法基础理论》，北京大学出版社 2004 年版，第 36 页。

也就是说，纳税人之所以要牺牲自己的一部分财产权利，从而支撑起整个国家权力体系，其根本目的就是要国家在解决市场失效所带来的问题的同时保证公共支出根本目的是满足公共需求，并正视纳税人权利在财政预算中处于弱势地位这一客观现实，切实保护公民作为纳税人的权利。在一个民主法治国家，纳税人绝不应只是纯粹"纳税义务人"，从本质上而言应是真正意义上的权利主体。因此，公民作为纳税人必须从纯粹的与税款征收有关的身份意义上脱离出来，以一个政治人的身份为维护自身的权利而斗争，并进而努力拓展自身政治活动的空间。随着我国改革开放进程的不断深入，公民的权利意义也在不断增长，制定一部《纳税人权益保护法》的必要性越来越强，其呼声也日趋高涨。无论是一般民众还是学者都认为，我国税法应切实实现从"征税之法"向纳税人的"权利保障之法"的转变，这既是我国现实的经济社会转型的需要，也是建设社会主义法治国家的必然要求。

2. 推动新公民运动，促进纳税人权利意识的觉醒

随着我国经济社会的高速发展、市场化程度的不断提高，纳税人的权利意识也日渐增强。1999年，伦理学者肖雪慧写了一篇文章《纳税人，说出你的权利》，在文中指出：在中国纳税人权利的缺失，来源于纳税人意识的缺失。"'纳税意识'，往往只强调公民应尽纳税义务，却忽视了公民应享有的权利。一字之间，差异却是巨大的。'纳税人意识'折射出公民花钱购买政府服务的真相。"1999年8月，《南风窗》发表该文的一部分，标题为"人民为何纳税"，但还是采取了审慎的态度，"还是没有敢提权利两个字"。在此之后，多个媒体对该文进行转载，但都还是没有采用它原本的标题，由此看来，"权利"二字在当时还是被看成是一种禁忌。正如肖雪慧本人评论道："涉及公民权利和公权力的问题还是很敏感。"然而，纳税人权利这样一个词汇还是终于进入了公众的视野。此后，肖雪慧的这篇文章影响力不断扩大，2000年《社会科学论坛》终于刊发了全文，与纳税人意识与纳税人权利有关的讨论越来越多。有人表示认同，也有人跳出来反对。全国政协委员喻权域发表了一篇《为人民服务，还是为纳税

人服务》，斥其为所谓的资产阶级的过时了的"洋垃圾"。实际上，在 20 世纪 90 年代，可能会有很多人如喻权域一样，认为"是纳税人养活了政府，政府理所当然要为纳税人服务，政府要形成为纳税人服务的理念"这样一种说法违背了事实真相，既搞错了时代，也搞错了国度。

　　2006 年 4 月，湖南省常宁市农民蒋石林以一个普通纳税人的身份，以"财政局超预算、超编制购买豪华轿车"为由，将常宁市财政局告上法庭。这看似平常的一起民告官事件，实际上却"打开了一扇公民直接监督政府的窗户"①。而正是由于这扇窗户的开启，预示着纳税人意识的觉醒和权利的凸显。在这样一场由普通纳税人发起的对财政管家的公益诉讼中，人民能够清晰地听到"一个法治社会进程中权利撞击权力的破冰之响"。然而，我们不能回避的一个事实是，在那时乃至当今的中国，普通公民对税收的概念了解不多，《中国青年报》曾经做过一项民调表明有 87.7% 纳税人对权益所知甚少。

　　2014 年 1 月，李娜在获得澳网女单冠军后，湖北省政府在其回乡时送给她的见面礼是 80 万元的奖励。包括人民网、中国青年网等许多媒体就质疑该奖励的合理性，并指出"政府奖励李娜 80 万元有违公共财政伦理"。正如有媒体评论道："政府支配税款的权力应依法行使，至少是不能太随意，还应看看民意的脸色。"② 有网站对此进行民意调查，超过 60% 以上的被访对象明确表示，"用公共财政的钱去奖励似有不妥"。深圳的一名律师庞琨向湖北省政府申请信息公开，希望公开奖励李娜 80 万元的法律依据、资金来源和审批流程。湖北官方给出的答复是：奖励李娜 80 万元符合政策，是按照 2013 年全运会奖励标准。更有人指出：人大作为"行政给付"的把关者，是否真正有效地行使了对财政资金支出进行监督的权力？"湖北政府对李娜的奖励和人民群众的呼声严重背离，所以代表人民群众行使权力的人

---

① 王炯木：《为普通纳税人叫板财政局喝彩》，http：//www.xieat.com/yzxda/mzi3irksq0koorgnimdp.html。

② 马涤明：《湖北奖励李娜 80 万　媒体称有违公共财政伦理》，http：//news.youth.cn/jsxw/201401/t20140128_4599299.htm。

大，应该解释一下自己是如何把关的。"① 由此可以看出，李娜被奖励
缘于中国体育拜金惯性，但更关键的问题在于人大对政府的公共财政
支出权力没有进行有效的监督和制约，纳税人权利自然也就无法得到
保障。

事实上，这些年来，诸如此类要求政府公开财政预算的普通而平
凡的公民还有不少：有要求政府公开"三公"经费的南阳青年王清、
有要求市政府公布土地出让金的北京青年朱福祥、申请政府公开财政
收支的沈阳律师温洪祥、要求国家发改委公开 4 万亿元资金来源及具
体流向的上海律师严义明以及多年来一直关注政府财政预算的吴君
亮……中山大学肖滨和马骏两位教授就此评述道："尽管他们不是预
算专家，而是普通公民，但他们是真正的公民。"正如耶林所言："主
张权利是公民对社会应尽的义务。"② 毫无疑问，主张财政预算权利同
样也是每个公民对社会应尽的义务。我们可以设想一下，如果社会上
的每一个人都抱着"搭便车"的念头，对预算权利这样一种公共领域
的权利采取观望的态度，寄希望于他人的努力而改变现状，而自己乐
于坐享其成，那么就会出现所谓"公地悲剧"，公民的财政预算权利
将一直只能停留于"纸面上的权利"。我们必须要明白："权利享有
的来之不易……权利是靠一点一滴的努力争取来的，而不能靠政府恩
赐，更不能寄望于法律的自动生效。"③ 正如韦森教授所言："只有国
人的'纳税人权利意识'觉醒了，中国的宪政民主政治的建设才能真
正开始。"④ 事实上，在中国社会里，直到 21 世纪的今天，无论是官
员还是普通民众，长官意识与家长意识都根深蒂固。官员一直被视为
家长、父母官，而老百姓是臣民，是子民，更是小孩。这在今天汉语
对官员的称谓上可以明显地体现出来，中国政府多数官员都带有一个

---

① 《湖北凭什么奖励李娜 80 万》，腾讯网（http://view.news.qq.com/original/intouch-today/n2688.html）。

② ［德］鲁道夫·冯·耶林：《为权利而斗争》，郑永流译，法律出版社 2012 年版，第 25 页。

③ 贺方：《为实现预算公开，我们一起来拱卒》，《中国青年报》2008 年 11 月 18 日第 6 版。

④ 韦森：《唤醒国人纳税人权利意识》，《社会科学报》2010 年 10 月 14 日第 3 版。

共同的词，那就是"长"，上至省长、部长，往下是市长、局长，再到县长、处长，乃至于乡长、镇长及科长，甚至连村里也有所谓的村长，这个"长"跟家里的"家长"也就是一个意思。至于人民，是老百姓，也就是小孩，如同在一个家庭里不能搞民主，凡事家长都要跟小孩晚辈商量一下，作为"父母官"的这些官员们理所当然地也就用不着凡事跟"子民"们商量，由此，时至今日，还有很多官员在说："哪个地方拆迁不死几个人呐？""领导就得骑马坐轿，老百姓想要公平？臭不要脸！"由此看来，就当前的中国而言，转变人们的思想观念是至关重要的。人们所呼唤的"新启蒙"运动，其首要任务就是要唤醒国民的"纳税人权利意识"。事实上，正是由于这些普通人以及社会上一些学者多年来坚韧的努力，中国的法治才会有希望。如今，"纳税人权利"这样的概念也无法被遮蔽在公众的视野之外，有越来越多的人深刻地认识到，"税"与每个人的生活是密切相关的，并由此引发了人们对于公民权利的关注，从某种意义而言，关于公民权利的讨论也逐渐成为一种趋势。

现代国家治理视角下的公共预算，不仅体现出其约束政府权力的一面，而且公共预算还可以提升一个国家的治理能力，在获取公众对税收的心理支持的同时，实现一个国家的良性运转。历时 10 年的预算法修改终于在 2014 年告一段落，本轮预算法修改取得了一定的成绩，无论是预算宗旨还是权力的分配与配置，抑或是强调人大的预算权力及明确预算公开与公民权利的保障方面都有比较大的进步，但还是如一些学者指出的那样，存在一些后续问题。公共预算的本质是政治性的，政治的实质就是权力、权利与利益之争。作为新一轮财税体制改革的"先行军"，预算改革绝不只是台面上所表现出来的法律文本的修改问题，其背后是错综复杂的权力的博弈问题，而这一切就是国家机关各部门的利益之争，当然这一切权力与利益之争与公民的权利与利益是密不可分的。

现代公共预算就其本质而言是"管理政府的工具"，也就是要对政府收支行为进行规范、控制和监督，从而实现社会公众的利益公共需要的最大化。然而，长期以来，我国政府把预算看作是政府管理别人的工具，虽然在本轮预算法修改中最终从立法宗旨上有了很大的改变，但就随后政府颁布的《预算法实施条例》（征求意见稿）来看，正如许多学者所指出的那样，明显存在定位不准、"玄机条款"甚多，甚至是架空预算法的现象，由此看来，中国预算改革不能寄希望于政府的自我革命。如果我们不是对现实视而不见的"鸵鸟"，就会承认要实现预算管理的规范化与理性化在现实中的确"难度极大"。要从根本上改变这种局面，一方面需要加强法制建设，从制度上完善财政预算管理与监督机制；另一方面也需要广大社会公众的参与，公民的纳税人意识不仅关系着经济发展，更关系着政治文明和制度文明的建设。因此，中国需要一场"新公民运动"，没有公民（纳税人）权利意识的全社会苏醒，财政制度改革即便是起步了也会是举步维艰，预算民主制度也不可能真正建立起来。然而，就当前中国的问题而言，"中国目前正处于财税体制尚未深入改革，纳税人权利意识空前高涨的时期"[①]。近些年来，公民群体性维权抗争活动频发就是明证。然而，物质上的中国逐渐富裕起来，精神上、权利上的中国不能贫困下去。而权力能否及时、充分、真诚地与权利对话是其中的关键，它决定着中国人的命运和中国社会的前途。由此推进和深化政治体制改革正成为中国社会的一种共识，预算从本质上来说具有强烈的政治性，预算制度改革同样属于政治体制改革的重要内容。诚然，"预算改革进程的顺利与否不仅仅取决于预算体制本身的内在化改善，而是必须与内嵌于其中的财税体制总体改革和国家治理现代化的协调推进"[②]。然而，"推进公共预算改革理论支撑不复杂，实践本身也并不复杂，但其在中国之所以成为一个复杂的问题，根本原因是这个改革直接涉及固有的传统行政观念和权力运行体制"[③]。然而，要转变固有的传统行政观念以及从根本上转变权力运行体制都是非常难啃的"硬骨头"，

---

① 李炜光：《权力的边界：税、革命与改革》，九州出版社 2015 年版，第 169 页。
② 靳继东：《预算改革的政治分析：理论阐释与中国视角》，科学出版社 2015 年版，第 17 页。
③ 陈保中：《宪政理想下的公共预算制度改革》，《社会科学报》2011 年 4 月 7 日第 3 版。

由此看来，中国的预算改革依然是任重道远。

第四节　预算改革与公民权利的实现：现实问题

长期以来，我国宪法以及其他基本法律在对权力缺少制约的同时，对公民权利却有过多的干预与限制，以至于形成了本末倒置的局面。改革开放30多年来，虽然人民已经成为事实上的纳税人，但人民作为纳税人的权利却因过分、过多地强调"国家利益至上"而一直被湮没，以至于蜷缩于政府征税权力之脚。事实上，虽然人们在物质上不断富足起来，但在权利上却仍然还处于贫困状态。然而，随着市场经济不断发展，民主法治进程的逐步推进，这种局面必将发生改变，正如学者鲁楠所言："中国一定会走进权利社会，无论是普通公民还是政府都需要有这个心理准备。"由此，权力能不能及时、充分、真诚地与权利进行对话是我国社会能否顺利转型的关键所在，如何认真地对待权利是与国人的命运乃至我国社会转型的前景密切相关的。公民的权利尤其是财政预算权利的实现，与人们的思想观念、权利意识以及预算改革乃至政治体制改革深入程度等方面有着必然的联系。

一　权力本位与"争权夺利"的隐喻

在传统社会里，"权"必然只是指权力，实际上，在中国传统社会里，人民（老百姓）没有任何权利可言。即便是皇帝身边的要员，也免不了"君要臣死，臣不得不死"的宿命。也就是说，在皇权专制的社会里，不要说财产权，连生命权都随时可以拿去，更不用说你的财产了。传统社会的国家中，"国"是皇帝的"家"，在皇帝的"天下"里，一切都是皇帝的，"溥天之下，莫非王土；率土之滨，莫非王臣"。那个时代的财政也就是所谓的"家计财政"。这也就意味着，皇帝（君主）征税是很自然的，不应受到任何的限制。也就是说，皇帝自然也就拥有无限的征税权。然而，"水能载舟，亦能覆舟"，当税负过重民不聊生的时候，人民便一次次地揭竿而起。1947年民主党派人士黄炎培到延安访问，在杨家岭的窑洞前向毛泽东询问如何破解"黄宗羲"的诀窍，毛泽东很干脆地用两个字做出解答：民主！那么，什么是民主？如何实现民主？实行民主的根本目的又是什么呢？这应该是政治学学科必须要做出清晰解答的最根本的问题。

新中国成立后，由于各个方面的原因，中国在实践社会主义政治民主的道路上走得并不顺利，甚至在某些方面出现了严重的倒退，社会主义改造完成以后，中国走的是"全能主义政治模式"，即国家与社会高度一体化，国家对社会进行全面的约束和控制。在这样一种模式之下，虽然新中国制定的宪法明确规定了人民的权利，但在一次又一次的政治运动中，宪法规定的人民的权利只能流于纸面上，并未能真正落实。就财产权利而言，人民的权利是非常有限的，因为一切都是国家的，无论是厂矿企业还是土地、房屋都是国家、政府的，是国家、政府养活了人民，没有所谓的私有财产。实际上，在1956年社会主义改造完成以后，私有观念是受到批判和打压的。马骏教授将1949—1978年这一时期的中国从财政国家意义上概括为"自产国家"，也就是国家的一切财政资源都来自国家自身所属的各个生产单位。那个时代的财政也就被称为国家财政。因此，在那个时代也就根本没有"纳税人"概念这一说法。实际上，一直到20世纪90年代，"纳税人"与"纳税人权利"这样的概念还被很多人视为禁忌。

二 "一元多层次"的立法体制与财政立法主体的多元性

1982年宪法确立了"一元多层次"的立法体制，即立法的主体包括全国人大及其常务委员会，国务院及其下属各部委，省级人大及其常委会等。在立法观念上，还在一定程度上存在经验立法色彩，在立法指导思想方面，法律工具主义①还在一定程度上发挥着作用，而权利保护主义思维仍然还是不够。由于立法体制的多层次性，立法过程中存在一些明显的问题：立法过程中部门主义和利益倾向严重，把

---

① 法律工具主义是权利保护主义的对称，就是把法律视为强化社会管理和控制的工具，把立法当作加强行政管理的手段。法律工具主义重视政府的权力，而忽视社会的权利；重视政府的管理，而忽视公民权利的保护。参见蔡定剑《人民代表大会二十年改革与发展》，中国检察出版社2001年版，第62—69页。

部门的非分利益固定化，忽视对公民权利的保护；重视实体立法而忽视程序法建设，使实体法得不到落实；法律相互冲突，公民无所适从。[①] 授权立法在我国立法体制中占据着重要地位。客观上经济发展和日益复杂的社会生活需要及时调整，主观上立法机关自身的限制，诸如时间上的限制以及专业技术方面的不足等。但是，为了防止行政权力的无限扩张和侵犯立法机关的地位和权力，国外授权立法一般遵循授权立法必须明确授权的范围，不得实现一般性的、无限制性的概括授权的原则，同时还明确：行政机关进行授权立法，必须严格遵守宪法和法律，严格遵守授权法，遵守法定的程序。[②] 诚然，我国授权立法为国家正式立法积累了经验，首先解决了社会经济发展与法律匮乏或滞后的严重矛盾，对国务院的授权适应了经济改革中不断出现的新情况而急需法律调整的状况，并适应了经济特区的需要。然而，我国授权立法与西方国家存在的显著不同是：具体事项授权较少，而综合性授权较多，而西方国家的普遍做法是只允许单项性授权，严格控制综合性授权。这种立法体制导致我国财政立法主体多元化，不仅全国人大及其常务委员会，国务院、财政部、国家税务总局、发改委甚至省级人大都可以成为财政立法主体。李炜光教授曾对我国财政税收相关法律做过统计，我国85%以上的财政税收法律都不是全国人大及其常委会制定的，而是由国务院及其各部委通过授权立法的方式制定的，政府各部委是我国财政立法事实上的立法主体，这必然会在一定程度上导致一些部门的非分利益固化而损害整个国家乃至纳税人的利益。此外，我国也亟须加强监督机制建设，如对各级政府的财政经济行为进行审计的部门应该设在人大，而不应该属于政府系统。更为重要的是要加强全国人大常委会预算工作委员会的建设，使人大这一与政府对口的监督部门能够真正发挥作用。

三　《预算法》修改过程中的现实问题

首先，我们可以从《预算法》的修改过程来关注、理解预算权力

---

① 蔡定剑：《人民代表大会二十年改革与发展》，中国检察出版社2001年版，第71页。

② 同上书，第159—161页。

的分配、运用与控制。我们都知道：宪政的精神就是"权利至上"。而从公民社会的视角分析，权力敬畏权利，理应成为法治社会的准则和政府行为的规范。现代公共预算就其本质而言是控制政府的工具，也就是要对政府收支行为进行规范、控制和监督，从而实现社会公众的利益最大化。要保障人民的财政预算权利，必须要从《预算法》的修改开始，然而，作为我国经济宪法的《预算法》，长期以来把预算看作是政府管理别人的工具，其宗旨一直是强调要在财政预算法律关系中突出行政主体的主导性、支配性地位，而公民作为纳税人应有的预算主体地位却常常被忽略了。但我们必须要明白，"在民主与人权成为宪法重要价值的今天，个人绝对不得成为国家任务和目标的牺牲品，而应是国家一切活动的目的"[①]。由于权利相对于权力天然地就比较弱势，那么，现代意义上的预算法从本质上而言应是控权之法，而不是管理之法。实际上，围绕其是管理之法还是控权之法的争论贯穿了《预算法》修改的整个过程，究其实质就是代表人民的人大与政府对预算权力的争夺。

就政府而言，历来就存在希望不断扩大自身财政权力的价值取向。这在此次《预算法》修改的二审稿草案中明显地体现出来：把原来《预算法》规定的人大"批准"预算改成"审议"，把原来人大"审议"预算改成"提出意见"，而具体实施办法又"由国务院及其有关部门制定"。这样一来，预算权力不但没有向人大回归，政府的财政权力反而在进一步强化，这也就意味着预算的游戏规则将完全由政府主导。同样，如何在政府各部门之间分配与配置预算权力的问题也在《预算法》修改过程中凸显出来，如在二审稿中也出现了财政部与央行之间关于中央国库的"经理"与"代理"权之争。究其实质，就是财政部门希望强化自身的财政权力，但其根源可能并不完全在于财政部，正如财政部门的某位官员所言："有些改革光靠财政部门也推不动。"那么，又是谁在要推动诸如此类的改革呢？这或许从此后的事实中可以找到答案，2015 年 6 月 24 日，政府（国务院）颁布了

---

① 陈征：《国家权力与公民权利的宪法界限》，清华大学出版社 2015 年版，第 213 页。

《预算法实施条例（征求意见稿）》，许多学者马上就明确指出该条例明显存在定位不准、"玄机条款"甚多，甚至是架空《预算法》的现象。实际上，不光是中央政府及各部委希望强化自身财政权力，地方各级政府更是如此。那么，各级政府为什么会有如此强烈的愿望要强化自身的财政权力呢？其根源也许就在于政府固有的思维惯性：政府可以迅速、有效地应对社会变化，从而更好地促进经济的发展。在这种思维惯性之下便会产生这样一种理念：只要能提高经济发展速度，无论采取哪种手段都是无可厚非的。这是一种典型的机会主义的心态与手段。我们可以设想一下，一旦政府决策失误，其产生的后果又该由谁来承担呢？此外，在这种情景之下，权力监督、约束机制自然无从谈起。那么，在追求效率的盛名之下，人民的权利何以能得到保障呢？效率并不是评判社会资源配置状况的唯一标准。"在很多情况下，公平也是必须加以考虑的一个重要因素。"① 事实也证明，这种"效率优先"的思维理念在改革开放持续40年后显然再也不能满足人民的愿望和渴求，人民更多地关注于权利、公平、正义与平等这样的政治价值追求，而不再是经济学意义上的帕累托最优。同时，政府权力过大或许不但不能促进经济增长，反而会制约中国经济结构的进一步优化与发展，正如著名经济学家、耶鲁大学教授陈志武所言："行政权力太大是中国经济结构性问题，是目前经济下行的根本原因。"②

历时10年的《预算法》修改经过多轮博弈终于在2014年告一段落，本次预算法修改取得了一定的成绩，无论是预算宗旨还是权力的分配与配置，抑或强调人大的预算权力及明确预算公开都有比较大的进步，但还是如一些学者指出的那样存在不少的问题，其中最突出的就是公民作为纳税人应有预算主体地位方面的规定仍然在很大程度上存在着缺失。诚然，要通过一次《预算法》修改就解决我国财政预算制度方面所有的问题是不现实的。毕竟这些问题从根本上而言是政治

---

① 高培勇：《公共经济学》，中国人民大学出版社2012年版，第8页。
② 陈志武：《未来改革要先把权力关进笼子里》，《中国经营报》2012年9月24日第B16版。

体制的问题，我们不能寄希望于一次预算修改就解决政治体制本身的问题，那是其"不能承受之重"。公共预算的本质是政治性的，政治的实质就是权力、权利与利益之争。作为新一轮财税体制改革的"先行军"，《预算法》的修改绝不只是台面上所表现出来的法律文本的修改问题，其背后是错综复杂的权力与权利的博弈，争议的焦点就是强化政府权力还是落实代表人民的人大预算权的问题。

四　政治体制改革与预算民主的成长

就当前的我国现实而言，如前所述，尽管经济方面仍然保持着比较高的增长率，人民生活水平在不断提高，但另一方面，人民的权利意识也在不断地增强，各种社会矛盾，尤其"官民矛盾"也在不断加剧，社会蕴藏着深刻的危机。事实上，温家宝同志在2012年3月回答中外记者提问时就非常明确地指出：中国必须要推进和深化政治体制改革，否则的话"文化大革命"就有可能会重演。由此，必须要深化和推进政治体制改革正在成为中国社会的一种共识。然而，改革的目的是什么呢？有学者给出了非常明确的答案："改革是为了让人民更自由、社会更公正。"而要让人民更自由、社会更公正就必须要关注人民的诉求、认真对待人民的权利。就预算制度改革而言，就是要认真对待人民参与、监督预算的权利。然而，就中国多年来的预算改革实践来看，无论是早些年的部门预算制度、国库集中收付制度、政府采购制度、政府收支分类等方面改革还是新《预算法》的四本预算、全口径预算等方面的规定，乃至于《预算法》修改过程中央行与财政部关于中央国库的"经理"与"代理"权之争等，究其实质都是预算管理方法与手段方面的改进，其本质都是预算管理的技术性的革新，然而，中国预算改革的关键和难点其实并不在于此。与此同时，预算改革如果仅止于技术性的革新这样的修修补补的话显然满足不了人民的期待，更不能充分保障人民的权利和利益。

要充分保障人民的权利就必须要有效地约束、控制住权力。而就预算而言，如前所述，就是一方面要以权力制约权力，另一方面以权利制约权力。然而，作为我国一项根本的政治制度，各级人大代表中官员比例太高，人大能否真正代表人民的权益一直是个问题。此外，相对于行政机关的强势地位而言，代表民意的立法机关（人大）一直非常弱势。事实上，就目前我国的现实情况而言，人大对政府预算的审议、监督乏力是一个不争的事实，在很大程度上只充当了"橡皮图章"的功能。对于这一现状，李炜光教授说得恰如其分：财政部相当于一个出纳，而发改委则经常充当会计的角色，人大则被撇在了一边。既然权力（人大）对权力（政府）的制约在很大程度上流于形式、乏力甚至是失效，那么，权利对权力的制约理应成为很现实的一项选择。事实上，近些年来，我国一些地方的预算改革实践是比较成功的，而且在保障公民的预算权利方面确实是有效的，如浙江温岭的预算"民主恳谈"、上海闵行的预算听证制度以及河南焦作的参与式预算等。然而，诸如此类的地方预算改革实践都离不开当地党政部门领导人的强势推动，从某种意义上而言是作为地方政府治理创新的形式而出现的。而此类改革之所以能够推进，其原因一方面在于地方政府领导人比较强势，另一方面是只在有限的区域范围产生效力、涉及的人员较少，遇到的阻力也就较小，而最为关键的一个原因就是其政治风险较小。

总的来说，无论是人大制度本身的改革还是人大与政府权力的预算权力的分配与制约乃至于公民的预算参与、监督权的有效落实，都与政治体制改革本身有着必然的联系，说到底就是政治体制改革本身的问题，也就是预算民主的问题。因此，预算民主是中国预算改革绕不过去的一道坎。只有实现预算民主，才能真正控制住权力，保障（公民）权利。而要实现预算民主就必须要推进和深化政治体制改革。就当前中国的现实而言，无论是就预算改革还是政治体制改革本身而言，"容易的都改得差不多了，剩下的全是难啃的'硬骨头'"。然而，我们都知道，"改革有风险，但不改革就会有危险"。因此，要推进和深化预算改革，真正实现预算的民主化，不仅需要勇气、魄力，更需要政治智慧。

第五节　中国预算改革的理想：
预算民主与法治

　　要实现国家治理的现代化离不开民主与法治，事实上，民主与法治协调发展是我国社会主义民主政治建设的重要经验。就我国预算改革而言，如果不在民主与法治的基础上整体推进，即便是再完美的方案设计最终都可能流于形式，公民权利的保护也只能成为空谈。作为一种法律规范，公共预算之所以被看成是现代意义上的制度，其原因就在于它天然地就跟民主、法治等价值理念联系在一起。事实上，财政预算是连接政治、经济和社会的桥梁，与民主、法治有着高度的契合性。

一　实行预算民主是保护公民权利的有效方式

　　由于公共预算与民主是孪生的，它天然地就具有保障权利、限制权力的禀赋。当然，相对于财政权力集中于政府而言，预算民主运转起来确实比较麻烦，因为无论是在决策、执行环节还是在监督、评价等环节都免不了扯皮，这必然会降低政府工作的效率。然而，"为了避免'人亡政息'的短期行为，必须依靠规则来产生稳定的预期"[①]。基于此，在预算的过程中实行民主是政治生活中一种理性的制度安排。从历史的角度来看，代议民主制与公共预算是相伴而生的，实际上，预算与代议民主制度都是现代民主政治制度的滥觞，预算与民主之间的良性互动造就了现代意义上的公共预算，正是因为有了预算民主，公众的权利和利益才有可能真正得到保障。

　　从我国现实状况来看，目前我国各级预算离民主预算还有很长的一段距离，这使得我国在预算编制过程中随意性太强，同时预算执行起来刚性不足，公民权利得不到有效的保障。如果不对公共预算进行

---

　　① 肖巍：《民主实践是权利与权力的"博弈"》，《社会科学报》2010 年 1 月 7 日第 3版。

彻底的变革，不实行"民主预算"，就不能从根本上解决当前我国预算过程中存在的种种问题。同时，预算民主也是我国民主政治非常重要的组成部分，增强对公共预算的监督，是实现社会公平正义的途径之一。因此，就当前我国现实而言，怎样才能让公众与政府就财政预算问题进行互动、对话，达成共识，完成推动预算民主的使命，并最终使预算起到凝聚民心的功能？这些问题都是我们必须要面对的。

通常来说，制约政府预算行为的主体有两个：一个是代议机构，在我国就是人大；另一个就是社会公众。基于此，预算民主实现的第一条路径就是切实加强以人大为主体的预算民主，建构人大主导型预算模式。预算民主实现的第二条路径就是积极发展以公众为主体的预算民主。科斯定理向我们揭示这一条原理：各利益相关方的博弈会使规则的公正化成为可能并最终实现效益的最大化。就预算来说，普通公众是相关的利益主体，他们当然有权利参与到预算过程中来。整个预算过程的开放性如何，公民参与的积极性高不高，其实就是一个社会是否真正民主，是否具有包容性的重要表现。事实上，近些年来，我国一些地方的预算改革实践是比较成功的，而且在保障公民的预算权利方面确实是有效的，如浙江省温岭市的"预算民主恳谈"、上海市闵行区的预算听证制度以及河南省焦作市的参与式预算等。然而，诸如此类的地方预算改革实践都离不开当地党政部门领导人的强势推动，从某种意义而言上是作为地方政府治理创新的形式而出现的。因此，如何实现这类预算改革的制度化，避免"人走政息"局面的出现是我国预算改革必须要认真思考的一个问题。

二　预算法治化是规范政府行为的有效手段

要实现国家治理的现代化，就必须"让权力在阳光下运行"。而"钱袋子权力是一切权力中最重要的权力"，政府花钱表象背后折射出的是政治改革问题。道理很简单，怎么挣钱怎么花钱是一个国家最大的政治。十八届三中全会决定与十八届四中全会决定将财政与依法治国都提升到了国家治理现代化的层面之上，依法理财的重要性由此也就不言而喻了。而就目前我国的现状而言，预算法定观念还比较淡薄，领导乱批条子、乱开口子、拍脑袋决策、挤占挪用预算资金的现象还比较普遍地存在着，"年底突击花钱"更是屡禁不止。因此，要从根本上增强政府官员的财政法治观念，真正实现依法理财、依法治税，规范政府行为，实现预算法治化。换句话说，预算法治的要义就是要规范、限制、监督政府的财政权力，其本质就是要保护公民的权利。与此同时，要建设社会主义法治国家，就必须要构建法治政府，而预算法治化是构建法治政府的必由之路。"预算法治化是依法治国的突破口，是依法理财的核心，它不仅仅是现代预算制度内在要求，也是现代国家治理的主干性构架。"① 就此而言，预算法治化是我国法治化进程中必行的一步，也是从源头上防止腐败的重要举措。也就是说，"我国预算改革目标的最终实现乃至政府治理结构的重塑与整合都将有赖于预算法治化进程的推进"②。

要实现预算法治化，就必须打造财政权力受严格控制的法治体系，避免行政官员任性的财政收支行为，从根本上切断行政腐败的链条。而要实现预算法治化就必须遵循财政法定的基本原则。财政法定具体表现在以下几个方面：首先是财政权力法定。财政权力所包含的内容较为宽泛，既包括立法机关的财政立法权与监督权，也包括政府各部门的预算制定权与执行权。具体而言就是在征税权与财政支出权方面人大与政府都应有非常明确的权力划分，分工明确、各司其职，相互制约，不应过多地授权，更不能越权。财政权力法定的主要目的在于将政府的财政权力限制在法定授权的范围内，防止其越权或滥用财权，明确财政关系中财政资源分配的法律界限，更好地保护公民作为纳税人的合法权益。其次是财政权利法定，即公民作为纳税人应享有哪些权利，在法律上应有明确的规定。具体而言，公民作为利益相关者，对于政府的财政行为，包括决策与执行环节有监督和参与的权利。最后是财政责任法定。财政责任既包括政府与立法机关的财政责任，也包括公民作为纳税人的财政责任。但财政责任法定最根本的目

---

① 王金秀：《以预算法治化推进依法治国》，《经济研究参考》2015 年第 34 期。

② 高培勇、马蔡琛：《中国政府预算的法治化进程：成就、问题与政策选择》，《财政研究》2004 年第 10 期。

标是要督促政府合法执行财政权力，切实履行财政义务。即政府在不正当执行财政权力或消极履行财政义务时应承担哪些责任，而不是要强调公民的纳税责任和义务，其主要目的在于规范政府的财政行为。

作为一项至关重要的制度安排，预算不但反映了一个国家的经济发展，而且也体现出了一个国家的社会结构和公平正义的程度。公共预算之所以被看成是现代意义上的预算，其原因就在于它能够在对政府权力进行有效制约的同时提高国家汲取财政资源的能力，并进而提升整个国家的治理能力。就我国的现实情况而言，虽然近些年来预算管理方面有了长足的进步，但预算制度本身还存在许多问题。此外，在现实的预算政治实践中，政府对权力的认识的转变以及对权利的尊重与保护观念的形成还需要很长的时间。总的来说，我国离真正意义上的现代预算国家还有比较长的一段距离，预算改革的任务还很艰巨。然而，我们必须要明确的是，我国预算改革不能寄希望于政府的自我革命。如果我们不是对现实视而不见的"鸵鸟"，就会承认要实现预算管理的规范化与法治化在现实中的确"难度极大"。要从根本上改变这种局面，我国要加强法制建设，从制度上完善财政预算管理与监督机制，同时动员广大社会公众的参与。我们不能寄希望预算制度的改革能毕其功于一役，无论是预算制度改革还是政治体制改革本身都必须要切合我国的实际情况，循序渐进。事实上，无论是财政体制总体改革还是国家治理现代化建设，乃至于固有的传统的政治文化、行政观念与权力运行体制的转变，都不可能在短期内一蹴而就，就此而言，我国的公共预算改革依然是任重道远。如果从现代国家治理的角度来审视的话，预算不但折射出一个国家对政府权力的约束程度，也反映出这个国家的治理能力强弱，更为重要的是，国家和政府可以通过公共预算最大限度地获取民众对政府的心理支持并提升其政治合法性，并通过预算治理使国家的良性运转成为现实。就我国的预算改革而言，必须要在遵循法治原则的基础上，培养人民的法治意识，树立法治信仰，推进政治体制改革，重塑人大的权力中心地位，实行预算民主，在加强人大对政府预算的立法控制的同时发挥人大及公众在预算审查监督中的作用，完善制约机制，变"暗箱操作"为

"阳光财政"，并实现由"行政预算"向"法治预算"的根本性转变。只有这样，才有可能把权力关进制度的笼子里，使预算能够真正成为体现民意、服务民生、凝聚民心的工具。也只有这样，预算才有可能成为优化资源配置、促进社会公平、实现国家长治久安的制度保障。

第八章 结束语

从现代国家的民主政治实践中我们可以看出来，公共预算一方面可以说是财政民主的重要内容，是民主机制得以运作下去的规则；另一方面也是纳税人及其代议机构对国家财政实施控制的基本途径。我国宪法明确规定"一切权力属于人民"，这也是一条最为重要的宪法原则。没有公众的积极参与，就谈不上预算制度的良好运作。实际上，公民参与预算的逻辑起点也就是人民主权，这就内在地要求人民及其代表所组成的代议机构对预算过程进行监督。只有这样，才能更好地实现公民权利与公共利益。公共预算可以说是公共财政的核心组成部分，而公共预算制度是公共财政运行的基本制度框架。公共预算的核心是预算内容的公益性，也就是政府预算中为公众提供的公共产品和公共服务。实际上，我们可以说公共预算是政府收支活动的货币化的标签，是实现公众利益的重要工具和载体。但事实上我国现行的财政预算体制的实际操作中确实存在着政府支出与公民纳税之间决策分离的现象，因此必须要对我国的公共预算体制进行改革。

公共预算是衡量一个国家是否真正实现了善治以及善治程度的重要指标，在预算这种治理机制之下，强调通过预算过程的公开化、透明化与民主化，来减少权力腐败，同时增进政府与公民之间的互信合作。实际上，公共预算可以被看成是"国民对国家以预算方式表现的施政计划书进行监督及统制的重要手段"[①]，而"预算制度就是社会

---

① 蔡茂寅：《预算法之原理》，（台北）元照出版有限公司 2008 年版，第 80 页。

成员参与和监督国家财政活动的法律规范"①，因此，预算应该而且也只能在法治的轨道上进行。基于此，我国必须要充分保障公民参与预算的权利，推行预算民主。而财政预算的民主进程在很大程度上要以法治为基础，因此，必须要建立起符合我国实际情况的预算法律体系。

预算是政府行为的财政表现。建设现代化的公共预算体系，是构建现代服务型政府的基础。虽然当前我国在公共预算的各个方面都取得长足的进步，但与现代化的公共预算相比，我国公共预算体系还不完善，仍有诸多的不足和问题。因此，推进公共预算改革是中国政府改革的一个重要方面，是下一步政府改革可供选择的一个突破口。②

现阶段我国预算制度的问题在于政府具有超大的预算权力，而人大的政治权威非常不到位，就《预算法》本身而言，我国现行《预算法》涉及人大的预算权力总共只有 5 条，其他基本上都是政府预算权力，没有人大预算权力。然而，正如阿伦·威尔达夫斯基与内奥米·凯顿所指出的那样："预算就是政治……一个在资金上独立于立法机关的行政机构必是以权代法，并最终导致专制。"③ "财政预算权是代议机构决定性的权力手段，代议机构能够通过拒绝支付经费和拒绝批准立法建议，或者面对居民的抱怨，通过非正式的动议，对行政施加压力。"④ 因此，我国实行公共预算改革，必须要抓住要害，从解决超大行政自主权问题入手，首先要解决的应该就是行政自主权超大这一难题。原因就在于超大的行政权必将会导致财政支出失去控制。实际上，通过加强对公共预算的控制可以很好地监督政府行为。但还存在一个问题，在一个政府没有公共信托责任的情况下，一味地强调

----

① ［日］井手文雄：《现代日本财政学》，陈秉良译，中国财政经济出版社 1990 年版，第 173 页。

② 陈文博：《政府改革突破口的选择——论推进我国的公共预算改革》，《东南学术》2010 年第 4 期。

③ ［美］阿伦·威尔达夫斯基、内奥米·凯顿：《预算过程中的新政治学》，上海财经大学出版社 2006 年版，第 181 页。

④ ［德］马克斯·韦伯：《经济与社会》，林荣远译，商务印书馆 2004 年版，第 784 页。

要加强行政部门对预算的行政控制，那么，即便强度再大，公共预算的效率同样也无法得到提高。而谢庆奎认为："公共预算是实现财政法制化与行政权力控制的制度保障。"① 公共预算改革，要求公共责任和行政控制引入到政府预算和财政管理。为此，"通过预算权力格局民主化和预算收支的统一，一方面，人大从外部对政府预算和财政管理进行政治控制；另一方面，在政府内部进行集中的行政控制。"②

当前在我国预算领域存在的另一个问题就是预算破碎而非常不完整，人大对预算的控制有效程度因而大打折扣，无论是预算的民主性还是国家治理的有效性都会受到影响。事实上，预算破碎、不完整主要表现就是存在着大量的预算外资金。根据估算，各地平均只有约50%的财政资金是受预算控制的。这也就意味着，还有大量的预算外资金是根本不通过人大的，人大无法对其进行有效的约束；而且更甚的是，预算外资金还根本不受财政部门的统一管理、控制。③ 因此，中国公共预算改革的重要环节就是必须要让立法机关充分行使预算权力。这种改革确实在很大程度上推动了我国国家治理的转型，进一步提升了国家的治理能力，政府的负责程度也得到了一定的提高。我们可以这样说，"公共预算改革是对传统预算管理模式的制度创新，新的制度需要与之相适应的新的理财思想和观念。20 世纪 90 年代末启动的中国公共预算改革主要集中在了技术和制度层面上的创新，但是公共预算从更深层次来说应当是怎样来处理预算和政府民主治理之间的关系，调和预算民主性与预算科学性之间的矛盾。"④ 马骏教授指出，当前中国正在进行的预算改革的目标是要建立一种西方国家在 19 世纪就已经形成的现代公共预算体制，从总体上来说这种预算体制是控制取向的。在现阶段，控制取向的预算改革在中国不但是必要的，

---

① 谢庆奎：《公共预算与政治学学科建设》，载马骏等《呼吁公共预算：来自政治学、公共行政学的声音》，中央编译出版社 2008 年版，第 13 页。

② 马骏：《公共预算原则：挑战与重构》，《经济学家》2003 年第 3 期。

③ 蔡定剑：《公共预算改革的路径和技术》，《中国改革》2007 年第 6 期。

④ 陈文博：《政府改革突破口的选择——论推进我国的公共预算改革》《东南学术》2010 年第 4 期。

而且是不可逾越的。从根本上讲，是国家的内部结构影响了中国公共预算的改革方向。

就当前我国预算实践来看，在财政预算实施的过程中民主协商的程度是非常不够的。但现阶段我国正在努力做一些基础性工作，比如说对预算进行细化，其目的就是要扩大民主。也就是说，通过把预算细化到无论是人大代表还是普通民众都能看得清、看得懂，使预算科技性与民主性得到逐步加强。客观地说，这也是社会进步、国家治理理性化、民主程度不断提高的表现。当然，在预算改革的某些方面，民主化改革的进程确实显得有点慢，虽然慢但毕竟是在向前走，因为预算是高度政治性的，预算改革也毕竟是牵涉到政治体制改革的问题。同样，民主政治的发展也需要一个过程，无论是民主政治制度设计还是人们思想观念的转变，都是一个过程，都需要时间，不可能一蹴而就。

在我国改革开放逐渐步入深水期的今天，无论是经济体制改革还是政治体制改革，都已经进入了一个关键时期。而公共预算不仅跟财政经济密切相关，本质上更是政治性的。而根据其他国家改革的经验，体制性的改革，尤其是政治体制改革必须是渐进性的。否则，一旦出现体制性的障碍将会牵一发而动全身，甚至引起政治动荡。就目前我国政治体制改革而言，要寻找到最容易的改革方案显得越来越不容易，而选择财政预算体制改革这样一个相对而言争议较少、风险不大也比较稳妥的基础性工作作为政治体制改革的突破口，正是基于政治体制改革必须要渐进推进这一思路的。进一步加强人大这一现有监督机制的作用，推进预算改革，相对来说比较容易打开民主政治发展的空间。

总体而言，当前我国公共预算改革的方向已经逐步明确，即建立真正现代化的预算国家。建立"预算国家"这样一个目标，对我国财政改革的重点和方向作出了规定，也为缩小我国与发达国家在财政预算管理方面存在的差距找到了突破口。① 然而，需要明确的是，我国

---

① 王绍光、马骏：《走向"预算国家"——财政转型与国家建设》，《公共行政评论》2008 年第 1 期。

预算改革的理想是要建设现代预算国家，实现国家治理的理性化与民主化。而现实的情况是我国虽然在预算改革的道路上取得了一定的成绩，但目前与真正建成预算国家的目标还有一定的差距，无论是政治制度设计方面，还是在彻底改变传统的强行政政治文化、政治理念方面都存在一定的难度，需要一定的时间。更为重要的是，公共预算改革也是政治体制改革的一部分，"公共预算不是孤立的，它的形成与发展取决于特定时期政治体制的内在要求，并反过来推进政治体制改革。"[①] 公共预算改革与政治体制改革的关系是非常密切的。然而，就中国的现实情况而言，政治体制改革的步伐不能迈得太大。此外，人们思想观念的彻底转变同样也需要一个过程。因此，中国的公共预算改革还有很长的一段路要走。总的来说，当前我国公共预算改革的目标已经逐步明确，那就是实行预算民主，建设现代意义上的预算国家，控制权力，保护权利，促进社会公平、实现国家长治久安，并进而实现国家治理的理性化与民主化这一理想。也只有这样，才能最终实现国家富强、民族复兴、人民幸福的"中国梦"！

---

① 谢庆奎：《公共预算与政治学学科建设》，载马骏等《呼吁公共预算：来自政治学、公共行政学的声音》，中央编译出版社 2008 年版，第 15 页。

参考文献

一 中文著作

[1] 夏勇:《走向权利的时代——中国公民权利发展研究》,中国政法大学出版社 2007 年版。

[2] 傅军:《国富之道——国家治理体系现代化的实证研究》,北京大学出版社 2014 年版。

[3] 李炜光:《权力的边界:税、革命与改革》,九州出版社 2015 年版。

[4] 马骏:《中国公共预算改革:理性化与民主化》,中央编译出版社 2005 年版。

[5] 马骏、叶娟丽:《西方公共行政学理论前沿》,中国社会科学出版社 2004 年版。

[6] 马骏:《治国与理财:公共预算与国家建设》,生活·读书·新知三联书店 2011 年版。

[7] 马骏等:《国家治理与公共预算》,中国财政经济出版社 2007 年版。

[8] 马骏等:《呼吁公共预算:来自政治学、公共行政学的声音》,中央编译出版社 2008 年版。

[9] 朱春奎、侯一麟、马骏:《公共财政与政府改革》,世纪出版集团 2008 年版。

[10] 陈征:《国家权力与公民权利的宪法界限》,清华大学出版社 2015 年版。

[11] 高静:《公共财政的政治过程》,南京大学出版社 2015 年版。

[12] 王雍君:《公共预算管理》,经济科学出版社 2002 年版。

[13] 王雍君：《发达国家政府财政管理制度》，时事出版社 2001 年版。

[14] 陈工：《公共支出管理研究》，中国金融出版社 2001 年版。

[15] 熊伟：《法治、财税与国家治理》，法律出版社 2015 年版。

[16] 丛树海：《中国预算体制重构——理论分析与制度设计》，上海财经大学出版社 2000 年版。

[17] 靳继东：《预算改革的政治分析：理论阐释与中国视角》，科学出版社 2015 年版。

[18] 郑建新：《中国政府预算制度改革研究》，中国财政经济出版社 2003 年版。

[19] 闫海：《公共预算过程、机构与权力——一个法政治学研究范式》，法律出版社 2012 年版。

[20] 王永礼：《预算法律制度论》，中国民主法制出版社 2005 年版。

[21] 杨志恒：《预算政治学的构成》，台湾业强出版社 1993 年版。

[22] 王绍光：《美国进步时代的启示》，中国财政经济出版社 2003 年版。

[23] 俞可平：《治理与善治》，社会科学文献出版社 2000 年版。

[24] 王焱：《市场逻辑与国家观念》，生活·读书·新知三联书店 1995 年版。

[25] 彭健：《政府预算理论演进与制度创新》，中国财政经济出版社 2006 年版。

[26] 赵梦涵：《新中国财政税收史论纲》，经济科学出版社 2002 年版。

[27] 郑永年：《重建中国社会》，东方出版社 2016 年版。

[28] 孙开、彭健：《财政管理体制创新研究》，中国社会科学出版社 2004 年版。

[29] 楼继伟：《政府预算与会计的未来——权责发生制改革纵览与探索》，中国财政经济出版社 2001 年版。

[30] 中国社会科学院财政与贸易经济研究所：《科学发展观：引领中国财政政策新思路》，中国财政经济出版社 2005 年版。

［31］凌岚：《公共财政：治理机制与治理结构》，经济科学出版社
2011 年版。

［32］凌岚：《公共经济学原理》，武汉大学出版社 2010 年版。

［33］倪志良：《政府预算管理》，南开大学出版社 2010 年版。

［34］杨玉霞：《中国政府预算改革及其绩效评价》，北京师范大学出
版社 2011 年版。

［35］李炜光：《李炜光说财税》，河北大学出版社 2010 年版。

［36］王绍光：《祛魅与超越：反思自由、民主与公共社会》，中信出
版社 2010 年版。

［37］王绍光：《分权的底限》，中国计划出版社 1997 年版。

［38］王绍光：《中国：治道》，中国人民大学出版社 2014 年版。

［39］王绍光：《中国：政道》，中国人民大学出版社 2014 年版。

［40］蔡定剑：《中国人民代表大会制度》（第四版），法律出版社
2003 年版。

［41］靳断东：《预算政治学论纲：权力的功能、结构与控制》，中国
社会科学出版社 2010 年版。

［42］俞可平：《中国治理变迁三十年》，社会科学文献出版社 2008
年版

［43］中国财政学会：《构建预算管理新模式：部门预算制度与国库
单一账户制度》，经济科学出版社 2003 年版。

［44］胡鞍钢、王绍光等：《第二次转型：国家制度建设》，清华大学
出版社 2003 年版。

［45］胡鞍钢：《转型与稳定：中国如何长治久安》，人民出版社 2005
年版。

［46］杨光斌：《制度的形式与国家的兴衰——比较政治发展的理论与
经验研究》，北京大学出版社 2005 年版。

［47］杨光斌：《制度变迁与国家治理：中国政治发展研究》，人民出
版社 2006 年版。

［48］杨君昌：《公共预算：政府改革的钥匙》，中国财政经济出版社
2008 年版。

［49］何包钢、郎友兴：《寻找民主与权威的平衡：浙江省村民选举经验研究》，华中师范大学出版社 2002 年版。

［50］胡鞍钢等：《中国国家治理现代化》，中国人民大学出版社 2014 年版。

［51］王乐夫、蔡立辉：《公共管理学》，中国人民大学出版社 2008 年版。

［52］麻宝斌：《公共行政学》，东北财经大学出版社 2006 年版。

［53］高树兰：《公共财政与行政成本控制》，天津人民出版社 2008 年版。

［54］张志超：《美国政府绩效预算的理论与实践》，中国财政经济出版社 2006 年版。

［55］游祥斌：《公共部门预算管理》，郑州大学出版社 2007 年版。

［56］李兰英：《政府预算管理》，西安交通大学出版社 2007 年版。

［57］马国贤：《政府预算理论与绩效政策研究》，中国财政经济出版社 2008 年版。

［58］李泽厚、刘再复：《告别革命：回望二十世纪的中国》，天地图书出版公司 2004 年版。

［59］杨光斌：《当代中国政治制度导论》，中国人民大学出版社 2015 年版。

［60］於莉、马骏：《公共预算改革——发达国家之外的经验与教训》，重庆大学出版社 2011 年版。

［61］靳继东：《预算改革的政治分析：理论阐释与中国视角》，科学出版社 2015 年版。

［62］江宜桦：《自由民主的理路》，新星出版社 2006 年版。

［63］王传纶、高培勇：《当代西方财政经济理论》，商务印书馆 1995 年版。

［64］刘小楠：《追问政府的钱袋子：中国公共预算改革的理论与实践》，社会科学文献出版社 2011 年版。

［65］王加林：《发达国家预算管理与我国预算管理改革的实践》，中国财政经济出版社 2006 年版。

［66］马蔡琛：《政府预算》，东北财经大学出版社2007年版。

［67］李凡：《中国基层民主发展报告2008》，知识产权出版社2008年版。

［68］马骏：《治国与理财：公共预算与国家建设》，生活·读书·新知三联书店2011年版。

二 中文译著

［1］［美］阿伦·威尔达夫斯基、内奥米·凯顿：《预算过程中的新政治学》，邓淑莲、魏陆译，上海财经大学出版社2006年版。

［2］［美］阿伦·威尔达夫斯基、布莱登·斯瓦德洛：《预算与治理》，苟燕楠译，上海财经大学出版社2009年版。

［3］［美］阿伦·威尔达夫斯基：《预算：比较理论》，苟燕楠译，上海财经大学出版社2009年版。

［4］［美］海德：《政府预算：理论、过程和政治》（第三版），北京大学出版社2007年版。

［5］［美］罗伊·T. 梅耶斯等著：《公共预算经典（第一卷）——面向绩效的新发展》，苟燕楠、董静译，上海财经大学出版社2005年版。

［6］［美］阿尔伯特·C. 海迪：《公共预算经典（第二卷）——现代预算之路》（第三版），上海财经大学出版社2006年版。

［7］［美］爱伦·鲁宾：《公共预算中的政治：收入与支出、借贷与平衡》（第四版），叶娟丽等译，中国人民大学出版社2001年版。

［8］［美］乔纳森·卡恩：《预算民主——美国的国家预算与公民权（1890—1928）》，叶娟丽等译，格致出版社2008年版。

［9］［美］阿曼·卡恩、巴特利·希尔德雷思：《公共部门预算理论》，韦曙林译，格致出版社2010年版。

［10］［美］约翰逊、乔伊斯：《公共预算制度》，扶松茂译，上海财经大学出版社2010年版。

［11］［美］汤姆金：《透视美国预算与管理局》，苟燕楠译，上海财经大学出版社2009年版。

［12］［美］罗伯特·D. 李、罗纳德·约翰逊：《公共预算系统》，曹峰等译，清华大学出版社 2005 年版。

［13］［美］艾伦·希克：《当代公共支出管理方法》，经济管理出版社 2000 年版。

［14］［美］B. 盖伊·彼得斯：《比较预算——透视公共之处管理》，人民出版社 2001 年版。

［15］［美］詹姆斯·M. 布坎南、理查德·A. 马斯格雷夫：《公共财政与公共选择：两种截然不同的国家观》，类承蝶译中国财政经济出版社 2000 年版。

［16］［美］詹姆斯·M. 布坎南：《民主财政论》，商务印书馆 2002 年版。

［17］［美］尼古拉斯·亨利：《公共行政与公共事务》（第 7 版），华夏出版社 2002 年版。

［18］［美］约翰·L. 米克塞尔：《公共财政管理：分析与应用》（第六版），中国人民大学出版社 2005 年版。

［19］［美］查尔斯·亚当斯：《善与恶——税收在文明进程中的影响》，翟继光译，中国政法大学出版社 2013 年版。

［20］［美］阿图·埃克斯坦：《公共财政学》，张愚山译，中国财政经济出版社 1983 年版。

［21］［美］约翰·邓恩：《让人民自由——民主的历史》，尹钛译，新星出版社 2010 年版。

［22］［美］史蒂芬·B. 斯密什：《政治哲学》，贺晴川译，北京联合出版公司 2015 年版。

［23］［美］亚历山大·汉密尔顿、詹姆斯·麦迪逊、约翰·盖伊：《联邦党人文集》，杨颖玥、张尧然译，中国青年出版社 2014 年版。

［24］［美］赫伯特·J. 斯托林：《反联邦党人赞成什么——宪法反对者的政治思想》，汪庆华译，北京大学出版社 2006 年版。

［25］［美］理德·斯韦恩：《公共财政管理》（第二版），朱萍等译，中国财政经济出版社 2001 年版。

[26]［美］曼瑟·奥尔森：《权力与繁荣》，苏长和、嵇飞译，上海人民出版社 2005 年版。

[27]［澳］欧文·休斯：《公共管理导论》，张成福等译，中国人民大学出版社 2007 年版。

[28]［美］L. 亨金：《权利的时代》，信春鹰等译，知识出版社 1997 年版。

[29]［美］詹姆斯·R. 汤森：《中国政治》，江苏人民出版社 2003 年版。

[30]［美］罗纳德·德沃金：《认真对待权利》，信春鹰、吴玉章译，上海三联书店 2008 年版。

[31]［美］保罗·肯尼迪：《大国的兴衰》，中国经济出版社 1989 年版。

[32]［美］斯科特·戈登：《控制国家——西方宪政的历史》，应奇等译，江苏人民出版社 2001 年版。

[33]［美］威尔·杜兰特、阿里尔·杜兰特：《历史的教训》，倪玉平、张阅译，四川人民出版社 2015 年版。

[34]［美］戴维·H. 罗森布鲁姆：《公共行政学：管理、政治和法律的途径》，中国人民大学出版社 2002 年版。

[35]［美］肯尼思·F. 沃伦：《政治体制中的行政法》（第三版），王丛虎等译，中国人民大学出版社 2005 年版。

[36]［美］迈克尔·麦金尼斯：《多中心体制与地方公共经济》，中国人民大学出版社 2003 年版。

[37]［美］罗伯特·达尔：《民主理论的前言》，顾昕、朱丹译，生活·读书·新知三联书店 1999 年版。

[38]［德］柯武刚·史漫飞：《制度经济学——社会秩序与公共政策》，商务印书馆 2003 年版。

[39]［美］詹姆斯·M. 布坎南、理查德·A. 马斯格雷夫：《公共财政与公共选择：两种截然不同的国家观》，类承曜译，中国财经出版社 2000 年版。

[40]［美］约瑟夫·熊彼特：《资本主义、社会主义与民主》，吴良

健译，商务印书馆 1999 年版。

[41] ［美］托马斯·D. 林奇：《美国公共预算》，苟燕楠、董静译，中国财政经济出版社 2002 年版。

[42] ［美］皮埃尔·卡蓝默：《破碎的民主：试论治理的革命》，生活·读书·新知三联书店 2005 年版。

[43] ［美］米尔顿·弗里德曼、罗斯·弗里德曼：《自由选择》，胡骑、席学媛、安强译，商务印书馆 1982 年版。

[44] ［美］麦金尼斯·奥斯特罗姆：《从追求民主到自主治理》，三联书店 2003 年版。

[45] ［加］贝淡宁：《贤能政治：为什么尚贤制比民主选举制更适合中国》，吴万伟译，中信出版社 2016 年版。

[46] ［美］约翰·罗尔斯：《正义论》，何怀宏、何包钢、廖申白译，中国社会科学出版社 1988 年版。

[47] ［美］约翰·罗尔斯：《政治自由主义》，万俊人译，译林出版社 2000 年版。

[48] ［美］塞缪尔·亨廷顿：《变动社会的政治秩序》，张岱云、聂振雄等译，上海译文出版社 1989 年版。

[49] ［美］弗朗西斯·福山：《历史的终结及最后之人》，黄胜强、许铭原译，中国社会科学出版社 2003 年版。

[50] ［美］詹姆斯·M. 布坎南：《民主财政论——财政制度和个人选择》，穆怀朋译，商务印书馆 1993 年版。

[51] ［美］列奥·施特劳斯、约瑟夫·克罗波西：《政治哲学史》（上册），李天然等译，河北人民出版社 1998 年版。

[52] ［美］赫伯特·西蒙：《现代决策理论的基石——有限理性说》，杨砾、徐立译，北京经济学院出版社 1989 年版。

[53] ［美］理查德·D. 宾厄姆：《美国地方政府的管理：实践中的公共行政》，北京大学出版社 1996 年版。

[54] ［美］孔飞力：《中国现代国家的起源》，陈兼、陈之宏译，生活·读书·新知三联书店 2013 年版。

[55] ［美］詹姆斯·M. 布坎南：《自由、市场与国家——80 年代的

政治经济学》，生活·读书·新知三联书店 1989 年版。

［56］［法］托克维尔：《旧制度与大革命》，傅国强译，中国国际出
版集团 2013 年版。

［57］［德］鲁道夫·冯·耶林：《为权利而斗争》，郑永流译，法律
出版社 2012 年版。

［58］［英］罗纳德·哈里·科斯、王宁：《变革中国：市场经济的中
国之路》，徐尧、李哲民译，中信出版社 2013 年版。

［59］［美］赫伯特·斯坦：《美国的财政革命：应对现实的策略》，
苟燕楠译，上海财经大学出版社 2010 年版。

　　三　中文期刊

［1］马骏：《公共预算原则：挑战与重构》，《经济学家》2003 年第
3 期。

［2］马骏、叶娟丽：《公共预算理论：现状与未来》，《武汉大学学
报》（社会科学版）2003 年第 5 期。

［3］马骏、於莉：《公共预算研究：中国政治学和公共行政学亟待加
强的研究领域》，《政治学研究》2005 年第 2 期。

［4］王绍光、马骏：《走向"预算国家"——财政转型与国家建设》，
《公共行政评论》2008 年第 1 期。

［5］马骏：《中国预算改革的政治学：成就与困惑》，《中山大学学
报》（社会科学版）2007 年第 3 期。

［6］王淑芳：《从权力时代走向权利时代》，《中国改革》2000 年第
3 期。

［7］彭健：《中国政府预算制度的演进（1949—2006 年）》，《中国经
济史研究》2008 年第 3 期。

［8］刘尚希：《财政改革、财政治理与国家治理》，《理论视野》2014
年第 1 期。

［9］楼继伟：《深化财税体制改革　建立现代财政制度》，《求是》
2014 年第 20 期。

［10］张凤阳：《科学认识国家治理现代化问题的几点方法论思考》，
《政治学研究》2014 年第 2 期。

［11］王家峰：《在权力与权利之间：现代国家建构的历史逻辑》，《天津社会科学》2010 年第 6 期。

［12］唐亚林：《国家治理在中国的登场及其方法论价值》，《复旦学报》（社会科学版）2014 年第 2 期。

［13］刘剑文：《论财税体制改革的正当性——公共财产法语境下的治理逻辑》，《清华法学》2014 年第 5 期。

［14］刘剑文：《宪政下的公共财政与预算》，《河南省政法管理干部学院学报》2007 年第 3 期。

［15］王乐理、张生堰：《北美革命时期关于征税权的辩论——兼及柏克的政治思想》，《天津大学学报》（社会科学版）2012 年第 5 期。

［16］郭小聪、程鹏：《政府预算的民主性：历史与现实》，《东南学术》2005 年第 1 期。

［17］《英法历史比较与借鉴》课题组：《从英法两国历史看财政与民生、革命、文明演进——世界潮流、利益固化和变革成本与方略的比较》，《财政研究》2013 年第 9 期。

［18］刘剑文：《纳税人的权利与公民的纳税意识》，《会计之友》1999 年第 9 期。

［19］刘剑文：《预算的实质是要控制政府的行为》，《法学》2011 年第 11 期。

［20］韦森：《财权制衡与中国下一步的改革》，《企业家日报》2013 年 8 月 17 日第 W04 版。

［21］韦森：《唤醒国民纳税人权利意识》，《社会科学报》2010 年 10 月 14 日第 3 版。

［22］赵琪：《公共财政制度：经济发展与国家治理的基石》，《中国社会科学报》2015 年 1 月 16 日第 A03 版。

［23］陈剑：《改革是为了让人更自由社会更公正》，《人民日报》2016 年 2 月 23 日第 7 版。

［24］林衍、张莹：《认真对待权利　因为它关乎人的尊严》，《中国青年报》2013 年 2 月 27 日第 5 版。

[25] 贺方：《为实现预算公开，我们一起来拱卒》，《中国青年报》2008 年 11 月 18 日第 6 版。

[26] 肖巍：《民主实践是权利与权力的"博弈"》，《社会科学报》2010 年 1 月 7 日第 3 版。

[27] 苟燕楠：《政府治理理念重塑基础上的"新公共预算决策"》，《上海行政学院学报》2005 年第 3 期。

[28] 董静、苟燕楠：《公共预算决策分析框架与中国预算管理制度改革》，《财贸经济》2004 年第 11 期。

[29] 袁星侯：《政府预算渐进主义及其改革评述》，《经济学家》2003 年第 6 期。

[30] 王金秀：《以预算法治化推进依法治国》，《经济研究参考》2015 年第 34 期。

[31] 宋丙涛：《财政制度变迁与现代经济革命》，《中国经济问题》2007 年第 5 期。

[32] 焦建国、郑建新：《预算是什么：关于政府预算的几个基本认识》，《财政研究》2002 年第 7 期。

[33] 李炜光：《公共财政的宪政思维》，《战略与管理》2002 年第 3 期。

[34] 贾康：《公共财政与预算管理改革》，《经济学家》2003 年第 6 期。

[35] 高培勇、马蔡琛：《中国政府预算的法治化进程：成就、问题与政策选择》，《财政研究》2004 年第 10 期。

[36] 王金秀：《国家预算委托代理关系的理论分析》，《财政研究》2002 年第 1 期。

[37] 王雍君：《权责发生制与政府预算管理改革》，《财政研究》2002 年第 3 期。

[38] 李炜光：《税收与道德的脉动》，《天津日报》2009 年 7 月 6 日第 10 版。

[39] 李炜光：《预算透明：新十字路口的抉择》，《人民论坛》2010 年第 5 期。

［40］李炜光:《最关键是公开政府花钱的秘密》,《南方周末》2008
　　　年6月26日第A06版。

［41］李炜光:《宪政与税收的"权力边界"》,《中国经营报》2012
　　　年1月16日第B15版。

［42］刘雪、张歌:《1660—1799年英国财政革命所带来的划时代变
　　　化》,《天津财经大学学报》2010年第7期。

［43］陈文博:《政府改革突破口的选择——论推进我国的公共预算改
　　　革》,《东南学术》2010年第4期。

［44］蔡定剑:《公共预算改革应该如何推进》,《人民论坛》2010年
　　　2月总第281期。

［45］蔡定剑:《公共预算改革的路径和技术》,《中国改革》2007年
　　　第6期。

［46］陈程:《未来改革要先把权力关进笼子里》,《中国经营报》
　　　2012年9月24日第B16版。

［47］胡祥:《近年来治理理论研究综述》,《毛泽东邓小平理论研究》
　　　2005年第3期。

［48］郭小聪:《财政改革:国家治理转型的重点》,《人民论坛》
　　　2010年第5期。

［49］马强:《公共预算改革的现实定位与未来选择》,《人民论坛》
　　　2010年第23期。

［50］谢庆奎、单继友:《公共预算的本质:政治过程》,《天津社会
　　　科学》2009年第1期。

［51］李凡:《参与式预算推动地方政府治理革新》,《中国改革》
　　　2007年第6期。

［52］张梅:《巴西的参与式预算与直接民主》,《国外理论动态》
　　　2005年第7期。

［53］陈旭东:《公共选择视角下的公共预算理念》,《当代财经》
　　　2005年第7期。

［54］徐勇:《治理转型与竞争——合作主义》,《开放时代》2001年
　　　第7期。

［55］杨光斌：《公民参与和当下中国的治道变革》，《社会科学研究》2009 年第 1 期。

［56］叶汉生：《"复式预算"呼唤"复式财政"》，《中南财经大学学报》（社会科学版）2001 年第 5 期。

［57］郑备军：《欧美国家三维一体的财政监督大扫描》，《中国改革》2001 年第 8 期。

［58］陈工、袁星侯：《实行部门预算改革面临的矛盾及化解》，《财政研究》2001 年第 5 期。

［59］伍俊斌：《政治国家与公民社会：内涵、限度及其互动》，《河北学刊》2007 年第 6 期。

［60］高培勇：《"量入为出"与"以支定收"——关于当前财政收入增长态势的讨论》，《财贸经济》2001 年第 8 期。

［61］焦建国：《公共财政：理论与实践的着眼点在哪里》，《金融早报》2000 年第 3 期。

［62］周伟华：《美国九十年代的财政政策及对我国的启示》，《时代财会》2001 年第 6 期。

［63］李炜光：《建立公共财政体制之理论探》，《现代财政》2001 年第 2 期。

［64］高培勇：《构建中的中国公共财政框架》，《国际经济评论》2001 年第 1 期。

［65］姜维壮：《对财政支出管理的几点看法》，《中国财经报》2001 年第 1 期。

［66］冯文成：《公共选择理论的基本思想》，《经济研究参考》2002 年第 43 期。

［67］董苏彭：《国库集中支付制度的建立与实施》，《财政与税务》2002 年第 2 期。

［68］陈艳利：《我国预算编制有关问题及改革建议》，《辽宁大学学报》（社会科学版）2002 年第 2 期。

［69］马蔡琛：《中国预算管理制度变迁的经济学分析》，《税务与经济》2002 年第 6 期。

［70］ 项怀诚：《当前财政理论研究的若干问题》，《中央财经大学学报》（社会科学版）2002 年第 5 期。

［71］ 袁星候：《中西预算编制方法的比较与启迪》，《财政与税务》2002 年第 4 期。

［72］ 喻建屏：《关于国库集中收付实现形式的探讨》，《财政研究》2002 年第 12 期。

［73］ 胡文改：《由"大一统财政"转向"公共财政"》，《人民政协报》2002 年第 12 期。

［74］ 徐瑞娥：《我国政府预算管理制度改革的主要观点》，《经济纵横》2002 年第 11 期。

［75］ 郑建新、柯永果：《公共财政再分析》，《财政研究》2002 年第 11 期。

［76］ 李茂生：《科学认识财政基本问题逐步建立现代公共财政》，《财贸经济》2002 年第 3 期。

［77］ 冯瑞菊：《构建公共财政税收体系的若干思考》，《经济经纬》2001 年第 3 期。

［78］ 贾康：《公共财政导向下的预算改革》，《中国财经信息资料》2002 年第 9 期。

［79］ 钱梅生：《实行财政预算信用分类管理》，《上海财经》2001 年第 9 期。

［80］ 王炜：《政府预算改革：我国构件公共财政框架的关键》，《首都经济贸易大学学报》2001 年第 5 期。

［81］ 王银梅：《法国财政监督的特征及启示》，《中国产经新闻》2001 年第 1 期。

［82］ 张国庆：《中国政府行政改革的"两难抉择"及其应对理路》，《北京行政学院学报》2001 年第 5 期。

［83］ 张国庆：《21 世纪初中国行政改革的十大关系及政策选择》，《中山大学学报》（社会科学版）2001 年第 6 期。

［84］ 王绍光：《美国"进步时代"的启示》，《新理财》2010 年第 2 期。

[85] 邓研华：《公共预算研究述评：基于政治学的视角》，《武汉大学学报》（哲学社会科学版）2011 年第 5 期。

[86] 邓研华、叶娟丽：《公共预算中的政治：对权力与民主的审视》，《深圳大学学报》（人文社会科学版）2012 年第 2 期。

[87] 邓研华：《从权力走向权利：预算改革的政治学分析》，《海南大学学报》（人文社会科学版）2016 年第 3 期。

[88] 邓研华：《公共预算与现代国家治理》，《扬州大学学报》（人文社会科学版）2015 年第 5 期。

[89] 李平：《政府领导体制与行政效率研究》，《政治学研究》2001 年第 1 期。

[90] 庄垂生、黄大兴：《论政府规模及其增长——来自公共选择的启示》，《求实》2001 年第 1 期。

[91] ［美］托马斯·卡罗瑟斯：《市民社会》，薄燕译，《国外社会科学文摘》2000 年第 7 期。

[92] 苟燕楠：《传统问题的现代思考：地方政府基本问题研究》，《财政研究》2007 年第 7 期。

[93] 苟燕楠：《公共预算的传统与变迁——美国预算改革对中国的启示》，《财政研究》2009 年第 6 期。

[94] 冯辉：《宪政、经济国家与〈预算法〉的修改理念——以预算权分配为中心》，《政治与法律》2011 年第 9 期。

[95] 王雍君：《现代财政制度的三个标尺》，《新理财》2017 年第 1 期。

[96] 冯雪梅：《让财政预算为权利埋单》，《中国青年报》2011 年 3 月 6 日第 6 版。

[97] 丛中笑：《公共财政视阈下我国预算法的修订——理念更新·原则重构·权力配置》，《江西社会科学》2011 年第 11 期。

[98] 朱大旗、李蕊：《论人大预算监督权的有效行使——兼评我国〈预算法〉的修改》，《社会科学》2012 年第 2 期。

[99] 朱大旗、李蕊：《论预算审批制度的完善——兼论我国〈预算法〉的修改》，《当代法学》2013 年第 4 期。

[100] 王鸿貌:《论预算国家视野中预算制度与预算法的功能——兼论我国预算制度改革和〈预算法〉的修改》,《财政经济评论》2012 年第 1 期。

[101] 刘剑文:《预算法治的三维建构:观念、原则和机制——兼论新〈预算法〉的突破》,《法学杂志》2015 年第 4 期。

四 外文文献

[1] Aaron Wildavsky, "The Political Implications of Budgetary Reform: A Retrospective", *Public Administration Review*, Vol. 52, No. 6. (Nov. – Dec. , 1992), pp. 594 – 599.

[2] Aaron Wildavsky, "A Budget for All Seasons? Why the Traditional Budget Lasts", *Public Administration Review*, Vol. 38, No. 6. (Nov. – Dec. , 1978), pp. 501 – 509.

[3] Allen Schick, "Control Patterns in State Budget Execution", *Public Administration Review*, Vol. 24, No. 2. (Jun. , 1964), pp. 97 – 106.

[4] Allen Schick, "The Battle of the Budget", *Proceedings of the Academy of Political Science*, Vol. 32, No. 1, Congress against the President. (1975), pp. 51 – 70.

[5] Allen Schick, "The Road to PPB (Planning – Programming – Budgeting system): The Stages of Budge Reform", *Public Administration Review*, Vol. 26, No. 4. (Dec. , 1966), pp. 243 – 258.

[6] Irene S. Rubin, "Budget Reform and Political Reform: Conclusions from Six Cities", *Public Administration Review*, Vol. 52, No. 5 (Sep. – Oct. , 1992), pp. 454 – 466.

[7] Irene S. Rubin, "Budget Theory and Budget Practice: How Good the Fit?", *Public Admin1istration Review*, Vol. 50, No. 2. (Mar. – Apr. , 1990), pp. 179 – 189.

[8] Irene S. Rubin, Lana Stein, "Budget Reform in St. Louis: Why Does Budgeting Change?", *Public Administration Review*, Vol. 50, No. 4. (Jul. – Aug. , 1990), pp. 420 – 426.

[9] Charles D. Norton, "Constitutional Provision for a Budget", *Proceedings of the Academy of Political Science in the city of New York*, Vol. 5, No. 1, Revision of the State Constitution. Part1. (Oct., 1914), pp. 189 – 192.

[10] Joseph White, "Budget Blues", *Political Science and Politics*, Vol. 27, No. 2. (Jun., 1994), pp. 214 – 217.

[11] Lanee T. Leloup, " After the Blitz: Reagan and the U. S. Congressional Budget Process", *Legislative Studies Quarterly*, Vol. 7, No. 3. (Aug., 1982), pp. 321 – 339.

[12] Lanee T. Leloup, " Process versus Policy: The U. S. House Budget Committee", *Legislative Studies Quarterly*, Vol. 4, No. 2. (May, 1979), pp. 227 – 254.

[13] L. R. Jones, "Wildavsky on Budget Reform", *Policy Sciences*, 29: 227 – 234, 1996.

[14] Bernard T. Pitsvada, "A Call for Budget Reform", *Policy Sciences*, 29: 213 – 226, 1996.

[15] Irene S. Rubin, "Budget Theory and Budget Practice: How Good the Fit?", *Public Administration Review*, Vol. 50, No. 2 (Mar. – Apr., 1990), pp. 179 – 189.

[16] James R. Ramsey and Merlin M. Hackbart, "Impacts of Budget Reform: The Budget Office Perspective", *State & Local Government Review*, Vol. 14, No. 1 (Jan., 1982), pp. 10 – 15.

[17] James A. Dearden and Thomas A., "Husted Executive Budget Proposal, Executive Veto, Legislative Override, and Uncertainty: A Comparative Analysis of the Budgetary Process", *Public Choice*, Vol. 65, No. 1 (Apr., 1990), pp. 1 – 19.

[18] Irene S. Rubin, "Budget Reform and Political Reform: Conclusions from Six Cities", *Public Administration Review*, Vol. 52, No. 5 (Sep. – Oct., 1992), pp. 454 – 466.

[19] A. V. Rajwade, "The Economy: A Post – Budget Perspective", *Eco-*

nomic and Political Weekly, Vol. 38, No. 14 (Apr. 5 – 11, 2003), pp. 1344 – 1346.

[20] Per Molander, "Budgeting Procedures and Democratic Ideals: An E-valuation of Swedish Reforms", *Journal of Public Policy*, Vol. 21, No. 1 (Jan. – Apr., 2001), pp. 23 – 52.

[21] Charles Stewart Ⅲ, "Budget Reform as Strategic Legislative Action: An Exploration", *The Journal of Politics*, Vol. 50, No. 2 (May, 1988), pp. 292 – 321.

[22] Ashok K. Lahiri, "Budget Deficits and Reforms", *Economic and Political Weekly*, Vol. 35, No. 46 (Nov. 11 – 17, 2000), pp. 4048 – 4054.

[23] Patricia Casey Douglas and Benson Wier, "Cultural and Ethical Effects in Budgeting Systems: A Comparison of U. S. and Chinese", *Journal of Business Ethics*, Vol. 60, No. 2 (Aug., 2005), pp. 159 – 174.

[24] Elizabeth Garrett, "The Congressional Budget Process: Strengthening the Party – in – Government", *Columbia Law Review*, Vol. 100, No. 3, Symposium: Law and Political Parties (Apr., 2000), pp. 702 – 730.

[25] Jesse Burkhead, "The Balanced Budget", *The Quarterly Journal of Economics*, Vol. 68, No. 2 (May, 1954), pp. 191 – 216.

[26] W. F. Willoughby, "The Budget as an Instrument of Political Reform", *Proceedings of the Academy of Political Science in the City of New York*, Vol. 8, No. 1, National Conference on War Economy (Jul., 1918), pp. 56 – 63.

[27] Murray L. Weidenbaum, "The Budget Dilemma and Its Solution", *Proceedings of the Academy of Political Science*, Vol. 35, No. 4, Control of Federal Spending (1985), pp. 47 – 58.

[28] John M. Quigley and Daniel L. Rubin field, "Budget Reform and the Theory of Fiscal Federalism", *The American Economic Review*,

Vol. 76, No. 2, Papers and Proceedings of the Ninety Eighth Annual Meeting of the American Economic Association (May, 1986), pp. 132 – 137.

[29] N. J. Jhaveri, "Seven Tests of a Good Budget", *Economic and Political Weekly*, Vol. 38, No. 15 (Apr. 12 – 18, 2003), pp. 1436 – 1442.

[30] George Paish, "The British Budget and Social Reform", *Political Science Quarterly*, Vol. 25, No. 1 (Mar., 1910), pp. 123 – 137.

[31] Robert W. Hartman, "Congress and Budget – Making", *Political Science Quarterly*, Vol. 97, No. 3 (Aut, 1982), pp. 381 – 402.

[32] Edward C. Banfield, "Congress and the Budget: A Planner's Criticism", *The American Political Science Review*, Vol. 43, No. 6 (Dec., 1949), pp. 1217 – 1228.

[33] C. P. Chandrasekhar, "Economic Reform and the Budget", *Economic and Political Weekly*, Vol. 35, No. 14 (Apr. 1 – 7, 2000), pp. 1140 – 1142.

[34] Van Doorn Ooms, "Budget Priorities of the Nation", *Science, New Series*, Vol. 258, No. 5089 (Dec. 11, 1992), pp. 1742 – 1747.

[35] Arjun Sengupta, "The Budget in the Context of Long – Term Development", *Economic and Political Weekly*, Vol. 36, No. 11 (Mar. 17 – 23, 2001), pp. 885 – 888.

[36] P. R. Brahmananda, "Thinking Underlying the Budget : Some Major Issues", *Economic and Political Weekly*, Vol. 37, No. 11 (Mar. 16 – 22, 2002), pp. 1001 – 1005.

[37] Wildavsky, Aaron (1986), *Budgeting: A Comparative Theory of Budgetary Processes*, New Brunswick (U. S. A.): Transaction Books.

[38] Kraan, Dirk – Jan (1996), *Budgetary Decisions: A Public Choice Approach*, Cambridge: Cambridge University Press.

[39] Caiden, Naomi & Arron Wildavsky (1997), "The Poor and the Uncertain: Lower Income Countries", in Arron Wildavsky, *Budgeting*,

New Brunswick：Transaction Publishers.

[40] Caiden，Naomi（1998），"Comparative Public Budgeting"，in Shaf-ritz，Jay M.，*International Encyclopedia of Public Policy and Adminis-tration*，Colorado：Westview Press.

[41] Schick，Allen（2007），*The Federal Budget：Politics，Policy，Process*，Washington，D. C. ：Brookings Institution Press.

[42] Gosling，James J（2009），*Budgetary Politics in American Govern-ments*，New York：Routledge.

[43] King，Stephen M. & Bradley S. Chilton（2009），*Administration in the Public Interest：Principles，Policies and Practices*，Durham，N. C. ：Carolina Academic Press.

[44] Patashnik，Eric M.（2000），*Putting Trust in the US Budget：Federal Trust Funds and the Politics of Commitment*，Cambridge University Press.

[45] Rubin，Irene，*New directions in Budget History*，New York：State University of New York Press.

[46] Hyde，Albert C.（2007），*Government Budgeting：Theory，Process，and Politics*，Peking University Press.

[47] Eric S. Maskin，"Department Theories of the soft budget – constraint Japan and the World"，*Economy*，Vol. 59，No. 46（August，1996）pp. 125 – 133.

五　学位论文

[1] 陈春常：《转型中的中国国家治理研究》，博士学位论文，华东师范大学，2011 年。

[2] 章伟：《预算、权力与民主：美国预算史中的权力结构变迁》，博士学位论文，复旦大学，2005 年。

[3] 刘慧：《预算监督与民主成长——全国人大预算监督制度的政治学分析（1978—2006）》，博士学位论文，复旦大学，2008 年。

[4] 王逸帅：《美国预算民主的制度变迁研究》，博士学位论文，上海交通大学，2009 年。

［5］袁星侯：《中西政府预算比较研究》，博士学位论文，厦门大学，2002 年。

［6］徐红：《财权控与财政民主——英美议会财政权的政治学分析》，博士学位论文，复旦大学，2006 年。

［7］詹清荣：《中国公共财政的法理基础——以税收征管和公共服务的制度博弈为逻辑分析主线》，博士学位论文，吉林大学，2008 年。

［8］王涵：《美国进步时代的政府治理：1890—1920》，博士学位论文，复旦大学，2009 年。

［9］彭大鹏：《权力：社会空间的视角》，博士学位论文，华中师范大学，2008 年。

［10］罗昌财：《中国政府预算民主化改革研究》，博士学位论文，西南财经大学，2010 年。

［11］张荣苏：《"财政革命"与英国政治发展研究（1660—1763）》，博士学位论文，南京大学，2014 年。

［12］李枢川：《财政制度、经济增长与国家治理》，博士学位论文，财政部财政科学研究所，2014 年。

［13］张峰：《公共预算监督制度研究》，博士学位论文，上海交通大学，2014 年。

［14］高玉琢：《政府预算中的宪政问题研究》，博士学位论文，苏州大学，2008 年。

［15］张晓磊：《论民主失误的法治化补救》，博士学位论文，中共中央党校，2010 年。

六　网络资源

［1］中国预算网：http：//www. budget. fehina. com/。

［2］中国选举与治理网：http：//www. chinaelections. org/。

［3］地方治理与公共预算网：http：//www. pbgchina. cn/。

［4］中国人大新闻网：http：//npc. people. com. cn/。

［5］中国人大网：http：//www. npe. gov. cn/。

［6］人大与议会网：http：//www. e – cpcs. org/。

［7］财政部财政科学研究所网站：http：//www. crifs. org. cn/。

［8］新华网：http：//www. xinhuanet. com/。

［9］人民网：http：//www. people. com. cn/。

［10］城市社区参与治理资源平台：http：//www. ccpg. org. cn/。